高等院校学前教育专业教材

U0685763

幼儿园教育活动设计与实施

You'eryuan Jiaoyu Huodong Sheji yu Shishi

主　编　林　楠　王小溪

编写者　林　楠　王小溪　贺敬雯

　　　　朴宣辰　刘　洋　白晓曦

　　　　华　丽

中国教育出版传媒集团

高等教育出版社·北京

内容提要

　　本教材立足于幼儿园教育实践，将理论阐述与案例式分析、任务式训练相融合，厘清了幼儿园教育活动的基本内涵、特征，明晰了教育活动设计与实施的基本步骤；以健康、语言、社会、科学、艺术五大领域教育活动为基本架构，从各领域活动目标的设计入手，全方位解读各领域教育活动的基本特征及设计与实施的基本结构；通过实训任务环节的设置，提高学生设计和实施教育活动的基本技能。本书配有丰富的二维码资源，拓展学习者的视野。

　　本教材可供高等院校学前教育专业学生使用，也可作为幼儿园教师培训用书。

图书在版编目（ＣＩＰ）数据

幼儿园教育活动设计与实施 / 林楠，王小溪主编
. -- 北京 : 高等教育出版社，2024.5
ISBN 978-7-04-060271-5

Ⅰ．①幼… Ⅱ．①林… ②王… Ⅲ．①幼儿园-教学活动-教学设计-高等学校-教材 Ⅳ．①G612

中国国家版本馆CIP数据核字（2023）第054194号

策划编辑　刘晓静	责任编辑　刘晓静	封面设计　裴一丹		版式设计　于　婕
责任绘图　马天驰	责任校对　刘丽娴	责任印制　刁　毅		

出版发行	高等教育出版社	网　　址	http://www.hep.edu.cn
社　　址	北京市西城区德外大街 4 号		http://www.hep.com.cn
邮政编码	100120	网上订购	http://www.hepmall.com.cn
印　　刷	北京市鑫霸印务有限公司		http://www.hepmall.com
开　　本	787 mm×1092 mm　1/16		http://www.hepmall.cn
印　　张	15		
字　　数	270 千字	版　　次	2024 年 5 月第 1 版
购书热线	010-58581118	印　　次	2024 年 5 月第 1 次印刷
咨询电话	400-810-0598	定　　价	35.00 元

前　言

党的二十大报告指出，教育、科技、人才是全面建设社会主义现代化国家的基础性、战略性支撑。学前教育作为我国基础教育的基础，是培养担当民族复兴大任的时代新人的重要奠基阶段，而高质量教师则是保障学前教育高质量发展的核心要素。本书聚焦师范生幼儿园教育活动设计与实施能力的培养，阐释了幼儿园教育活动设计与实施的基本理念、基本内涵和基本步骤，并结合幼儿园教育实践和职前师范生的学习特点，对健康、语言、社会、科学和艺术五大领域的活动设计与实施进行了细致的阐述。各领域首先依据《幼儿园教育指导纲要（试行）》《3—6岁儿童学习与发展指南》对不同年龄段幼儿在本领域的合理发展期望和具体目标进行解读，在此基础上，对领域的具体活动类型的设计与实施进行阐释。

本书力图做到理论和实践的有机结合，以相关理论为支撑，搭建起幼儿园教育活动设计与实施的整体框架。各章通过"拓展知识"栏目拓展学生的知识外延，通过"实训任务"栏目靶向锻炼学生的实践能力。此外，幼儿园教育活动的五大领域既有相同之处，各领域又有其各自的特点。因此，教材的撰写尽量做到"求同存异"，在保持逻辑框架大体不变的前提下阐释每一个领域。

本书的编写分工如下：第一、二章林楠、王小溪，第三章王小溪、林楠，第四章贺敬雯，第五章朴宣辰、白晓曦，第六章刘洋、华丽。统稿工作由林楠、王小溪完成。本书二维码资源中的领域教学活动视频由沈阳市浑南区教育局花语幼儿园（光和城园）提供，执行园长韩湘蕴、教学主任杨莹对视频中的教学活动进行了点评，在此一并表示感谢。

本书在撰写过程中，高等教育出版社刘晓静编辑给予了我们诸多支持，本书能够出版，离不开编辑的努力。

尽管在本书的写作中我们已经竭尽所能，但时间和经验有限，肯定会有疏漏和不完善的地方，请读者多多批评指正。

林　楠

2023年12月于沈阳

目　录

第一章　幼儿园教育活动设计与实施概述　　1

第一节　幼儿园教育活动的基本理念　　2

第二节　幼儿园教育活动设计的内涵　　4

第三节　幼儿园教育活动设计与实施的基本步骤　　10

第二章　幼儿园健康教育活动设计与实施　　34

第一节　幼儿园健康教育活动目标与设计　　35

第二节　体育活动设计与实施　　42

第三节　身体保健教育活动设计与实施　　51

第四节　心理健康教育活动设计与实施　　58

第三章　幼儿园语言教育活动设计与实施　　66

第一节　幼儿园语言教育活动目标与设计　　67

第二节　谈话活动设计与实施　　72

第三节　讲述活动设计与实施　　79

第四节　文学活动设计与实施　　88

第五节　早期阅读活动设计与实施　　95

第四章　幼儿园社会教育活动设计与实施　　107

第一节　幼儿园社会教育活动目标与设计　　108

第二节　人际交往教育活动设计与实施　　114

第三节　社会适应教育活动设计与实施　　120

第五章　幼儿园科学教育活动设计与实施　　127

第一节　幼儿园科学教育活动目标与设计　　128

第二节　观察认知型科学教育活动设计与实施　　135

第三节　实验操作型科学教育活动设计与实施　　141

第四节　交流讨论型科学教育活动设计与实施　　146

第五节　技术制作型科学教育活动设计与实施　　151

第六节　数的意义教育活动设计与实施　　157

第七节　数量关系教育活动设计与实施　　164

第八节　数的运算教育活动设计与实施　　170

第九节　几何图形教育活动设计与实施　　174

第十节　空间关系教育活动设计与实施　　179

第十一节　空间测量教育活动设计与实施　　184

第六章　幼儿园艺术教育活动设计与实施　　188

第一节　幼儿园艺术教育活动目标与设计　　189

第二节　歌唱活动设计与实施　　193

第三节　韵律活动设计与实施　　200

第四节　打击乐器演奏活动设计与实施　　205

第五节　音乐欣赏活动设计与实施　　210

第六节　绘画活动设计与实施　　214

第七节　手工活动设计与实施　　219

第八节　美术欣赏活动设计与实施　　223

主要参考文献　　229

第一章　幼儿园教育活动设计与实施概述

【本章导读】

　　本章主要依据《幼儿园工作规程》(以下简称《规程》)、《幼儿园教育指导纲要（试行）》(以下简称《纲要》)、《3—6岁儿童学习与发展指南》(以下简称《指南》)的精神、幼儿身心发展规律及幼儿园领域教育活动的特点，对幼儿园教育活动的设计、实施的一般策略进行论述，以期帮助学习者理解幼儿园教育活动的基本内涵，掌握幼儿园教育活动设计与实施的基本步骤及对活动进行评价的方法，形成设计与实施幼儿园教育活动的基本能力。

【学习目标】

1. 了解幼儿园教育活动的基本理念，厘清幼儿园教育活动与幼儿园课程的关系。
2. 理解幼儿园教育活动设计的基本内涵，掌握幼儿园教育活动设计的基本原则。
3. 掌握幼儿园教育活动设计与实施的基本步骤。

第一节 幼儿园教育活动的基本理念

从广义的角度说，教育活动是指教育者依据教育目标，对受教育者实施有目的、有计划、有组织的影响，使其发生预期变化的活动。幼儿园教育活动是指在幼儿园内所发生的一切富有教育性、能够促进幼儿身心全面发展的活动。

一、幼儿园教育活动的概念

《纲要》"组织与实施"部分指出："幼儿园的教育活动，是教师以多种形式有目的、有计划地引导幼儿生动、活泼、主动活动的教育过程。"作为幼儿园教育的基本形式及幼儿园课程的实施载体，幼儿园教育活动是以幼儿为主体，由幼儿园教师设计与实施的适合幼儿身心发展需要的多种形式的活动，通过支持幼儿与环境、材料积极互动，引导幼儿主动参与、探索，在活动中大胆表现，进而促进幼儿身心全面发展。

二、幼儿园教育活动的基本类型

幼儿园教育活动的主体是幼儿，但活动的对象是多种多样的，其构成因素也各不相同，这就形成了不同类型的教育活动。从不同的角度出发，幼儿园教育活动可分为以下不同的类型。

（一）按照幼儿园教育活动的内容领域分类

根据内容的不同，幼儿园教育活动可以分为健康领域教育活动、语言领域教育活动、科学领域教育活动、社会领域教育活动和艺术领域教育活动五类，其中科学领域教育活动不仅包含科学教育活动，也包含数学教育活动，艺术领域教育活动则包含音乐教育活动和美术教育活动两个部分。当然，这种划分只是相对的，主要是为了便于学前教育专业的学习者和研究者开展更为系统化的学习和研究，本书编写的内容架构主要采取了这种划分方式。

（二）按照幼儿园教育活动的结构分类

根据结构的不同，幼儿园教育活动可以分为学科领域结构的教育活动和主题单元结构的教育活动两大类。前者通常包括语言活动、数学活动、科学活动、音乐活动、美术活动和体育活动六种类型，比较强调各学科领域的内在逻辑结构，注重幼儿的认知经验、学科基本知识和技能，教学操作性较强。后者更强调多种教育因素和幼儿发展领域的全面整合，即围绕某一主题，打破学科（领域）之间的界限，将多种学习内容有机地联系在一起。主题单元结构的教育活动已逐渐成为幼儿园教育活动的主要类型。

（三）按照幼儿园教育活动的特征分类

幼儿园教育活动具有三个方面的特征：（1）计划性、目的性；（2）幼儿的主体性、教师的主导性；（3）形式的丰富性、多样性。从广义的角度来说，在幼儿园一日生活中，凡是具备以上特征的活动，我们都可以将其视为幼儿园教育活动。按照特征的不同，幼儿园教育活动可以分为生活活动、游戏活动和教学活动，三者共同构成了幼儿园教育活动的有机整体。本书的编写以集体教学活动为主体，辅之以生活活动、游戏活动的相互渗透和融合。

（四）按照幼儿园教育活动的性质分类

根据性质的不同，幼儿园教育活动可以分为由教师预先设计的教育活动和由幼儿自主生成的教育活动。前者关注教师的计划、组织和直接指导，由教师预设活动目标、确定活动内容、创设活动环境、提供活动材料，并有计划地组织、实施和指导活动；后者则更关注幼儿的兴趣、核心经验，是在幼儿自主的探究和兴趣支配下，引导和支持幼儿生成某个主题的活动。

（五）按照幼儿园教育活动的组织形式分类

根据组织形式的不同，幼儿园教育活动可以分为以下三种：

1. 集体教学活动

集体教学活动是教师有目的、有计划地组织全班幼儿在同一时间、同一空间下进行的统一的教育活动。此类活动一般计划性强，组织比较严密，教学时间比较固定。

2. 区域（小组）活动

区域（小组）活动是由教师创设一定的环境，提供相应的活动材料并给予幼儿适宜指导的活动。如多功能活动室、活动区、活动角等。幼儿可以在同一时间内根据自己的兴趣选取不同的活动内容。此类活动组织比较宽松、自由，幼儿的活动有较大的自由度。

3. 个别活动

个别活动是根据个别幼儿的特殊需要安排的教育活动。一般包括对具有特殊才能或发展有障碍的幼儿的个别教育活动，以及部分供幼儿自由选择的区域活动。

三、幼儿园课程与幼儿园教育活动的关系

对于幼儿园课程，既有广义的理解，也存在狭义的界定。如果从广义上将幼儿园的课程理解为幼儿园进行的各种活动，那么幼儿园课程和幼儿园教育活动就近似于两个相同的概念；如果从狭义上将幼儿园课程界定为一种系统、计划或文本，那么幼儿园课程与幼儿园教育活动就是两个相互关联的概

念，即幼儿园课程是幼儿园教育活动设计与实施的基础。幼儿园教育活动是幼儿园课程得以实现的路径，是幼儿园课程实施的主要载体。由此可见，二者之间是密切相关的，即基于不同的幼儿园课程理念、课程方案就会产生不同的幼儿园教育活动设计与实施状态。本书对各个领域幼儿园教育活动设计与实施的阐述，是从狭义的角度来理解二者之间的关系。

课后习题

1. 名词解释

集体教学活动　区域（小组）活动

2. 单项选择题

（1）个别幼儿有特殊的需要，教师为其安排的个别教育活动，属于（　　）

　　A. 集体教学活动　　B. 个别活动　　C. 小组活动　　D. 区域活动

（2）以下哪种活动不属于幼儿园的主要教育活动（　　）

　　A. 生活活动　　　　B. 游戏活动　　C. 教学活动　　D. 早操活动

3. 材料分析题

请分析下面材料中的观点，你是否同意该观点？为什么？

随着幼儿园教育活动形式的不断变化，有的人认为集体教学活动已经过时，没有可以提升和改善的空间，不应再提倡开展集体教学活动。而有的人认为集体教学活动依然具有很重要的价值，但是要关注教学的"有效性"，应对集体教学活动进行改革与探索。

☞ 参考答案

第二节　幼儿园教育活动设计的内涵

幼儿园教育活动设计是一个类似建造房子的过程。教师在活动开始前，要了解教育对象的知识经验和能力基础，整合各种已有的教育资源，进而确定活动目标，设计活动的具体内容及实施方式，进行活动资源的开发与运用、教育教学活动的实施、活动评价等。

幼儿园教育活动设计关注教师引起、支持和促进幼儿学习的所有行为，并以研究幼儿的发展为落脚点。幼儿园教育活动设计具有结构化的理论和实践体系，在对其展开具体、深入的探讨之前，我们有必要先明确一些相关的概念。

一、幼儿园教育活动设计的含义与基本特征

（一）幼儿园教育活动设计的含义

"设计"一词的原意是指在正式做某项工作之前，根据一定的目的、要求，预先制订规划、方法、图样等。它已经被广泛应用于众多领域，在特定领域范围内又具有特定的含义。一般来说，"设计"是指在创造某种具有实际效用的新事物或者解决新问题之前所进行的系统计划过程。它是以预设可能会出现的问题为起点，以解决问题为终点，注重的是规划和组织。即设计的过程独立于实施的过程。

所谓幼儿园教育活动设计，简单来说，是指教师为达成一定的教育教学目标，对教育教学活动进行系统的规划。它可以被看成教师对教学组织行为的一种预先筹划，对教育教学过程中可能会出现的一系列事件的精心设计和安排，其目的是支持和促进幼儿的学习。幼儿园教育活动设计需要系统规划能够促进幼儿学习的环境与资源，分析幼儿的学习需要并构建可以满足学习需要的师幼互动系统的全过程。它包括确立学习活动目标，分析学习对象、学习需要，开发与利用学习环境和学习资源，安排与调整学习活动过程，预测与评估学习对象的行为。

（二）幼儿园教育活动设计的基本特征

幼儿园教育活动设计与一般的设计相比，具有以下基本特征：

1. 专业性

教育活动设计过程是一个科学的逻辑加工过程，体现了教师完成教育活动设计工作的专业性、技术性。幼儿园教育活动设计是为幼儿创设适宜的学习环境、投放充足的学习资源，支持幼儿在与环境、与同伴、与教师的互动中，产生一定的学习经验，进而促使幼儿产生学习兴趣，帮助幼儿更好地获得特定的知识技能和提高学习效率的专业化技术过程。此外教育活动设计的专业性还体现在教师要系统规划教育活动设计过程，需要在分析论证所存在的教学问题的基础上设定目标，然后紧密围绕既定目标设计教育活动的各个环节，从而保证目标、策略、评价三者的一致性。设计者要综合考虑教师、幼儿、学习环境、学习资源等各个方面在教学中的地位与作用，使之相辅相成、相互促进，产生整体效应。

2. 创新性

对于教师来说，教育活动设计是其有意识、有目的地为优化教育活动过程，提升教学效果而主动构思、设想和规划的一种预期方案。这种方案本身会带有设计者的个体主观性，反映了教师的儿童观、教育观、游戏观。从某种意义上说，幼儿园教育活动设计全方位体现了设计者思维的灵活性、创新

性和决策性。虽然教育活动设计的过程具有一定的模式，需要按照既定的流程进行，但教育活动设计的实际工作往往不一定按照流程图所表现的线性程序开展。因此教师在进行教育活动设计时，应根据不同的情况和需求，决定从何处着手工作，重点解决哪些环节的问题，进而形成富有创新性的、个性化的"个人产品"。

3. 复杂性

幼儿园教育活动设计呈体系化的过程比较复杂，涉及大量的活动，从最初的计划活动步骤到活动内容的安排，都体现出教师的智慧。幼儿园教育活动设计的过程与多方面的活动紧密相关，是一个交叉联系、不断生发的系统过程，具有复杂性的特点。

二、幼儿园教育活动设计的意义

幼儿园系统的、持续性的教育活动需要教师进行科学、有效的设计，才可能保障幼儿园教育活动的顺利开展。幼儿园教育活动设计具有以下意义：

（一）厘清教育教学思路，促进幼儿发展

在幼儿园中，幼儿的学习更多的是以一种集体学习的形式存在，但教育活动设计在关注各年龄段幼儿学习发展基本需求的同时，也要关注幼儿的个性特点与差异，即促进不同发展水平幼儿的个体学习。幼儿园教育活动设计应从"儿童本位"出发，从幼儿个体的角度出发，通过教师对教育活动的精心设计，帮助不同的幼儿有效地学习。幼儿园教育活动具有丰富性、多样性的特征，多样的教育活动只有通过教师有目的、有计划的设计，厘清教育教学思路，才能最大限度地促进幼儿的发展，保证幼儿能够获得现在和未来社会中必需的基本知识、基本态度、基本行为。因此，幼儿园教育活动设计最基本的意义就在于确保幼儿能够最大限度地享受教育带来的益处，享受幼儿园教育活动的乐趣，确保每个幼儿发挥他们的潜能，既着眼于幼儿的现在，也关注幼儿的未来发展。

（二）提升保教工作效率，优选教学策略

幼儿园教育活动设计的主要目的就是确保教育教学过程的低耗与高效。在教育活动设计过程中，一方面，教师要根据不同年龄段幼儿的经验水平、学习内容等进行客观的分析。在分析的基础上，清晰地阐明教育活动目标，设计恰当的教育活动内容，科学地制订教学组织策略，经济地选用教学媒体，合理地拟定教学进度，准确地分析与评价教育活动效果，使幼儿园教育活动在人员、时间、流程、设备使用等方面取得最佳效益。可以这样说，没有精心的教育活动设计，就无法保证教育活动的最优化。另一方面，教师要充分考虑幼儿的心理需求，运用适宜的教学策略，采取有效的教学方法和教学形式，促进幼儿在活动中的深度学习，保证教育活动科学、高效地开展。

（三）引发教师主动思考，推动专业成长

教师作为教育活动的设计者，除了对活动内容以及材料做出科学的选择外，还要考虑教育活动的组织方式，选择适当的、合理的、有效的教育策略。事实上，采用不同教育策略的背后，是每一位教师的教育观、儿童观、游戏观的展现。当今，注重幼儿自发、自主学习的教育观念得到了更多教育者的认可，对于在幼儿自主学习中教师需要采用什么样的教育策略的问题，正越来越受到教师的关注与重视。在幼儿园教育活动中，知识经验与实践能力是教师专业发展的重要因素。幼儿园教育活动设计为教师的成长和发展提供了一条有效途径，教师通过教育活动设计不但可以迅速掌握幼儿园教育的基本原理和方法，而且可以在实践中不断提高专业能力，最终成长为一名专家型的教师。

（四）优化教育活动过程，增强活动效果

幼儿园教育活动设计是在全面了解幼儿是如何学习的前提下展开的，它包括一系列相关的"操作"：分析幼儿的需要、特点，确定教育活动的目标、顺序；选择教育活动的主题、内容；确定达成预期教育目标的教学方法、策略；选择配合教育活动的各种学习资源；完善对活动效果的评估指标等。教师在进行教育活动设计的过程中，还要考虑为幼儿提供学习前的经验准备、学习中的计划调整等。教师具备成熟的教育活动设计经验，能够更好地优化整个教育活动过程，准确把握幼儿、活动目标、学习/教学方法、效果评价这四个关键要素。从幼儿的角度出发，将教育活动设计成一个优化的、组织结构科学的、系统的、合理的活动过程，为获得卓有成效且激发幼儿深度学习的活动效果提供保证。

实训任务

请根据幼儿园教育活动设计的基本特征和意义，分析下面的案例。

中班的刘老师设计了一个认识蔬菜的健康教育活动，她准备在白板上挂一些蔬菜的图片，告诉幼儿它们的名称、特征和用途，让幼儿认识这些蔬菜。另一个中班的王老师却不是这样设计的，她想带领幼儿到附近的菜地参观菜农是如何种菜、施肥和浇水的，并让幼儿在室外的自然角种上一些蔬菜并进行管理，做好观察记录。你认为这两个健康教育活动设计哪个更好？为什么？

☞ 实训任务提示

三、幼儿园教育活动设计的基本原则

幼儿园教育活动包含诸多教育因素，当教师决定设计一节教育活动时，必须首先经历一个复杂的思维过程，进而形成一个可行的教育活动方案。可以说，幼儿园教育活动设计凝结了教师的教育智慧，体现了教师对幼儿发展、学前教育基本理论等的理解和应用能力。教师在教育活动设计过程中应遵循以下原则，保证幼儿园教育活动的科学性和有效性。

（一）发展性原则

发展性原则是指在幼儿园教育活动设计中，教师应准确把握幼儿原有的知识基础和能力水平，并基于此促进幼儿在身体、认知、情感、个性及社会性等方面的全面发展。它包括两层含义：一方面，设计幼儿园教育活动要充分考虑幼儿的年龄特征和个性特点，适应幼儿身心发展的水平。另一方面，设计教育活动要以促进幼儿身心全面和谐发展为落脚点，将"发展"作为设计的核心理念，在教育活动设计过程中，始终以幼儿为本，以促进幼儿发展为第一要务，以"发展"统领教育活动目标、内容、方式、指导与评价等各个方面的设计。

在贯彻发展性原则时，首先，教师要确立正确的儿童观和发展观，视发展为幼儿积极主动与环境互动的过程，要承认幼儿的发展具有自身的规律和特点。其次，教师要将促进幼儿的身心全面和谐发展作为教育活动设计的最终目的。设计教育活动时，教师要立足于幼儿的"最近发展区"，让教育活动成为促进幼儿发展的重要力量。最后，教师要关注个别差异。幼儿的身心发展具有个别差异性，不仅表现在发展水平上，也表现在个性特点上。因此，教师在设计幼儿园教育活动时，要充分考虑教育活动的个体适应性，适当采用个别教育形式。

（二）主体性原则

主体是相对客体而言，一般来说，它是指有目的、有意识地从事实践活动和认识活动的个体。主体性原则是指在幼儿园教育活动设计中，教育活动的主体是幼儿，设计的出发点是幼儿，设计的归宿点也是幼儿，即要以幼儿为中心设计教育活动。从幼儿园教育活动本身呈现的特点来看，教师和幼儿在教育活动中是共同参与、相互配合的，幼儿理所当然是教育活动的主体，而教师则是教育活动中最重要的参与者，只有当教师的教育影响能够促使幼儿成为自己学习和发展的主体时，教育的既定目标才可能得到最好的实现，教育的理想效益和最优化效果才可能达成。

主体性原则包含着多方面的意思：其一，教育活动的设计要以幼儿为本，教育活动的出发点和归宿均指向幼儿，而不是其他方面（目标、内容、方式、结果）；以幼儿的活动成效作为衡量活动质量的关键指标，以幼儿在活动中的表现作为评价的标准。其二，教师在设计教育活动时，要将关注点放在幼儿身上，以幼儿为主体，设计丰富多彩的教育活动，让幼儿成为活动的中心，而不是只关注教师如何做。其三，教师在设计教育活动时，要将幼儿置于教育活动中的平等地位，构成一种民主平等的师幼关系，将教师的指导活动与幼儿的自主活动有机结合。

（三）整合性原则

整合性原则是指在幼儿园教育活动设计中，教师要将幼儿身心发展的不同目标、幼儿学习的不同内容和不同方式方法有机整合，让幼儿在这样的活动中获取整体经验和全面发展。整合性原则的关键在于教师要将教育活动与幼儿的生活活动和游戏活动有机地整合起来。整合性原则主要体现在三个方面：其一，教育活动要将教育活动目标定位于幼儿身心的全面发展上，定位于幼儿整体经验的获取上，而不是实现某个单一目标。其二，将幼儿学习的不同领域内容融为一体，从幼儿的生活经验出发生成活动的主题，使幼儿学习的不同领域内容相互渗透、互为联系，成为一个整体。其三，幼儿活动的方式方法可以相互渗透、有机整合，将集体教学活动形式、小组活动形式和个别活动形式有机整合，将高结构化活动、中结构化活动和低结构化活动相互渗透，形成一个充满趣味的多样态活动整体。

在贯彻整合性原则时，首先，教师要确立幼儿发展和教育的整体观念。幼儿发展是幼儿身心整体的发展，学习的经验是生活的整体经验，教育要促进幼儿身心的全面发展，促使幼儿整体经验的获取。其次，教师在设计教育活动时，要将教育活动的目标定位于幼儿的认知、动作、行为、情感态度等各个方面，不能偏重某一方面，特别是知识与技能方面；最后，教师在设计教育活动时，要将幼儿学习的不同方式与方法加以组合，让幼儿体验操作、实验、游戏、体验、表现、创造等多种方式的学习，沉浸于活动之中探究事物，获取全面丰富的经验。

（四）适宜性原则

适宜性原则是指在教育活动设计中，教师要根据一定的教育目标要求和内容范围，在预测、分析幼儿的学习需要以及年龄特点的基础上，积极主动地为幼儿创设和提供可促进其学习的适宜环境与资源。即对教育活动进行必要的预设，因地制宜地利用资源，创设适宜的环境，使教育活动能够适应幼儿、适应生活、适应环境。适宜性原则体现在三个方面：其一是设计的教育活动要与幼儿相适应，适合幼儿的年龄特点和个性特点，适合幼儿的兴趣和需要；其二是设计的教育活动要与幼儿园的环境与资源相适应，是可利用的幼儿园教育资源能够支持的活动，是与幼儿园环境相适宜的活动；其三是设计的教育活动要与区域的社会生活相适应，以幼儿熟悉的社会生活为背景，与幼儿的社会生活经验相适应。

在贯彻适宜性原则时，首先，教师要把握不同年龄幼儿的身心发展特点、认知特点以及个性特点，设计的教育活动要具有灵活性，能够适应不同幼儿的特点和需要。其次，教师在设计教育活动时，要尽量从幼儿熟悉的社会生活中挖掘主题，既适应幼儿的生活，又能因地制宜。最后，教师要充分开发幼儿园和社区的各种教育资源，支持教育活动的顺利开展。

课后习题

1. 名词解释

发展性原则　整合性原则

2. 单项选择题

（1）在幼儿园教育活动设计中，教育活动的主体是幼儿，设计的出发点是幼儿，设计的归宿也是幼儿。这是遵循了幼儿园教育活动设计的（　　）

A. 整合性原则　　　　　　　B. 发展性原则

C. 主体性原则　　　　　　　D. 适宜性原则

（2）幼儿园教育活动设计的基本特征，不包括（　　）

A. 主体性　　　　　　　　　B. 专业性

C. 复杂性　　　　　　　　　D. 创新性

3. 材料分析题

请根据下面的案例，分析这个幼儿园教育活动存在的问题。

在一次美工活动中，幼儿试着用各种盒子和彩色纸制作玩具。几个玩具设计得简单的幼儿先做好了，而玩具设计比较复杂的幼儿甚至连一半都没有做完。这时教师请大家注意听做好玩具的幼儿介绍作品，但几乎没有幼儿听，因为大部分幼儿都在忙着完成自己的作品。教师多次提醒也不起作用，还干扰了他们的活动。

☞ 参考答案

第三节　幼儿园教育活动设计与实施的基本步骤

《纲要》指出："幼儿园的教育活动，是教师以多种形式有目的、有计划地引导幼儿生动、活泼、主动活动的教育过程。"幼儿园教师的一项重要任务是科学分析并恰当确定教育活动目标，选择适当的学习内容，以保证幼儿园教育活动能够科学有序地进行，达到预期的教育目的。

一、幼儿园教育活动目标的分析与确立

目标是人们在活动中要达到的标准。由于教育活动具有复杂性和长期性，其所要达到的标准包含着多重内涵，具有一定的层次性和递阶性，因

此，在幼儿园教育活动设计中，为了能够准确理解和把握教育活动目标，教师要对不同层次的教育目标、活动目标进行分析。

（一）不同维度的幼儿园教育目标

按照纵向维度，幼儿园教育目标可以分为幼儿园的教育目标、各年龄阶段目标、教育活动目标三个层次；按照横向维度，幼儿园的教育目标可分为健康领域目标、语言领域目标、社会领域目标、科学领域目标、艺术领域目标。

1. 纵向维度的目标

（1）幼儿园的教育目标

教育目标所体现的是不同价值的教育和不同阶段的教育价值。它是教育目的的下位概念。教育目的一般指教育的总体方向，体现的是普遍的、终极的教育价值追求，它往往以教育方针的形式贯彻落实。在教育目的的指导下，各级各类教育还需确定具体的培养目标。如学前教育、高等教育、职业教育等都有不同的教育目标，这些教育目标的确定也是教育目的具体化的过程。我国学前教育的教育目标具体体现在《规程》中。

《规程》规定了幼儿园教育应当贯彻国家的教育方针，坚持保育与教育相结合的原则，对幼儿实施德、智、体、美等方面全面发展的教育，促进幼儿身心和谐发展。具体如下：

促进幼儿身体正常发育和机能的协调发展，增强体质，促进心理健康，培养良好的生活习惯、卫生习惯和参加体育活动的兴趣。

发展幼儿智力，培养正确运用感官和运用语言交往的基本能力，增进对环境的认识，培养有益的兴趣和求知欲望，培养初步的动手探究能力。

萌发幼儿爱祖国、爱家乡、爱集体、爱劳动、爱科学的情感，培养诚实、自信、友爱、勇敢、勤学、好问、爱护公物、克服困难、讲礼貌、守纪律等良好的品德行为和习惯，以及活泼开朗的性格。

培养幼儿初步感受美和表现美的情趣和能力。

幼儿园教育目标是教育目的在幼儿园阶段的具体化，反映了幼儿园人才培养的规格和要求，对幼儿的全面发展提出了更具体的规范，全面指导幼儿园教育教学工作的开展。

（2）年龄阶段目标

由于不同年龄班幼儿的身心发展特点不同，所以对于每一领域，各年龄班的目标要求是不同的。以语言领域为例，小、中、大班的要求分别如下[1]：

小班：（1）喜欢听普通话并愿意学说普通话，逐渐发准易错音。（2）能认真安静地听别人讲话。（3）愿意和别人交谈，能用简短完整的语句表达自

---

[1]　黄瑾. 幼儿园教育活动设计与指导［M］. 3 版. 上海：华东师范大学出版社，2021：29.

己的请求和愿望。学会礼貌用语。（4）喜欢听老师讲述故事和朗诵儿歌，能初步理解作品的主要内容。能独立地朗诵儿歌。（5）喜欢阅读，爱护图书。养成正确的看书姿势，学会按顺序看图书，逐页翻阅，能看出画面的主要变化，在成人的帮助下看懂图书的内容。

中班：（1）继续学说普通话，学会正确发出困难的、容易发错的音，尤其注意方言的干扰对正确发音的影响。（2）集中注意倾听别人说话，围绕提出的问题正确回答。（3）乐于在集体中大胆回答问题，喜欢与人交谈。（4）能用完整的语句连贯地讲述。（5）理解故事、儿歌的内容，记住故事的主要情节。喜欢听故事，朗诵儿歌，创编、表演和复述故事与儿歌。（6）喜欢看图书，能按顺序翻阅图书，理解图书的主要内容。（7）对文字感兴趣，愿意学认常见的文字。

大班：（1）养成积极地运用普通话与人交流的习惯，并能从中获得快乐的体验。（2）提高幼儿的倾听能力，能准确地理解语言内容，把握语言信息的重点和要点。（3）发展幼儿的语言表达能力，能运用交谈、讲述、讨论等多种表达方式和表达技巧展开语言交流活动。（4）丰富幼儿对文学作品的了解和欣赏，能感知各种不同风格、不同体裁的文学作品的特点，并能尝试性地运用艺术语言。（5）喜欢看图书，激发初步的文字书写的兴趣，了解文字、标记与日常生活的关系。

同样，《指南》从健康、语言、社会、科学、艺术五个领域描述幼儿的学习与发展，学习与发展的目标部分分别对3—4岁、4—5岁、5—6岁三个年龄段幼儿应该大致可以达到什么发展水平提出了合理期望，指明了幼儿学习与发展的具体方向。

（3）教育活动目标

教育活动目标是通过某一次或某几次教育活动期望幼儿获得的某些方面的发展。它是最为具体的目标，也是各教育领域目标的下位概念。教师应根据幼儿的年龄特点、认知水平、活动内容和性质确定具体的教育活动目标。例如，教师在设计中班健康领域活动"食物金字塔"时，提出了下列教育活动目标：① 了解食物金字塔的结构；② 能够根据已有经验对食物进行简单分类，拼搭出"食物金字塔"；③ 在游戏情境中了解合理饮食对身体健康的重要性。这样的教育活动目标具体、明确，具有可操作性。

教育活动目标体现的是一种对实践活动的价值追求，具有可观察、可测量、可评价、可明确界定的特征，它具体指导着教师的教学，并通过教育活动效果的反馈不断得以调整和完善。

2. 横向维度的目标

教育目标要通过具体的教育活动开展才能得以实现。教育目标的确定与活动内容的选择和组织紧密联系。《纲要》把幼儿学习活动的范畴相对划分为健康、语言、社会、科学、艺术五个领域，各领域目标就成为幼儿园教育目标的下位概念，即幼儿园教育目标是在教育实践中通过这五个领域的目标逐步落实而得以实现的。各领域的目标如下。

健康领域：（1）身体健康，在集体生活中情绪安定、愉快；（2）生活、卫生习惯良好，有基本的生活自理能力；（3）知道必要的安全保健常识，学习保护自己；（4）喜欢参加体育活动，动作协调、灵活。

语言领域：（1）乐意与人交谈，讲话礼貌；（2）注意倾听对方讲话，能理解日常用语；（3）能清楚地说出自己想说的事；（4）喜欢听故事、看图书；（5）能听懂和会说普通话。

社会领域：（1）能主动地参与各项活动，有自信心；（2）乐意与人交往，学习互助、合作和分享，有同情心；（3）理解并遵守日常生活中基本的社会行为规则；（4）能努力做好力所能及的事，不怕困难，有初步的责任感；（5）爱父母长辈、老师和同伴，爱集体、爱家乡、爱祖国。

科学领域：（1）对周围的事物、现象感兴趣，有好奇心和求知欲；（2）能运用各种感官，动手动脑，探究问题；（3）能用适当的方式表达、交流探索的过程和结果；（4）能从生活和游戏中感受事物的数量关系并体验到数学的重要和有趣；（5）爱护动植物，关心周围环境，亲近大自然，珍惜自然资源，有初步的环保意识。

艺术领域：（1）能初步感受并喜爱环境、生活和艺术中的美；（2）喜欢参加艺术活动，并能大胆地表现自己的情感和体验；（3）能用自己喜欢的方式进行艺术表现活动。

（二）幼儿园教育活动目标的取向

由于对儿童发展、社会需求及幼儿园教育目标的不同理解，幼儿园教育活动目标的设计体现出不同的价值观，进而表现出不同的目标取向。幼儿园教育活动的目标取向主要有：行为目标、生成性目标和表现性目标。

1. 行为目标

行为目标是指以幼儿具体的、可被观察的行为为表述对象的幼儿园教育活动目标，它指向的是教育活动实施以后在幼儿身上所发生的行为变化。行为目标是教师使用最频繁、最广泛的教育活动目标取向，具有客观性、易操作性等特点。

幼儿园教育活动有一个完整的目标体系，行为目标强调的是目标的可理解性、可把握性和可操作性，能够指导教师具体实施教育活动并评价教育活动效果。例如，在大班艺术领域活动"寻找大自然的色彩"中，如果把教育活动目标设计为"能够较为清晰流畅地分享自己的发现或者针对某一现象提出问题"，就明示了在活动过程中幼儿将要做什么，这样的目标表述就比把活动目标设计为"能够与同伴进行分享和交流"要更有利于教师的准确把握。再如，在中班社会领域活动"好朋友，陪我走"中，如果把教育活动目标设计为"与其他小朋友发生矛盾时，能够自己初步使用一些简单的方法，如通过沟通等处理矛盾"，这样的目标就比较清晰、明确，可观测。

虽然行为目标对教育活动具有较为明确的指导作用，但应注意行为目标不是越具体越好，而是应在目标的概括化和具体化之间寻求一个合适的"度"。同时，行为目标强调的是那些可以观察的外显的行为变化，但幼儿发展的许多方面是很难转化为这些行为指标的，所以还要考虑其他方面，或对行为目标予以补充。

2. 生成性目标

生成性目标是指在教育情境中随着教育过程的展开而自然生成的预期标准。如果说行为目标重在教育活动的预定显性结果，那么生成性目标则重在教育活动的非预定的过程。因为它的非预定性，教师往往在实施教育活动前无法预测，在实施过程中也较难控制，具有较大的操作难度。

生成性目标以过程为中心，以幼儿在活动中的表现为基础展开，强调幼儿、教师与教育情境三者在交互作用的过程中产生目标。生成性目标充分尊重幼儿，使幼儿有权利决定什么是最值得学习的。当幼儿从事与自己的目标相关联的学习时，就会越来越深入地探究知识，这个过程是持续的。

在西方国家，以生成性目标为取向的早期儿童课程或教育方案并不少见，如"瑞吉欧"幼儿教育体系中的"项目活动"、华德福幼儿教育的活动等都是典型的生成性目标取向。在我国幼儿园的一些教育活动中，如"添画、制作连环画故事书《小马过河》""即兴创编舞蹈动作，有表情地表达"等都是生成性目标的体现，与行为目标的具体明确相比，生成性目标具有一定的模糊性和不确定性，因此对教师的专业素质和能力提出了更高的要求。即使如此，目前也开始有教师更加关注活动实施过程中幼儿的反应和不可预测的因素，尝试在活动实施之后总结、反思、调整活动方案。这也说明了教师更加重视生成性目标的独特价值，并尝试在教育活动实践中探寻有效使用的可能性。

3. 表现性目标

表现性目标是指每一个幼儿在具体教育情境的种种"际遇"中所产生的个性化表现。[①] 它强调的是个性化，指向的是培养幼儿的创造性。表现性目

① 王春燕，王秀萍，秦元东.幼儿园课程论［M］.北京：新时代出版社，2005：23.

标并不预先规定幼儿的行为变化，它追求的是幼儿反应的多元性，而不是同质性。表现性目标描述的是幼儿学习后身心的一般发展变化。这种发展变化是难以用直观的观察、测量方式衡量出来的，而是需要通过一段时间的考察、关注而发觉的。虽然教师无法准确预知这种个性化的表现，但它对于幼儿个性的充分展示和发展又是有益的。如"寻找大自然的色彩"活动，如果从表现性目标的角度设计，教师关注的就不是"幼儿能说出大自然中看到的颜色"，而是"在活动中感受大自然色彩的丰富性，萌生深入探索大自然色彩的愿望"。因而，表现性目标在一些欣赏活动、艺术创编活动或复杂的智力活动中体现得比较多，它对教师专业素质和能力也有比较高的要求。

　　上述三种教育活动目标取向具有不同的价值，行为目标倾向于以教育活动后的具体行为表现折射出活动的预期价值，具有一定的客观性、可操作性；生成性目标倾向于以教育活动过程中幼儿成长的"闪光点"折射出活动的价值，具有一定的非预期性与不可控性；表现性目标倾向于以教育活动过程中的真实境况体现出幼儿发展价值，具有一定的独特性与个体性。从行为目标取向发展到生成性目标取向，再发展到表现性目标取向，体现了对幼儿的主体价值、发展潜能和个性培养的追求，在一定程度上弥补了单纯强调显性的行为目标的缺失。因此，教师应根据幼儿身心发展和社会发展的需要，以及教育活动的内容和特点，科学合理地设计教育活动目标，促进幼儿在认知、技能、情感、个性、社会性等方面和谐全面地发展。

　　（三）幼儿园教育活动目标制订的维度

　　在制订幼儿园教育活动目标时，除了关注教育活动目标的取向外，还要兼顾教育活动目标的维度。幼儿园教育活动一般可从认知、情感态度和能力技能三个维度来陈述目标，以促进幼儿的全面发展。

　　1. 认知目标

　　认知目标是指幼儿园教育活动涉及的具体领域知识、经验和概念等的理解、认识、运用、分析及评价等。每个领域的教育活动都有各自独特的认知目标，即各领域独特的知识、经验和概念。如大班社会教育活动"百家姓"的目标之一为"了解中国人名字中的'姓'"，其涉及的是社会领域的认知目标。

　　2. 情感态度目标

　　情感态度目标是指幼儿园教育活动中幼儿的情绪情感体验、兴趣、态度及价值观等的发展。如大班科学教育活动"大树爷爷"的目标之一为"养成热爱大自然的情感"。情感发展作为幼儿个体发展的一个方面，同幼儿其他方面的发展是紧密联系的，它们共同构成一个有机的发展整体。

3. 能力技能目标

能力技能目标指幼儿顺利完成某种活动应具备的本领和条件。如小班数学教育活动"饼干乐园"的目标"在看一看、比一比、分一分、尝一尝等过程中，发现饼干的不同（大小、形状、颜色、口味等），进一步提高观察、比较和分类的能力"中，"进一步提高观察、比较和分类的能力"就是能力目标。知识与能力对幼儿的发展同样重要，在关注幼儿园教育活动认知目标的同时，教师也需要关注幼儿园教育活动的能力技能目标。

（四）幼儿园教育活动目标的表述

在幼儿园的目标体系中，教育活动目标是最具体的，它是实现幼儿园保教目标的基础。教师是实施幼儿园教育活动的主体，在进行幼儿园教育活动设计的过程中，确定并恰当表述教育活动目标是教师必须具备的专业能力，为幼儿园保教目标的实现提供了切实的保证。

1. 幼儿园教育活动目标表述的基本要素

关于教育活动目标的表述，教育心理学家比较一致的观点是应重点说明学习者行为或能力的变化。1962 年，马杰在《程序教学目标的编写》一书中指出，一个教育活动目标应该包括三个基本要素，即行为、条件、标准。[①]"行为"指的是学习者通过学习后能够做什么，教师据此掌握教学活动目标的达成度。"条件"指的是学习行为产生的环境和条件因素。"标准"指的是学习者在学习后应该达到的最低合格标准。

如大班歌唱活动"动物大合唱"，其中一个目标为：在幼儿已有经验基础上，按节奏模仿小鸡、小狗和小猫的叫声，并运用到已学歌曲《猪儿在农场》中。在这一目标中，"模仿小鸡、小狗和小猫的叫声"为"行为"；"在幼儿已有经验基础上""已学歌曲《猪儿在农场》"为"条件"；"按节奏模仿""运用到已学歌曲《猪儿在农场》中"为"标准"。

教育活动目标的撰写，准确的行为表述是最基本的。以往我们在表述教育活动目标时经常使用"理解""掌握""欣赏""培养"等动词来描述学习者在学习后能够达到的能力，使用"深刻理解""充分掌握"来描述达到的程度。但这些词语含义比较模糊、宽泛，不能够对目标进行准确描述。

表 1-1 至表 1-3 是为编写三类学习目标提供的一些行为动词，供学习者参考。[②]

---

① 黄瑾.幼儿园教育活动设计与指导［M］.3 版.上海：华东师范大学出版社，2021：33.
② 乌美娜.教学设计［M］.北京：高等教育出版社，1994：144-149.

表 1-1　编写认知目标行为动词示例

目标	行为动词示例
知识:对信息的回忆	列举、说出……的名称、复述、排列、背诵、回忆、选择、描述、辨认、标明
领会:用自己的语言解释信息	分类、叙述、解释、选择、归纳、猜测、举例说明、区别
应用:将知识应用到新的情境中	运用、计算、示范、说明、解释、解答、改变
分析:将知识分解,找出各部分之间的联系	分类、分析、比较、对照、区别、图示、指出
综合:将各部分知识重新组合,形成新的整体	创编、设计、提出、归纳、总结
评价:根据一定的标准进行判断	比较、评定、判断、证明、说出……的价值

表 1-2　编写动作技能目标行为动词示例

目标	行为动词示例
知觉能力:根据环境刺激作出调节	旋转、接住、移动、踢、保持平衡
体能:基本素质的提高	有耐力、反应敏捷
技能动作:进行复杂的动作	演奏、使用、操作
有意的沟通:传递情感的动作	用动作表达感情、改变脸部表情、跳舞

表 1-3　编写情感、态度目标行为动词示例

目标	行为动词示例
接受或注意:愿意注意某事件或活动	听讲、知道、注意、接受、赞同、选择
反应:乐意以某种方式加入,并作出反应	陈述、回答、列举、遵守、完成、听从、欢呼、表现、帮助、选择
评价:对现象或行为作出价值判断,表示接受	接受、承认、参加、完成、解释、区别、判别、支持、评价
组织:将不同的价值标准组成一个体系,并确定它们之间的相互关系	判断、使……联系、比较、定义、讨论、确定
价值或价值体系个性化:建立个性化的价值体系,以指导自己的行为	相信、拒绝、改变、判断、解决

2. 幼儿园教育活动目标表述的方式

幼儿园教育活动目标可以从不同主体的角度来表述,目前常用的表述方式有以下两种:一种是从教师的角度。从教师的角度表述教育活动目标比较明确地指明了教师应该做的工作和应该达到的教育效果,有利于教师明确个人在教学中的角色和作用。从教师的角度表述时,常用"鼓励""引导""帮助""使"等,这种表述方式容易让教师更多关注自己的"教",而忽略幼儿

的"学"。另一种是从幼儿的角度。从幼儿的角度表述教育活动目标能够明确幼儿通过学习后应该达到的发展程度，常用"感受""喜欢""理解""能"等。从幼儿的角度表述教育活动目标可以使教师更多地关注幼儿"学什么"与"怎么学"，关注幼儿的学习方式，关注幼儿的学习效果。因此，当前绝大多数学者主张从幼儿的角度表述教育活动目标。

二、幼儿园教育活动内容的选择与组织

在教育活动目标确立之后，接下来就要考虑教育活动内容的选择与组织。活动内容是活动目标的具体表达，也是实现活动目标的手段，影响着活动实施的方式，是幼儿园教育活动内在结构的核心部分。明确幼儿园教育活动内容的含义与范围，把握教育活动内容选择的原则，是有效选择与组织幼儿园教育活动内容的前提。

（一）幼儿园教育活动内容的内涵

幼儿园教育活动内容是指为了实现教育活动目标，通过一定的形式表现和组织的基本知识、基本态度、基本行为。我们可以从三个方面来理解幼儿园教育活动内容：一是活动内容是为活动目标服务的，活动目标是选择活动内容的依据，活动内容是实现活动目标的手段，活动目标指导着活动内容的选择与组织。二是幼儿园教育活动内容是依照活动目标选定和组织的基本知识、基本态度、基本行为。这种理解既是对幼儿园教育活动内容在价值上所作的判断，又是对幼儿认知心理结构认识的结果。因此，幼儿园教育活动内容必须包含知识、情感态度、能力技能三个方面的内容，缺一不可。三是幼儿园教育活动内容应该是相互联系、协调有序的，从而为幼儿获得身心的全面发展提供保障。

对幼儿园教育活动内容的分析应以教育活动目标为基础，旨在规定幼儿学习内容的范围、深度，并揭示学习内容各组成部分之间的联系，以保证达到教学最优化。具体来说，学习内容的范围是指幼儿必须达到的知识和能力的广度。《纲要》指出："幼儿园教育是基础教育的重要组成部分，是我国学校教育和终身教育的奠基阶段。"也就是说，幼儿园教育应为幼儿的终身发展奠定良好的基础。而学习内容的深度则是规定了幼儿所学知识内容的深浅程度和能力水平。幼儿的思维具有具体性、形象性的特点，这也决定了幼儿的学习方式不同于成人，学习内容应该具有基础性、趣味性。《规程》明确提出："教育活动内容应当根据教育目标、幼儿的实际水平和兴趣确定，以循序渐进为原则，有计划地选择和组织。"因此，幼儿园教育活动内容的组织就是厘清各部分学习内容之间的联系，按照一定的教学顺序将这些符合幼儿身心全面发展需要的知识与技能，用幼儿能够理解和接受的形式开展。

（二）幼儿园教育活动内容的范围及特点

1. 幼儿园教育活动内容的范围

幼儿园教育活动内容的确立要依据教育活动目标的要求，因此我们在确定活动内容范围时，必须考虑哪些内容有助于幼儿全面和谐地发展。

（1）有助于幼儿发展的基本知识

知识不仅是情感、态度获得的基础，也是行为、能力提高的前提。无论在什么情况下，我们都不能否认基本知识在教育活动内容中的意义。所谓"基本知识"，可以理解为有利于幼儿解决基本的生活、交往问题的知识；帮助幼儿认识自己生活环境的知识；为今后学习系统的学科知识打基础的知识；为成长为未来社会的高素质公民奠基的知识等。基于幼儿的身心发展特点，教师对教育活动中基本知识的理解，要注意以下两点：一是不能过分强调知识的作用，给幼儿施加学习压力；二是不能忽视知识教育，应考虑幼儿应该学习哪些知识，他们已有的经验是怎样的，如何支持幼儿有机地组织知识经验，如何培养幼儿对已有知识经验的运用和迁移能力等。

（2）有助于幼儿发展的基本态度

一个人对人、对事、对己都会有一种心理倾向，这种倾向就是态度。态度是伴随着活动过程而产生的体验，它的形成是潜移默化的。态度是幼儿认知活动的驱动器，良好的态度对幼儿的知识学习、能力获得、行为形成都有良好的促进作用。所谓"基本态度"，可以理解为人作为一个社会个体所应具备的心理品质，如基本的情感和个性品质。在幼儿阶段应该着重培养诸如兴趣、自信、自我价值感、责任感、归属感、关心、友好、尊重、同情之类的积极社会情感。在选择幼儿园教育活动内容时，教师必须考虑有助于幼儿发展的基本态度，并通过显性或隐性的方式将基本态度的相关内容贯穿在幼儿园教育活动内容中。

（3）有助于幼儿发展的基本行为

所谓"基本行为"，可以理解为在日常生活中所表现出来的一切动作的统称，它由一系列简单动作构成。有助于幼儿发展的基本行为，即有利于幼儿日常生活顺利进行，有利于幼儿未来适应社会生活的基本行为方式，如锻炼、自我服务、观察、交流、探索、合作等。

例如，在幼儿园教育活动中，幼儿通过与教师的互动、与其他幼儿的交流与合作，学会观察周围事物的变化，表达个人的想法，乐于探索未知的奥秘，这些基本行为的形成都将有助于幼儿身心全面发展。

2. 幼儿园教育活动内容的特点

《纲要》提出按照幼儿学习活动的范畴把幼儿园教育内容相对划分为健康、语言、社会、科学、艺术五个领域，并强调各领域的内容应相互渗透。

幼儿园教育活动内容的特点如下：

（1）广泛性和启蒙性

幼儿园教育活动内容涉及幼儿所接触的自然环境、文化环境、社会环境等，具有广泛性的特点。但是从幼儿认知能力、水平和幼儿园阶段的教育目标来看，这些教育内容又是浅显的，具有启蒙性的特点，且并不强调教育内容的逻辑性和系统性。例如，幼儿所进行的科学学习是在探究具体事物和解决实际问题中，尝试发现事物之间的异同和联系。这个过程并不像真正的科学研究那样严谨，而是要在保护幼儿好奇心的基础上，充分利用自然和实际生活的教育契机，引导幼儿运用一些简单的科学方法，学习发现问题、分析问题和解决问题。生活中的问题是浅显的，幼儿探究的过程具有启蒙性。这些教育活动都是帮助幼儿不断积累经验，实现经验的迁移，进而形成受益终生的学习态度和能力。

（2）综合性和整体性

虽然幼儿园教育内容相对划分为五个领域，但这些内容又是相互联系的，构成一个综合的统一整体。同时幼儿的学习也具有整体性的特点，例如，在主题活动中，幼儿在进行语言领域内容学习的同时，也在获取艺术、社会、科学等领域的相关经验。此外，某个领域的学习内容，通常包括认知学习类、行为技能类、情感态度类，使幼儿在知识、技能、情感等方面都得到发展。以社会领域学习内容为例，包括培养爱老师、爱同伴、爱家人的情感，习得必要的交往技能；培养爱集体的情感，遵守幼儿园的各种学习、生活、游戏规则；培养爱幼儿园、爱家庭、爱家乡、爱祖国的情感，认识周围环境、了解家乡、认识国旗国徽等；培养爱人民的情感，尊重不同职业的人、认识少数民族等；培养良好的习惯，塑造良好的品格。这些教育活动内容具有综合性、整体性的特点。鉴于此，教师应依据幼儿已有的经验以及学习兴趣，灵活、综合性地组织安排各方面的教育内容，使幼儿获得相对完整的学习经验。

（3）生活性和生成性

《纲要》指出："教育活动内容的组织应充分考虑幼儿的学习特点和认识规律，各领域的内容要有机联系，相互渗透，注重综合性、趣味性、活动性，寓教育于生活、游戏之中。"幼儿的学习更关注感性经验、直接经验的积累，幼儿园教育活动内容必须以幼儿的生活经验为基础，不断拓宽幼儿的认知范围，掌握新的知识经验。因此，幼儿园教育内容不是一成不变的，而是灵活的、动态的、可生成的。

（三）幼儿园教育活动内容选择的原则

幼儿园教育活动内容的选择应遵循以下原则：

1. 目的性原则

教育活动内容是实现教育目标的手段，必须紧紧围绕教育目标来选择教育活动内容。在兼顾德、智、体、美、劳诸方面内容的同时，也要考虑基本知识、基本态度、基本行为的内容，要全面、整体地考虑，不可偏废。在追求全面的同时，也要根据幼儿发展所需注意各方面的内容比例得当。例如，有关幼儿园健康教育的内容，就应该特别考虑这一问题。例如，在现代幼儿养育方面，肥胖和营养不良问题很常见，而家长的不当教养方式则助长了这些问题的出现。因此在健康教育中要重视和加强饮食均衡的内容。

☞ 拓展知识：幼儿园教育活动内容选择过程中常见的问题

2. 适宜性原则

有效的教育要有适宜的教育内容。教师不仅要深入掌握不同年龄段幼儿的身心发展规律，同时也要关注同一年龄段不同幼儿的个体差异性。首先，要掌握不同年龄段幼儿的一般特点，学前儿童心理学大量的研究结果为教师了解幼儿的年龄特点提供了有力的支持；其次，要细心观察每一个幼儿，针对不同幼儿的特点选择教育活动内容，才能保证教育活动内容的适宜性。

3. 生活化原则

学前教育的根本要旨是尊重幼儿生命的发展逻辑，不断创造条件，促进幼儿的发展，使其更有意义。作为学前教育载体的幼儿园教育活动内容必须贴近幼儿真实的生活，丰富的生活经验有助于幼儿理解教育活动的内容，激发幼儿探索生活中问题的兴趣。

4. 兴趣性原则

兴趣的高低直接影响教育活动内容的学习效果。如果幼儿的兴趣与教育活动内容一致，就会大大提升内容学习的效果。例如，中班的幼儿刚刚参观了恐龙博物馆，对恐龙的兴趣高涨，此时教师组织恐龙主题的活动，幼儿的学习积极性会非常高。遵循兴趣性原则，在选择教育活动内容时，教师首先应从幼儿感兴趣的事物中寻找富含教育价值，符合教育目标的内容。当幼儿的兴趣与教育目标不一致时，教师要认真观察幼儿的状态，做到眼中有幼儿；分析幼儿的态度和表现，从促进幼儿发展的角度，将教育目标与幼儿的兴趣巧妙联系起来。

5. 行动性原则

幼儿乐于在"做中学"，幼儿园教育活动内容必须还原为幼儿的经验，还原为幼儿成长的过程。换句话说，就是把幼儿将要学习的内容渗透到幼儿的探索、操作、体验、表达、游戏、交往等活动中，让幼儿在充满趣味性的各种活动中，深化个人的经验，形成自己的理解。教师要避免用生硬灌输的方式把要学习的内容呈现给幼儿，剥夺幼儿感受、体验的机会。

（四）幼儿园教育活动内容的组织

《纲要》明确指出："教育活动内容的组织应充分考虑幼儿的学习特点和认识规律，各领域的内容要有机联系，相互渗透，注重综合性、趣味性、活动性，寓教育于生活、游戏之中。""教育活动的组织形式应根据需要合理安排，因时、因地、因内容、因材料灵活地运用。"在完成教育活动内容选择之后，接下来就是要对教育活动内容进行组织，以确定适合幼儿学习特点与规律的教育活动内容呈现方式，保证高效地实现教育活动内容向幼儿学习经验的转化。由于当前的幼儿园教育活动打破了原有的学科逻辑结构，形成了以学科及领域整合为特色的主题框架结构，因此本书对幼儿园教育活动内容组织的探讨是以主题为牵引的集体教学活动为主。

1. 从幼儿兴趣入手

教育活动是动态的，具有生成性，生成性体现了教育活动的价值，而幼儿的兴趣正是教育活动生成的前提和基础。从幼儿的兴趣入手，更符合幼儿园教育活动生成性的特点。从生成的理念出发，教师应以幼儿感兴趣的活动主题引导幼儿发展。例如，秋天来了，秋风带走了树枝上的叶子，留下光秃秃的树枝，给人一种萧瑟的感觉。幼儿也感受到了秋天带来的变化，讨论"有没有什么办法让枯枝重新焕发生机"。教师发现幼儿的兴趣点后和幼儿一起查找资料，准备材料，并将幼儿分成若干组，围绕主题分别开展了"各种各样的树枝""树枝可以这样玩""枯树生花""树枝上的艺术创作"的生成活动。在分工和协作活动中，幼儿的兴趣得到了满足。需要注意的是，在组织教育活动内容的时候，教师应该一直关注幼儿的"兴趣"。

2. 从生活经验入手

幼儿是在与周围环境相互作用的过程中获得经验的。因此，教育活动内容的组织必须以幼儿的经验为出发点。例如，教师基于中班幼儿的生活经验和兴趣点，确定了"我家的餐桌"这个活动主题，在一周的活动中，通过开展"餐桌上有什么""筷子的故事""餐桌礼仪""家乡的饮食文化"等活动，记录和分享与饮食有关的故事。幼儿的生活经验既包括幼儿在认知水平和学习动机水平上的已有经验，也包括幼儿在社会文化背景和日常生活中的已有经验。教师应准确把握不同年龄阶段幼儿的生活经验基础，借助一定的组织形式，保证活动目标的实现，进而有效地促进幼儿的发展。

3. 从教材入手

教材是教师选定教育活动内容的主要依据之一。教材能够给教师提供一个内容范围以及教育活动的具体内容，并对主题素材的选择和活动的开展给予提示，但教师要把教材内容真正变为适合本班幼儿的需要、促进幼儿发展的活动内容，还需要进行再次的筛选、加工和设计，即通过"备课"将教材内容所蕴含的意义、背景和内在关系转变为幼儿的学习需要及学习过程。例如，小班主题活动"爱"，教材提供了一个山姆·麦克布雷尼写的《猜猜我有多爱你》的绘本故事，这个故事讲的是小兔子和大兔子尽可能地找出可以衡量爱的东西，把自己的爱表达出来。然而，爱实在是很难衡量的。在一大一小两只兔子简单有趣又充满想象力的对话里，浓缩了生命中最复杂、最伟大的情感。教师在设计活动内容时，不仅要挖掘绘本故事本身在语言、图画方面的价值，而且要从作品所蕴含的积极情绪体验和人际交往方面的价值出发，综合设计相应的教育活动内容，围绕"爱"的主题，充分体现"爱的教育"的价值。教材为教育内容的组织提供了多种可能性，教师从教材入手组织教育活动内容需要根据特定的情况、特定的背景、特定的资源、特定的教育对象进行特定的设计。

三、幼儿园教育活动实施的途径与指导

（一）幼儿园教育活动实施的途径

幼儿园教育活动实施的途径是多样化的，主要包括生活活动、游戏活动和教学活动三种基本途径，这三种途径对幼儿经验的获得都很重要，本教材主要围绕幼儿园教学活动进行探讨。

1. 生活活动

生活活动与幼儿日常生活直接联系，满足幼儿入园、离园、进餐、睡眠、如厕和盥洗等基本生活需要，旨在促进幼儿生长发育和身心健康，引导幼儿形成良好的生活习惯。生活活动是幼儿园教育活动实施的基本途径，这是由幼儿的年龄特点、身心发展需要和生活本身所蕴含的丰富教育价值共同决定的。生活活动的实施需要贯彻保教结合原则，建立科学的日常生活制度，建立合理的生活常规。

2. 游戏活动

游戏与幼儿之间有着天然的联系，是幼儿园教育活动实施的主要途径。基于游戏的基本特征，我们可以将游戏分为"自然性游戏"和"教育性游戏"两种，其中教育性游戏既服务于教育目的，又使幼儿得到满足与快乐，即教育性游戏兼具自然性和教育性。在幼儿游戏的过程中，教师通过观察了解幼儿游戏的状况，为幼儿提供时间、空间、材料与经验等方面的准备；在尊重幼儿兴趣与需要的基础上，对幼儿的游戏进行适当的介入或干预。

3. 教学活动

教学活动泛指教师发起或主导的教与学的双边活动，是教师通过有目的地与幼儿互动，引导、支持和拓展幼儿学习的过程。教学活动是在尊重幼儿身心发展规律和学习特点的基础上，选择适合幼儿的内容，通过适合幼儿年

龄特点的教学方法，促进每位幼儿全面而富有个性地发展的过程。[①]它具有以下特征：教学情境生活化、教学内容综合化、教学过程生活化、教学组织形式多样化。

（二）幼儿园教育活动实施的取向

幼儿园教育活动实施的取向是指对教育活动实施过程本质的不同认识以及支配这些认识的相应的价值观。幼儿园教育活动实施的取向，集中地表现在对活动方案编制、教育活动设计与教育活动实施之间的关系方面。[②]幼儿园教育活动实施大致分为三个取向：忠实取向、相互适应取向、创生取向。

1. 忠实取向

忠实取向是将教育活动实施的过程看作忠实执行教育、教学计划的过程。忠实取向认为，已经设计好的幼儿园教育活动是一个程序，尽管可以有一些调整，但是总体上要遵循教学设计，并以此作为评价的依据。教师的角色是教育活动的忠实执行者，也就是说，教师应按照教育活动的设计方案，循规蹈矩地实施教学。为了能让教师更准确地把握教学设计并执行，在活动实施前需要对教师进行适当的培训，并在实施过程中对教师的教学进行支持和监督。

2. 相互适应取向

相互适应取向是将教育活动实施的过程看作教育活动方案设计者与学习者之间通过协商而相互适应的过程。我们可以把幼儿园教育活动实施的相互适应取向比喻为球赛：活动计划是一场球赛的方案，这个方案是赛前由教练员和球员一起制订的；活动实施则是球赛进行的过程。尽管球员要贯彻事先制订好的比赛方案，但完成这项方案的具体细节则主要由球员来执行，即球员要根据赛场上随时变化的情况做出明智的反应。在相互适应取向的视野中，教师是积极的、主动的，为了使活动计划适合具体实践情境的需要，教师要对其进行积极的、理智的改造，这是教育活动实施成功的基本保证。

3. 创生取向

创生取向认为，幼儿园教育活动是教师与幼儿共同创造的经验，这些经验都是教师和幼儿在实际中体验到的。教师和幼儿不是知识经验的被动接受者，而是创造者。幼儿园教育活动创生的过程是教师和幼儿共同成长的过程，教师是创生教育活动共同体中具有活力的成员。在创生取向的视野中，教师和幼儿都成为积极建构教育经验的主体，师幼共同持续成长。

---

① 虞永平，张辉娟，钱雨.幼儿园课程评价［M］.南京：江苏教育出版社，2006：107.
② 朱家雄.幼儿园教育活动设计与实施［M］.2 版.北京：高等教育出版社，2015：314.

上述这三种取向各有其存在的价值，它们从不同方面解释了教育活动实施的本质。三者不是非此即彼的关系，教育活动实施的选择和定位，其依据并无优劣、是非之分，而是看其适宜性。权衡教育活动实施生态环境中的各种影响活动实施的生态因子以及它们之间的关系，使之达成最优的有效性，这是选择教育活动实施取向的基本出发点。[①]

（三）幼儿园教育活动实施的原则

对于教师来说，幼儿园教育活动的实施既是一项创造性的工作，又是一项艺术性的工作，需要教师的教育机智和个人智慧的创造性投入。幼儿园教育活动的实施一般应遵循以下原则：

1. 灵活性原则

随着幼儿园教育改革的不断深入，教育活动方案已不再以固定不变的教材为核心，教师要基于教育对象——幼儿的个体差异性，以促进幼儿发展为目标灵活地组织与指导幼儿园教育活动。这种灵活性主要体现在以下方面：

（1）灵活处理"预设"与"生成"的关系

教师作为教育活动的计划者、组织者、指导者，在教育活动实施中一般也是按照既定的活动计划进行，但是幼儿园教育活动中经常会有超出教师预先设计的活动之外的情形发生。比如幼儿对教师预先设计的活动不感兴趣，或者在某一个活动环节中幼儿又有了新的探索兴趣点，此时，教师就不能拘泥于既定的教学计划，而要捕捉幼儿的兴趣和需要，以此作为灵活调整教育活动的新的"切入点"，让幼儿成为教育活动中的真正主体，在自主性学习中主动建构和提升经验。

（2）灵活处理"抛球"与"接球"的关系

《儿童的一百种语言》一书，形象化地将教育活动过程中的师幼互动比喻为"抛接球"。师幼不断抛球、接球的过程，就是幼儿与教师合理互动的过程。教师不仅要敏锐地接过幼儿抛过来的球，给予即时的、支持性的回应和交流，而且还应当在一定的教育情境中主动抛球给幼儿，以此来推动幼儿的自主探究和学习。

（3）灵活处理角色身份的转换

教师在教育活动中具有多重角色身份，在不同的活动类型和组织形式中，教师应当是一个忠实的欣赏者或合作者；当幼儿在教育活动中遇到学习上的困难时，教师应当是一个鼓励者或建议者；当幼儿在参与技能性的学习活动时，教师应当是一个示范者或指导者。

---

① 朱家雄.幼儿园教育活动设计与实施［M］.2版.北京：高等教育出版社，2015：316.

（4）灵活调整教育活动的节奏

幼儿的年龄特点和身心发展水平决定了幼儿园教育活动应尽量体现实践性与游戏性，这一特点的实现有赖于教师的教学设计和教学组织。教师在组织幼儿园教育活动的过程中，应遵循"动静交替"原则，随时关注幼儿在活动中的状态和反应，根据幼儿的反应灵活调整教育活动的节奏。

2. 主导性原则

教师在教育活动实施过程中的主要作用是指导。现代的教育观认为，教师是教育活动的支持者、合作者、指导者，"导"更多指的是教师间接的指导作用，即引导和疏导。教师应当平等地参与幼儿的活动，共同探索感兴趣的问题，引导幼儿自主探究和学习，从而更适时、适宜地体现活动中幼儿的主体性。

3. 针对性原则

针对性的原则是指幼儿园教育活动的实施过程必须有明确的定向和目标，教师要善于"对症下药"，根据幼儿在活动中的实际情况和行为表现，通过观察、分析，进而采用灵活有效的方法对幼儿提供有针对性的指导。针对不同的活动类型和不同的教育对象，教师要做到因人而异、因环境而异的指导。此外，在面对复杂的教育活动情境及临时出现的意外事件时，教师也应充分发挥教育智慧，有针对性地予以关注和解决。

实训任务

请根据幼儿园教育活动实施的原则，分析案例中这两位教师的艺术教育活动组织方式哪种更好？为什么？

在幼儿园艺术教育活动中，张老师组织幼儿画以秋天为主题的画。张老师先画了一幅范画，让幼儿按她画的样子临摹，有的幼儿画得很像，张老师大加赞扬；有一位幼儿画了一幅和张老师的范画不太一样的秋天的图画，张老师对这个幼儿提出了重新画的要求。李老师也在组织幼儿画以秋天为主题的画，她把幼儿带到了户外，让幼儿在花园里自由地选择要画的景色和画画的材料，在幼儿画画的过程中给出建议和有针对性的指导，并对每个幼儿的作品进行分析，对幼儿的努力给予鼓励和表扬，最后还把幼儿的作品展示在班级的作品栏里。

□ 实训任务
提示

（四）幼儿园教育活动中的师幼互动

师幼互动贯穿于幼儿一日生活的各个环节之中，它是幼儿园各项教育目标得以实现的重要保证，是促进幼儿全面发展的关键性因素，也是教师内在的教育观念、教育能力和外显的教育手段、教育行为相结合的综合表现。《纲要》明确指出："教师应成为幼儿学习活动的支持者、合作者、引导者。""以关怀、接纳、尊重的态度与幼儿交往。耐心倾听，努力理解幼儿的想法与感受，支持、鼓励他们大胆探索与表达。"幼儿园教育活动是由教师的教和幼儿的学构成的双向活动，师幼互动是教育活动实施的关键。

1. 师幼互动的内涵

师幼互动，是指发生在师幼之间的交互作用和影响。在幼儿园的运行机制中，人际关系是起决定性作用的因素，而在幼儿园的人际关系中，师幼关系又是最重要的。教师不仅担负着组织幼儿学习和生活的教育职责，而且也同样担负着照料幼儿生活的养育职责。这也体现出师幼关系是以情感为纽带的依恋关系。

2. 师幼互动的类型

发生在幼儿园的师幼互动是多种场景、多种内容、多种形式的。一般说来，师幼互动分为以下几类：（1）根据互动参与主体的不同，师幼互动分为：教师与群体幼儿之间的互动、教师与小组幼儿之间的互动以及教师与个体幼儿之间的互动；（2）根据互动行为发生场景的不同，师幼互动分为教学活动中的互动、游戏活动中的互动和生活活动中的互动；[①]（3）根据互动发起者的不同，师幼互动分为教师主动发起的互动和幼儿主动发起的互动；（4）根据活动的目的性和计划性不同，师幼互动分为正式的互动和非正式的互动等。

3. 有效师幼互动的策略

师幼互动的策略是指教师在应对具体的师幼互动关系情境时，为有效促进幼儿的发展所采取的具体行动和方法。由于师幼互动情境具有多样性、复杂性，因此，师幼互动策略也必然是多样化的，主要有以下几种：

（1）激励式互动策略

教师为激发幼儿的活动兴趣，鼓励幼儿的持续性活动而与幼儿进行的互动行为。具体如下：

一是情境感染，教师通过教育情境创设，感染和激励幼儿的学习与活动兴趣。二是语言催化，教师运用生动形象、富有感情的语言激发幼儿的活动兴趣。三是情感分享，在互动中，教师给予幼儿情感态度上的积极支持与肯定。

（2）追随式互动策略

教师在与幼儿的积极互动中要以平等宽容的心态追随幼儿，尽量避免直

---

① 刘晶波.理想师幼互动行为的探寻［J］.学前教育，2004（5）：14-15.

接要求或指令，在观察分析幼儿的基础上与之展开有效的互动，进而促进幼儿的自主探究和学习。具体如下：

一是环境创设，教师创设能够支持幼儿自由探索的环境，引发幼儿和他人进行积极的互动，鼓励和支持幼儿在与活动环境的充分互动中去发现问题、解决问题。二是变换调整，教师根据幼儿在活动中的表现和出现的问题，及时变换原先的应对策略，更好地满足幼儿活动与发展的需要，尽可能照顾到幼儿个体需要与幼儿全体需要之间的关系。三是耐心等待，在互动过程中，教师适时适度地耐心等待和辅助支持，以材料为中介，等待幼儿的自主发现和迁移性学习。四是及时反思，教师要对自己和幼儿的互动行为进行及时的反思，通过互动过程带给幼儿的影响去推断自己行为的适宜性和合理性。

（3）挑战式互动策略

在互动中，教师捕捉恰当的教育契机，在"质疑"的基础上给幼儿搭建一个具有"挑战性的平台"，进一步推动幼儿问题解决能力与思维发展。具体如下：

一是问题质疑，教师在与幼儿的互动过程中，通过适时提出适宜的问题，激发幼儿探索和解决问题的愿望，引发幼儿进一步思考，直至问题解决。二是启发思考，教师借助具体情境，通过开放性的问题及提供丰富多彩的材料，激发幼儿不断思考、主动探究与交流。三是推动深化，在以幼儿自主探索为主的教育活动中，教师通过观察幼儿的兴趣和需要，基于幼儿的经验水平，帮助他们生成既有趣又有挑战性的主题活动内容，在与幼儿的支持性、挑战性互动中有效推进幼儿的深度学习与探究。

四、幼儿园教育活动的评价与反思

幼儿园教育活动评价是根据幼儿园教育活动目标，对幼儿园教育活动方案、实施过程中显性的或隐性的成效进行评判的一系列活动。幼儿园教育活动评价的目的是通过对活动的讨论、反思、评判，探索进一步提高幼儿园教育活动实效性的方法与策略。此外，幼儿园教育活动评价还能够提升幼儿园课程品质，促进教师的专业化发展。

（一）幼儿园教育活动评价的基本原则

原则是人们行为和工作所依据的法则或标准，作为必须遵守的基本要求，幼儿园教育活动评价原则兼具理论参考价值和实践指导意义。

1. 尊重性原则

尊重性原则是指在幼儿园教育活动评价过程中，无论是对活动中幼儿的评价还是对教师的评价都坚持客观、公正的态度，充分发挥教育活动评价的激励作用，以促进教师或幼儿的发展。尤其是行政管理者在对幼儿园教育活动进行评价时，更要体现尊重性的原则，不以甄别和选择为目的，鼓励教师的教学创新，激发教师自我反思、自我提升的主动性，进而实现对幼儿园教育活动的不断优化与更新。

2. 科学性原则

科学性原则是指评价者不能仅凭主观经验或直观感受来判断教学质量和幼儿的发展水平，而应该采用科学合理的评价方法、手段和工具展开评价。科学性原则首先体现在评价开展前，评价者要对评价对象、评价内容及依据有充分的考虑，即要明确评价谁？评价什么？评价的标准是什么？如何评价？等问题，在实施评价前做好充分的准备；其次在评价过程中，评价者的评价方法和手段要有科学化的标准，能便于评价者进行合理操作和实施；最后，科学性原则还应体现在评价者必须从量化评价和质性评价两个方面对教育活动的效果进行综合全面的考量。

3. 全面性原则

全面性原则体现了两层意思：一是应全面评价幼儿的发展水平，即评价应反映幼儿的整体发展水平，而不仅仅是认知发展层面上的，要防止评价只关注教学或课程的片面化倾向，评价的视角应更全面、多角度；二是评价的渠道应体现全面性和多样性，即评价者除了可以应用观察、记录、交流等方式对教师和幼儿进行评价外，还应当将家庭、社区等多种渠道的信息作为一种评价的途径。

4. 情境性原则

情境性原则是指对教育活动的评价不能脱离其特定的情境性，脱离了具体和特定的情境的评价往往是标签式的简单评价。评价者应当跟踪幼儿的真实生活和学习情境，观察与记录他们在实际情境中的参与、操作、实验、交流、合作等方面的情况，将所获得的信息与评价标准进行比较，并做出判断。评价关注的是幼儿的学习过程而非学习结果，更强调评价的过程性、现场性和即时性。

5. 个别化原则

个别化原则是指评价者在评价的过程中既要关注幼儿的全面和谐发展，也要关注幼儿某一方面的个性化表现和发展潜力，为其个性化、个别化的发展营造空间。评价者应当从幼儿的不同潜能和个性出发制订评价手段与方式；教师在教学中也应当遵从幼儿的个别差异，根据评价的实际情况，针对不同的幼儿实施个别化的观察与记录，体现评价的弹性化、个性化。

（二）幼儿园教育活动评价的标准

评价主要从幼儿园教育活动目标、幼儿园教育活动内容、幼儿园教育活动实施、幼儿园教育活动成效四个维度进行，见表1-4。

表1-4　幼儿园教育活动评价表 [①]

评价维度	评价要点	情况记录
幼儿园教育活动目标	1. 目标的年龄适宜性 2. 目标表述的一致性 3. 目标表述的针对性 4. 目标表述的系统性 5. 目标的达成度	
幼儿园教育活动内容	1. 内容选择与目标的一致性 2. 内容选择的年龄适宜性 3. 内容选择的生活性 4. 内容选择的科学性 5. 内容匹配环境、材料、区角的适宜性 6. 内容的实际完成情况	
幼儿园教育活动实施	1. 实施过程与目标、内容的一致性 2. 实施过程是否根据幼儿的兴趣与需要进行适当的调整 3. 实施过程是否体现幼儿的主体性、主动性、积极性 4. 实施过程是否做到因材施教 5. 实施过程是否随机处理突发事件 6. 教师的教态仪表 7. 教师的教学语言 8. 教师的教育智慧	
幼儿园教育活动成效	1. 幼儿参与活动的程度 2. 幼儿的互动机会 3. 幼儿面临的挑战 4. 幼儿的学习习惯 5. 幼儿的行为技能 6. 幼儿的认知水平 7. 幼儿的情感态度 8. 教师教学策略的适宜性 9. 教师对幼儿的关注	

　　任何一个幼儿园教育活动都包括目标、内容、实施、评价四个基本要素，并呈循环状。幼儿园教育活动评价的结果会直接影响下一轮幼儿园教育活动目标的定位、内容的选取、实施的调整。

---

① 张淑琼. 幼儿园教育活动设计与实施［M］. 北京：北京师范大学出版社，2014：13-14.

（三）幼儿园教育活动评价的基本方式

幼儿园教育活动评价是评价者基于一定的价值观和评价标准，运用科学的方法和工具，收集和分析相关信息，对幼儿园教育活动及其构成要素的价值、适宜性、有效性作出判断。一般情况下比较常见的评价方式有以下几种：

1. 量化评价和质性评价

量化评价主要采用观察测量、调查、实验、统计等方法收集有关教育现象的资料，强调抽样的代表性、测量及其结果的信度和效度。量化评价要求具有一套完备的操作技术，包括抽样方法、资料收集方法、数据统计方法等，通过测量、计算和统计分析等过程，对所要评价的对象做出判断和结论。[①]

质性评价与量化评价不同，质性评价不是通过数据统计分析得出结论。质性评价一般是在自然情境中，使用实地体验、开放性访谈或深度访谈、参与性或非参与性观察、文献分析、个案研究、行动研究等手段，对教育现象进行深入细致和长期的研究，然后对具体的描述性资料加以分析和归纳，从而对评价对象做出价值判断。[②]

2. 形成性评价和总结性评价

形成性评价是通过对学习者的学习进展情况进行评价，进而影响其学习过程的一种评价方式。这种评价是伴随幼儿园教育活动的进程而自始至终进行的一种动态性评价，能够获取更多、更广泛的信息。幼儿园教育活动本身就是一个动态的、变化的、带有不确定性的过程，因此，伴随着活动的进程，对构成活动的各个要素之间的关系进行评价也是一种动态的过程。一般来说，伴随着教育活动过程的形成性评价可以通过观察、谈话、作品分析等评价方法来进行。

总结性评价是指在完成某个教育活动或某个单元性、阶段性活动之后进行的评价，它与目标的达成度密切相关。总结性评价的目的就是对教育活动目标达成程度的测定，它通常是在幼儿园教育活动结束之后实施的一种评价，更重视活动的结果。

3. 个体评价和群体评价

个体评价是指对参与教育活动的幼儿个体所进行的评价，评价的内容包括活动兴趣、参与态度、学习方式、互动与社会化程度、学习能力与习惯等方面。个体评价是为了更好地描述幼儿、了解幼儿、帮助幼儿，进而促进幼

① 王坚红.学前教育评价［M］.北京：人民教育出版社，2010：87.
② 王坚红.学前教育评价［M］.北京：人民教育出版社，2010：88.

儿的探索与学习。

群体评价是指对参与教育活动的幼儿整体的评价，一般来说这种评价倾向既可以体现在一些比较正式或量化的评价中，也可以运用在一些教师作为评价者实施的非正式活动中。前者是为了判别教育活动中幼儿整体能力的目标达成度；而后者则是为教师提供教育活动中群体倾向的相关信息，促进教师对活动的反思与调整。

4. 内部评价和外部评价

内部评价是指参与者主体进行的自我评价。比如教师作为评价者，根据一定的价值判断和评价标准对自己的教学活动进行反思与评价。对于教师而言，这种反思与评价是一种内在的行为，它能有效促进自己专业化能力的提升，具有相当重要的意义。当然，教师除了可以在自我评价中反思外，还可以在他人评价中反思。反思是现代教师成长的阶梯，也是课程改革对教师专业化水平的需要与呼唤。

外部评价是指评价主体独立于评价对象之外所实施的一种他人评价。一般来说，幼儿园教育活动的评价者可以是幼儿园管理者、上级行政部门、同行教师等。不同评价主体的评价目的、评价角度、评价侧重点都有所不同。因此，对幼儿园教育活动外部评价的实施应当做到切合实际、针对实际和服务于实际。

总之，不同的评价方式各有其特点和侧重点，但是不管哪一种评价方式都有其优势和特长，如形成性评价更体现对教育过程的了解和持续调整，以提高教育活动质量；个体评价更针对学习者的个体需要；等等。而且，在教育活动的设计与实施中，各种评价方式也不是完全独立的，往往是交叉重叠的，各种评价方式紧密结合、交替使用，才能更好地发挥评价的功能和作用。

课后习题

1. 名词解释

师幼互动的策略   相互适应取向

2. 单项选择题

（1）幼儿园教育活动的组织形式可以分为三种，不包括下面的（   ）

    A. 集体教学活动　　　　　　　B. 一日生活活动

    C. 区域（小组）活动　　　　　D. 个别活动

（2）通过对学习者的学习进展情况进行评价，进而影响学习过程的评价方式是（   ）

    A. 形成性评价　　　　　　　　B. 总结性评价

    C. 内部评价　　　　　　　　　D. 外部评价

3. 材料分析题

请根据以下材料分析：这个中班科学教育活动"乌鸦喝水"①的认知目标设定是否合适？为什么？

张老师要开展一个中班科学教育活动，活动的名称是"乌鸦喝水"。张老师用故事《乌鸦喝水》引出活动的主题，请幼儿根据这个故事思考有什么办法帮助乌鸦喝到水。然后她又设计了一个问题情境让幼儿解决：要让水位达到瓶子的红色刻度线，放的弹珠多还是放的橡皮泥多，旨在让幼儿通过实验操作完成"体积一样的物体使水位上升的高度是一样的"这个认知目标。

☞ 参考答案

---

① 俞春晓.幼儿园集体教学活动设计方法与实例［M］.北京：中国轻工业出版社，2012：19.

第二章　　　幼儿园健康教育活动设计与实施

【本章导读】

　　幼儿园是担负着保育和教育双重任务的教育机构，健康教育在幼儿园课程中具有特殊的地位。通过健康领域的学习，幼儿可以获得与自身、他人和社会健康有关的知识和态度，形成良好的行为和习惯。幼儿园健康教育活动主要包括体育活动、身体保健教育活动、心理健康教育活动三种类型。幼儿园健康教育的实施途径非常广泛，首先，幼儿园健康教育渗透在幼儿一日生活中的各个环节；其次，专门性的集体健康教育活动；最后是与其他领域教学活动相融合的健康教育活动。这三条途径对幼儿园健康教育活动目标的达成都非常重要。本章主要探讨的是专门性的集体健康教育活动。

【学习目标】

1. 理解幼儿园健康教育活动目标，能根据幼儿年龄特点设计适宜的活动目标。
2. 熟悉幼儿园健康教育活动类型，能根据活动类型特征选择恰当的活动内容。
3. 掌握各类健康教育活动的特征，能根据凸显活动特征的内容规划活动环节。
4. 掌握各类健康教育活动设计与实施的基本结构。

第一节 幼儿园健康教育活动目标与设计

顾荣芳教授认为："学前儿童健康教育是根据学前儿童身心发展的特点，提高学前儿童健康认识，改善学前儿童健康态度，培养学前儿童健康行为，保持和促进学前儿童健康的系统教育活动。"[1] 幼儿园健康教育活动的最终目标是促进幼儿的身心全面健康。本节主要阐述如何从横向和纵向两个维度设计幼儿园健康教育活动目标，明晰不同年龄段幼儿的健康教育内容与侧重点，进而设计出具有适宜性、科学性的幼儿园健康活动目标。

一、幼儿园健康教育目标概述

依据幼儿园健康教育的价值定位，幼儿园健康教育目标通过健康教育活动来实现促进幼儿身心健康发展的目的，它决定了对幼儿园健康教育内容和实施路径的选择，以及对教育效果的评价。按照结构进行划分，幼儿园健康教育目标可以分为纵向结构和横向结构。

（一）幼儿园健康教育目标的纵向结构

幼儿园健康教育目标按照纵向维度，可以划分为幼儿园健康教育总目标、幼儿园健康教育年龄阶段目标、幼儿园健康教育活动目标。

1. 总目标

幼儿园健康教育总目标是幼儿园健康教育总的任务要求，是对幼儿三年在幼儿园身心健康发展的任务要求。

在《纲要》中，幼儿园健康教育总目标是这样表述的：

（1）身体健康，在集体生活中情绪安定、愉快；（2）生活、卫生习惯良好，有基本的生活自理能力；（3）知道必要的安全保健常识，学习保护自己；（4）喜欢参加体育活动，动作协调、灵活。

在《指南》中，幼儿园健康教育总目标是这样表述的：

（1）身心状况：具有健康的体态；情绪安定愉快；具有一定的适应能力。

（2）动作发展：具有一定的平衡能力，动作协调、灵敏；具有一定的力量和耐力；手的动作灵活协调。

（3）生活习惯与生活能力：具有良好的生活与卫生习惯；具有基本的生活自理能力；具备基本的安全知识和自我保护能力。

---

[1] 顾荣芳.学前儿童健康教育论［M］.3版.南京：江苏教育出版社，2009：88.

2. 年龄阶段目标

幼儿园健康教育的年龄阶段目标是以 3—6 岁幼儿的身心发展特征为依据而确定的教育目标，它对 3—6 岁的幼儿提出了不同层次的目标要求，为具体活动目标的制订指明了方向。年龄阶段目标是在幼儿园健康领域教育总目标的指导下，对总目标进行细化，以帮助我们更好地把握幼儿园健康领域教育的年龄特点，为具体的健康教育活动设计提供依据。《指南》从幼儿学习的视角，将健康领域分为身心状况、动作发展、生活习惯与生活能力三个目标，并具体划分为 9 个子目标，同时将 9 个子目标在具体年龄的表现呈现出来。在后面将对《指南》中每个年龄阶段目标进行详细解析，此处不再赘述。

3. 活动目标

活动目标是幼儿园教育活动的出发点和归宿，不仅指导活动的开展，而且是检验活动效果的重要指标，在活动设计中处于中心位置。从目标的纵向维度来看，活动目标位于最微观的层次，一般由教师自己制订。对幼儿园健康教育活动效果的评价在很大程度上也是依据活动目标。

制订活动目标要从以下几个方面进行考虑：

（1）目标的适宜性、全面性

适宜性是指活动目标应该建立在了解本班幼儿现状的基础上。全面性是指活动目标应该包括认知、情感态度和能力技能三个维度，认知用来说明健康教育活动使幼儿获得哪些有益的健康知识、必要的安全保健常识等；情感态度用来说明幼儿在健康教育活动中是否情绪安定、愉快，积极参与，愿意主动交流等；能力技能用来说明幼儿通过健康教育活动掌握哪些动作技能等。同一条目标可以包括几个维度的内容。要防止目标的片面性，尤其是避免只重视认知和能力技能目标，忽略情感态度目标的倾向。活动目标的难度要适中，数量要合适。

（2）目标的表述

活动目标的表述应该清晰、准确，具有可操作性。目标表述的主体应该一致，尽量采用以幼儿为主体的目标表述方式，突出幼儿在学习中的主体地位，体现其发展性。

（3）目标的可达成性

教师在制订活动目标时，既要关注活动的认知目标、能力技能目标的即时效果，也要重视情感态度等中长期目标，要以培养幼儿能够终身受益的品质为终极目标。

（二）幼儿园健康教育目标的横向结构

在横向维度上，根据《指南》，幼儿园健康教育目标可以分为身心状况、动作发展、生活习惯与生活能力三个方面。身心状况侧重幼儿健康的体态、安定的情绪和适应能力；动作发展侧重幼儿的平衡能力和动作协调性、力量、耐力及手的灵活与协调；生活习惯与生活能力侧重良好生活与卫生习惯、基本生活自理能力以及自我保护能力的养成。这三个方面和《纲要》中健康领域目标蕴含的内容基本是一致的。结合两个文件的内容，我们把幼儿园健康教育目标分为以下三类：

1. 动作发展与运动能力的培养

幼儿阶段是动作发展的重要时期。幼儿动作发展是身体机能发展状况的重要表现，并与幼儿心理的发展存在内在关联。不仅如此，幼儿动作发展还是适应社会生活必备的基本能力。幼儿动作发展与运动能力的培养，侧重通过幼儿园体育运动的开展促进幼儿运动能力的发展，增强身体素质，提升各种基本动作的力量、耐力、速度、柔韧性、灵敏性。《指南》"动作发展"子领域目标主要包括不同年龄阶段幼儿大肌肉动作和小肌肉动作的发展目标。

（1）大肌肉动作的发展。幼儿要锻炼身体平衡能力、动作协调能力和灵敏性，通过走、跑、跳跃、投掷、攀登、钻、爬等基本动作来进行练习，伴随大肌肉动作的发展逐步增强力量和耐力。

（2）小肌肉动作的发展。手是幼儿认识事物某些特征的重要器官，而手的动作发展主要是小肌肉动作的发展。手部动作的发展是以协调和控制能力的发展为主要标志的。依据幼儿的年龄特点，《指南》从手部灵活、协调使用各种工具的角度提出了各年龄段幼儿小肌肉动作发展的目标。

2. 生活习惯与生活能力的培养

对于幼儿来说，拥有健康的体格是第一位的，以此为基础，养成良好的生活与卫生习惯，具备基本的生活自理能力，具备基本的安全知识和自我保护能力。幼儿从小养成良好的生活习惯是其一生都受益的。《指南》"生活习惯与生活能力"子领域目标主要包括以下三个方面的发展目标。

（1）良好生活、卫生习惯的培养。幼儿从小养成良好的生活、卫生习惯是维护和促进健康的积极方式和重要途径。《指南》依据幼儿的年龄特点，从有规律的生活、对体育活动的兴趣、良好的饮食习惯（如不偏食、不挑食、不暴饮暴食、常喝白开水、喜欢吃瓜果蔬菜、细嚼慢咽）和卫生习惯（如用眼卫生、早晚刷牙、饭前便后洗手）等方面列举了各年龄段幼儿在良好的生活与卫生习惯养成方面的发展目标。

（2）基本生活自理能力的养成。幼儿要成为一个独立的人，就需要从学习生活技能开始，生活自理能力便是人类适应社会生活最基本的能力之一。《指南》也特别强调了这部分内容，旨在鼓励幼儿做力所能及的事情，对幼儿的尝试与努力给予肯定，不因做不好或做得慢而包办代替，从由成人提供帮助过渡到生活自理。幼儿生活自理能力养成的发展目标主要体现在幼儿能够独立进餐、盥洗，进行排泄后的自理、穿脱衣服和鞋袜，自己整理生活用品与学习用品等方面。

（3）安全知识、自护能力的获得。幼儿活泼好动，对外界环境充满好奇，但由于幼儿的年龄特点限制，缺乏对外界危险事物的认识和判断，缺乏自我保护能力。《指南》结合幼儿的年龄特点，从与他人交往的安全，对环境中危险物或事情的认识、活动与运动中的安全、交通安全以及求助、防灾等方面指出了各年龄段幼儿在安全知识和自护能力方面的发展目标。

3. 适应与情绪管理能力的培养

良好的情绪表现与环境适应是幼儿心理健康的重要标志。《指南》"身心状况"子领域目标主要包括以下三个方面的发展目标。

（1）适宜、健康体态的养成。幼儿身体的健康主要体现在身体各组织、器官和系统的正常发育与机能的不断完善上。幼儿身体的正常发育是基础，其中身高和体重是评价幼儿生长发育状况最常用、最重要的形态指标，它在一定程度上反映了幼儿身体发育的基本特征和幼儿的营养状况。此外，幼儿阶段是身体形态发育和身体姿势形成的重要时期。站、坐和行走姿势是否正确直接关系到幼儿骨骼的发育与发展状况，幼儿园健康教育的目标之一就是帮助幼儿逐渐形成正确的站、坐和行走姿势。

（2）安定、愉快情绪的保持。《指南》围绕"情绪安定愉快"，提出了各年龄段幼儿的典型表现，如情绪稳定、保持愉快情绪、适度表达和调节情绪等，为教师的具体教育引导指明了方向。情绪调节能力随着幼儿年龄的增长逐渐增强，幼儿能够理解情绪产生的原因，能够较好地进行情绪管理，会表达和转换情绪。对幼儿来说，这是其社会化的过程，也是心理健康的一种表现。

（3）自然、社会环境的适应。适应能力是人类个体在社会生存中不可缺少的一种能力，通常包括两种，即个体对自然环境及其变化的身体适应和个体对社会环境及其变化的心理适应。适应能力是幼儿需要逐步学习与发展的最基本能力。教师必须厘清并深刻理解幼儿适应能力的内涵与外延，然后在幼儿园的各种健康教育活动中进行有机渗透。

二、幼儿园健康教育活动目标设计

目标是幼儿园健康教育的逻辑起点，具有导向性。下面我们从活动目标设计的依据、活动目标设计的要求和活动目标设计的达成三个方面，对幼儿园健康教育活动目标设计进行阐释。

（一）活动目标设计的依据

幼儿园健康教育活动目标的设计要考虑幼儿园健康教育总目标、年龄阶段目标。此外，目标还应该包含认知、情感态度、能力技能三个维度。同时，目标设计要考虑不同类型的健康教育活动，体育活动、身体保健教育活动、心理健康教育活动目标的侧重点有所不同。

小班心理健康教育活动"哭是没有用的"活动目标为：

1. 了解绘本《哭是没有用的》的故事内容，知道遇到解决不了的问题时，光哭是没有用的，要寻求帮助。

2. 能够在故事表演时复述故事中的对话"哭是没有用的，你要告诉我们，我们才能帮助你"。

3. 乐于有表情地参与故事表演。

这个活动目标就考虑到了健康教育总目标和年龄阶段目标，其中第一个目标侧重于认知目标，第二个目标侧重于能力技能目标，第三个目标侧重于情感态度目标。在这个活动中，教师要根据小班幼儿身心发展特点设计活动目标。初入园的幼儿会对周围的环境有陌生感，遇到困难、感到害怕时，很容易表现出哭泣的情绪反应。基于此，这个活动目标的第一个层次是通过绘本故事《哭是没有用的》，使幼儿了解"哭"解决不了问题，要学会向别人求助；第二个层次是让幼儿学会向别人求助时如何表达；第三个层次是为幼儿创设表达的情境，使幼儿愿意参与活动。这个活动过程也是幼儿正确认识情绪，学会如何表达自己的情绪，学会调节消极情绪的过程。

（二）活动目标设计的要求

健康教育活动目标要建立在了解本班幼儿发展现状的基础上。首先，活动目标的定位要适宜、全面。活动目标应该包括认知、情感态度、能力技能三个维度，在兼顾各个维度的基础上突出重点。目标的难度要适中，在本班幼儿的"最近发展区"内且可达成。目标数量合适，目标表述凝练，体现层次性、逻辑性。其次，活动目标的表述应具有可操作性，目标表述的行为主体应一致，应突出幼儿的主体地位，应是发展目标。如大班活动"我做牙科小医生"的活动目标为"初步了解龋齿形成的原因"。最后，能力技能目标中的行为动词要能清晰地描述幼儿的行为，并且该行为应是幼儿通过活动能够形成的、可观察的、可测量的。在进行健康教育活动目标阐述时，可参考本书第一章中根据教学目标的分类列举的一些行为动词。

（三）活动目标设计的达成

幼儿园健康教育活动目标的达成有赖于幼儿园健康教育活动的开展，即围绕活动目标选择恰当的教育内容、适宜的活动类型和完整的活动环节。

☞ 拓展知识：当前幼儿园健康教育活动目标设计常见的问题

1. 围绕活动目标选择健康教育活动内容

幼儿园健康教育总目标体现了三个方面的价值取向：身心和谐、保护与锻炼并重、健康行为的形成与健康态度的转变并重。其中幼儿健康行为的形成是幼儿园健康教育的核心目标。据此，我们可以根据本班幼儿的身心发展特点和规律确定健康教育活动的具体目标。健康教育活动内容是实现健康教育活动目标的手段，是将活动目标转化为幼儿发展的中心环节。围绕活动目标选择的健康教育活动内容要符合以下标准：活动内容既符合幼儿的现有水平，又有一定的挑战性；既符合幼儿的现实需要，又有利于其长远发展；既贴近幼儿的生活，充满趣味性，又有助于拓展幼儿的经验和视野。

2. 围绕活动目标确定健康教育活动类型

健康教育活动类型应当与健康教育活动目标达成的需求相匹配。健康教育活动类型的确定应紧紧围绕健康教育活动目标。不同的健康教育活动类型有其侧重的活动目标，比如体育活动聚焦幼儿动作的发展与锻炼，心理健康教育活动着眼于促进幼儿情绪、情感与适应能力的发展，身体保健活动则全面涵盖了幼儿生活卫生习惯的养成、生活自理能力及安全自护能力的发展。虽然各种健康教育活动各有侧重点，但都是为幼儿园健康教育总目标服务，且各种活动类型在具体的健康教育活动实施中会有交叉和融合。

3. 围绕活动目标设计健康教育活动环节

健康教育活动目标指明了健康教育活动实施的方向，为教育活动环节的确认与细化提供了依据。在进行健康教育活动环节设计时，首先要确保活动目标不偏离，在此基础上，还要同时考虑如下要素，比如活动环节的开展是否以幼儿的有效学习为中心？目标—内容—方法—过程之间是否能够达成一致？是否为良好的师幼互动创设了交流环节？等等。丰富的健康教育活动环节能有效支撑幼儿园健康教育活动目标的实现，使幼儿在健康教育活动过程中有更直接的实践体验，进而完成自主学习。

实训任务

不同的健康教育活动对幼儿发展的作用不同，有时即使是同样的活动名称，如果活动目标的侧重点不同，对幼儿发展的影响也会有差异。请你根据以下健康教育活动目标修改的示例，完成"蛋宝宝的衣服"活动目标的修改，并阐明修改的原因。

示例　　活动名称：好吃的水果（小班）

原定目标：

1. 知道水果的名称。

2. 能够根据水果的形状进行分类。

3. 喜欢吃水果。

修改目标：

1. 认识常见的水果。

2. 能够自己剥橘子和香蕉。

3. 喜欢吃多样的水果。

修改理由：原目标 1 中"知道水果的名称"这一要求过于狭窄，小班幼儿只要能够真正认识水果并说出名称，就意味着幼儿已经能够对水果的形状、颜色等有了整体性的认知，因此目标修改为"认识常见的水果"更为贴切。原目标 2 中"根据水果的形状进行分类"，会让小班幼儿有些困惑，因为水果的形状可能并不是标准的几何形状。按照颜色分类也存在类似的问题，因为水果颜色可能会是混合的。幼儿要学会"分类"，必须以事物的典型特征为依据。

活动名称：蛋宝宝的衣服（中班）

原定目标：

1. 认识各种禽蛋，知道吃禽蛋对身体有好处。

2. 喜欢吃各种有营养的禽蛋。

课后习题

1. 单项选择题

幼儿能够有规律的生活，对体育活动感兴趣，有良好的饮食习惯和卫生习惯，有基本的安全自护能力。这些内容属于幼儿园健康教育活动中的（   ）

    A. 幼儿园体育活动　　　　　　B. 幼儿园心理健康教育活动

    C. 幼儿园身体保健教育活动　　D. 以上选项都包括

2. 材料分析题

请分析王老师活动目标设计存在什么问题。你会如何设计？

王老师准备在大班开展主题为"食物的旅行"的健康教育活动，她为活动设计了三个目标，分别为：

（1）知道食物所经过的器官的名称和顺序。

（2）初步了解消化器官的功能，并能理解"磨""蠕动""排出"等动词用在各消化器官的含义。

（3）能用动作表现食物消化的过程，体验奇妙的乐趣。

3. 活动设计题

请结合 3—4 岁幼儿的认知特点以及《指南》里小班幼儿的健康教育活动目标，为小班幼儿的身体保健教育活动"手指兄弟"设计活动目标，并尝试写出活动的设计意图。

☞ 实训任务提示

☞ 参考答案

第二节　体育活动设计与实施

健康是人们的首要价值追求，没有健康就没有一切。对于幼儿而言，健康更有超越一切的重要价值。幼儿的身体生长发育与运动规律是幼儿园健康教育目标制订的重要参照。未来竞争的社会更是对幼儿体态发育、身体健康发展提出了更高的要求和挑战。在幼儿园中，体育活动的开展则是促进幼儿身体健康的主要途径。

一、体育活动的概念

体育活动是保护和促进幼儿身心健康的重要途径和手段，不仅为幼儿的生存和良好生活提供了重要的物质基础，同时也是幼儿接受全面发展教育的重要保障。体育活动能够促进幼儿的生长发育，增强幼儿的体质，进而促进幼儿智力的发展，具有非常重要的教育价值。

体育活动即幼儿园以增强幼儿体质、促进其身体正常发育和基本动作发展、提高其健康水平为目的组织的教育活动。常见的体育活动组织形式有早操、室内外体育活动、运动会等。幼儿身体锻炼是体育活动最基本也是最重要的途径和手段，幼儿身体锻炼的动作主要包括身体活动的基本动作、体操动作、器械类活动等。其中，幼儿身体活动的基本动作包括大肌肉动作和小肌肉动作。在幼儿园专门体育教学活动的开展中，更多侧重走、跑、跳、攀登等大肌肉动作的专项练习，而对幼儿手部小肌肉动作的练习主要是在幼儿的一日生活活动和游戏活动中进行的，本节内容对此只做简要介绍，不做重点阐释。

二、体育活动的目标

体育活动的目标是指通过一系列锻炼身体的教育活动，使幼儿的身心发展达到预期的教育效果。它对幼儿身心健康发展的方向及水平具有预测和规范作用，是衡量体育活动效果的"标尺"。体育活动的目标包括总目标和年龄阶段目标。与《纲要》和《指南》中健康领域的目标相比，体育活动的目标既依据《纲要》和《指南》，又因体育活动自身的特点而更加具体和深入。

（一）总目标

体育活动作为幼儿园健康教育活动的重要组成部分，其总目标是指通过幼儿园有目的、有计划的体育活动，在幼儿身心发展方面应实现的终极目标。它是制订各年龄阶段幼儿体育目标的重要依据。体育活动的总目标具体描述如下：

（1）喜欢参加体育活动，具有爱运动的良好习惯。（2）身体正常发育，动作协调，具有初步的运动能力。（3）具有活泼开朗的个性，坚强、勇敢的意志品质，主动、乐观与合作的态度。（4）逐步形成良好的运动卫生与安全意识，在运动中具有一定的自我保护意识和能力。

（二）年龄阶段目标

在具体制订目标的时候，还要考虑小、中、大班幼儿的年龄差异和身心发展特点，制订出适应不同年龄阶段幼儿发展水平和发展要求的目标。以大、小肌肉动作的发展为例，其年龄阶段目标具体来说如表2-1、表2-2所示。

表2-1 大肌肉动作发展的年龄阶段目标

大肌肉动作	3—4岁	4—5岁	5—6岁
平衡	能沿地面直线或在较窄的低矮物体上走一段距离	能在较窄的低矮物体上平稳地走一段距离	能在斜坡、荡桥和有一定间隔的物体上较平稳地行走
走	能行走1千米左右（途中可适当停歇）	能连续行走1.5千米左右（途中可适当停歇）	能连续行走1.5千米以上（途中可适当停歇）
跳跃	1. 能身体平稳地双脚连续向前跳 2. 能单脚连续向前跳2米左右	1. 能助跑跨跳过一定距离，或助跑跨跳过一定高度的物体 2. 能单脚连续向前跳5米左右	1. 能连续跳绳 2. 能单脚连续向前跳8米左右
攀爬	能双脚灵活交替上下楼梯	能以匍匐、膝盖悬空等多种方式钻爬	能以手脚并用的方式安全地爬攀登架、网等
跑	1. 分散跑时能躲避他人的碰撞 2. 能快跑15米左右	1. 能与他人玩追逐、躲闪跑的游戏 2. 能快跑20米左右	1. 能躲避他人滚过来的球或扔过来的沙包 2. 能快跑25米左右
投掷	1. 能双手向上抛球 2. 能单手将沙包向前投掷2米左右	1. 能连续自抛自接球 2. 能单手将沙包向前投掷4米左右	1. 能连续拍球 2. 能单手将沙包向前投掷5米左右
力量与耐力	能双手抓杠悬空吊起10秒左右	能双手抓杠悬空吊起15秒左右	能双手抓杠悬空吊起20秒左右

表2-2 小肌肉动作发展的年龄阶段目标

小肌肉动作	3—4岁	4—5岁	5—6岁
涂画	能用笔涂涂画画	能沿边线较直地画出简单图形，或能边线基本对齐地折纸	能根据需要画出图形，线条基本平滑
吃饭工具使用	能熟练地用勺子吃饭	会用筷子吃饭	能熟练使用筷子

续表

小肌肉动作	3—4 岁	4—5 岁	5—6 岁
简单工具使用	能用剪刀沿直线剪，边线基本吻合	能沿轮廓线剪出由直线构成的简单图形，边线吻合	1. 能沿轮廓线剪出由曲线构成的简单图形，边线吻合且平滑 2. 能使用简单的劳动工具或用具

从体育活动所包含的基本动作维度与年龄阶段的对应关系可以看出，随着年龄增长，幼儿逐渐呈现出可观测到的动作和行为变化。比如，行走能力的发展体现在连续行走距离的增加；跳跃能力的发展体现在双脚连续跳—跨跳—跳绳，此外单脚连续跳的距离也在不断增加。在力量与耐力提升方面，主要体现在双手抓杠悬空时间的不断延长。

小肌肉动作的发展则主要体现在手部动作的发展上，随着年龄的增长，幼儿在涂画、使用吃饭工具和剪刀等简单工具方面更加灵活协调。小肌肉动作的发展使幼儿能够自己穿脱衣物、鞋袜，能够在游戏结束后收拾好玩教具，能够自己吃饭和使用简单的工具。

实训任务

下面是三个体育活动及其目标，请分别说出它们适合的年龄阶段。

快乐的小鸟

1. 知道小鸟在树枝间、草地上蹦蹦跳跳的样子。
2. 能从 15~25 cm 的高处往下跳，动作轻松自然。
3. 喜欢和愿意参加体育活动。

我是跑步小健将

1. 知道口令对应的动作，敏捷灵活作出反应。
2. 能双眼注视前方，屈肘协调摆臂，快速地跑动。
3. 积极参加游戏，体验跑的乐趣。

勇敢的侦察兵

1. 知道侧身匍匐爬的动作要领，动作协调、灵敏。
2. 学习侧身匍匐爬的基本动作，并能自觉遵守游戏规则。
3. 喜欢参加体育游戏，体验运动带来的快乐。

☞ 实训任务提示

三、体育活动的基本特征

幼儿园开展的体育活动与中小学开展的体育活动不同，主要有以下几个方面的特征。

（一）体育活动开展遵循幼儿动作形成特点

不同年龄阶段的幼儿在基本动作的发展上具有明显的规律性。如走步动作，3—4岁幼儿已能平稳、熟练地走步，并能初步控制走步的方向，但是步幅小而不稳定；而4—5岁幼儿的步幅就比较稳定，上下肢配合协调，个人走步特点已初步形成。再如，跑步动作，3—4岁幼儿的跑步动作仍保留较多的早期跑的特点，而4—6岁幼儿跑步能力发展非常迅速，早期跑的特点已基本消失。以此类推，幼儿的跳跃、投掷、平衡、钻、爬、攀登、玩球等基本动作的发展都具有明显的年龄特征。在遵循幼儿动作发展规律的基础上，教师设计的体育活动应该是能促进幼儿身心全面发展的适宜活动。

此外，幼儿的身体发育和动作发展不是在短时间内完成的，所以体育活动的组织应体现渐进性和持续性的特点，《规程》明确规定"幼儿园应当积极开展适合幼儿的体育活动"，"正常情况下，每日户外体育活动不得少于1小时"。除了专门组织的体育活动，教师还应该在幼儿一日生活中的各个环节渗透体育活动的内容，避免"三天打鱼两天晒网"的现象。基于幼儿的身体发育特点，教师在组织幼儿进行身体锻炼时，要合理安排并注意幼儿身体和心理所能承受的负荷量，不可超负荷锻炼，要循序渐进。

（二）体育活动需要安全保护与指导

幼儿的大肌肉动作和身体素质均处于发展中，他们的动作不够灵敏、协调，耐力较差。有些体育活动使用的器材可能带有一定的危险性，如滑梯、攀登设备、秋千、跳绳等，而幼儿对危险事物的认识和判断能力有限，自我保护能力较差，幼儿还具有爱探险、爱冒险，易兴奋、易冲动等特点，因此，教师在组织开展体育活动时一定要全面、认真地做好幼儿的安全保护工作，并根据体育活动的需要以及幼儿的个体差异做好相应的安全指导。

教师要做好体育活动前的准备工作，包括幼儿的知识经验准备，场地、器材和玩具的准备，熟悉活动计划，做好体育活动前幼儿及场地的安全、卫生工作。尤其要注意在户外体育活动前，教师应向幼儿提出活动的具体要求和注意事项。活动中要注意观察和了解每个幼儿的具体情况，有针对性、灵活地进行指导，因人施教。教师一方面要限制幼儿的不当或过量活动，另一方面又要鼓励那些态度消极的幼儿积极参与活动，达到锻炼身体的目的。

体育活动所需要的安全保护与指导不仅体现在幼儿身体方面，也体现在幼儿心理方面，主要包括：教师自身言行对幼儿的情绪要产生积极的影响；教师的指导既要面向全体，又要关注幼儿的个体差异；要建立活动常规，培养幼儿良好的运动习惯；启发幼儿在活动中积极思考，发展幼儿的创造性，增进幼儿的智力；引导幼儿遵守活动规则，爱护运动器材，与同伴团结合作，促进幼儿社会性和良好个性品质的形成。

（三）体育活动具有规范性与游戏性

体育活动从内容、方法及运动量上都要符合幼儿的年龄特点，尤其是幼儿的身体运动特点。科学、规范的体育活动能够使幼儿通过努力逐步完成体育活动任务。在这个过程中，教师务必遵循从易到难、由简到繁、由未知到已知，逐步深化的原则。教师在组织幼儿进行基本动作训练时，要以个体的动作为范例，即讲解和示范相结合，教师的示范动作要规范、到位，能根据幼儿的年龄特点和幼儿对身体练习内容的熟练程度确定讲解和示范的程度。讲解的语言要形象生动，能引起幼儿积极参与身体锻炼的兴趣；讲解要通俗易懂，便于幼儿理解活动的内容、方法和规则，掌握正确的活动方式及准确的动作要领和方法；讲解要重难点突出，启发幼儿思考。

此外，游戏是幼儿的主要活动方式，教师应在体育活动的设计中体现游戏性：一是可以将有情节的游戏性体育活动作为身体锻炼的主要内容；二是可以在体育活动的开始或结束部分，让幼儿进行各种模仿性动作的练习；三是可以用游戏的口吻或利用头饰、玩具、新颖的活动器材吸引幼儿；四是在活动过程中可以适当增加一些竞赛的成分，增加体育活动的趣味性。在幼儿园体育活动的组织中，教师可采用角色游戏扮演的方式，创设游戏情境与规则，引导幼儿参与体育活动，寓教于乐，既能锻炼幼儿的身体，又能增强幼儿参与体育活动的兴趣，丰富幼儿的运动经验，培养幼儿良好的运动品质。

四、体育活动设计与实施的基本结构

科学适宜的体育活动对幼儿身体素质的提升、体质的增强、社会生活的适应都具有重要的作用。因此，教师要充分认识体育活动对幼儿身体发展、心理发展的价值，结合《纲要》提出的幼儿园健康教育目标"喜欢参加体育活动，动作协调、灵活"，以及《指南》提出的各年龄阶段幼儿身体发展目标，确立符合幼儿身体发展需求的体育活动的具体目标，并依据该目标选择适宜的体育活动内容，采用恰当的体育活动组织方式，确保体育活动有益于幼儿身心发展且具有实效。

（一）依据各级健康教育目标，选择适宜内容

《规程》和《纲要》确定了保教目标和幼儿园健康教育的总目标，这两个目标反映了幼儿身心发展的需求和社会对未来人才培养的规格和要求，这也是制订体育活动总目标的重要依据。基于体育活动的总目标，结合各年龄班幼儿身心发展特点和体育活动内容的性质，制订体育活动的年龄阶段目标，该目标需要通过"单元目标"的具体化来实现，即将年龄阶段目标按"时间"单元或"主题"单元具体化。教师是单元活动的具体设计者、组织者和评价者，通过一个个具体体育活动的实施来实现单元目标。达成体育活

动各单元的目标也就实现了体育活动的年龄阶段目标。在制订幼儿园体育活动具体目标时，首先要紧扣单元目标，为实现单元目标服务；其次，体育活动目标的内容应从幼儿的认知、情感态度、能力技能三个方面全面考虑。另外，还应挖掘体育活动内容的多元教育价值，体现活动功能的综合性。

（二）规范体育活动的实施流程

按照幼儿在园参与体育活动的时间和内容的不同，体育活动的组织形式可以分为体操活动、专门体育教学活动、户外体育活动三种。在体育活动开展的过程中要遵循幼儿身心发展的规律及活动的不同性质进行科学、规范的教学。

1. 体操活动的设计与实施

这里所说的体操活动，主要指幼儿园的晨间体操活动，此外还包括在园其他时间段的体操活动和晨间其他体育锻炼活动等。在天气晴好的情况下，幼儿园通常会在宽敞的户外场地进行体操活动（户外或天气不适合做体操活动时，可以在活动室、走廊等地点开展体操活动，也可以在专门设置的体育活动室进行）。活动时间约为半小时，且要求每天按时进行，活动形式大多采用集体活动（如集体做操等）和自选活动（如利用各种小型器械进行多样化的体育游戏和活动）相结合的方式。这种活动方式对全面锻炼身体，培养幼儿良好的身体姿态，养成自觉参加体育锻炼的良好习惯等，都有十分重要的作用。教师在设计与组织幼儿体操活动时可遵循以下流程：

（1）做好体操活动前的准备工作。即活动场地、器材和玩具的准备及场地的安全、卫生工作。

（2）把握体操活动的运动量。即体操活动的运动负荷不宜过大，要遵循幼儿身体机能发展变化的规律，活动量的安排要从小到中，再从中到小，一定不要过大。

（3）丰富体操活动内容，定期变换。即体操活动要根据幼儿的年龄特点和季节、气候的变化灵活调节体操活动的内容和时间；体操活动的内容一般应该是幼儿已经基本学会和掌握的内容，且有所变化，以提高幼儿的积极性。

（4）采用灵活多样的体操活动形式。即教师将有组织的直接指导活动与教师间接指导的幼儿自选活动结合，以适应不同活动内容的需要，并灵活运用多种形式，激发幼儿的积极性、主动性。

2. 专门体育教学活动的设计与实施

幼儿园体育活动的基本组织形式是专门体育教学活动，通常采用集体（全班或小组）教学活动的方式。如无天气等特殊情况，专门体育教学活动要求在户外场地进行，活动频率为每周安排1~2次，多数采用游戏性的活动形式。专门体育教学活动的主要任务是：全面锻炼幼儿的身体，增强体质；传授简单、基本的体育知识和技能；锻炼幼儿的意志，培养良好的个性品质。专门体育教学活动一般分为以下三个基本环节：

（1）预备环节

任务：集中幼儿的注意力，使幼儿明确活动的内容和要求，激发他们参与身体锻炼的兴趣；通过有针对性的预备活动，唤醒身体各器官的机能和兴奋性，起到热身的作用。

内容：排队和队列队形练习；向幼儿说明活动的要求和主要内容；做一些基本体操或模仿活动；开展一些运动负荷不大的幼儿体能游戏；做简单的舞蹈和律动等。

时间：一般占总时间的 10%~20%。

（2）主体环节

任务：学习新的或较难的体育活动内容；巩固和提高已经学过的各种动作、体育游戏等。

内容：发展体能的游戏、基本体操等；其他各类体育游戏。一次体育活动一般安排 1~2 项活动内容，注意要新动作与旧动作搭配，快速运动和缓和运动结合，全面锻炼幼儿的身体。建议将新的教学内容安排在主体环节的前半段时间，这样有利于幼儿集中注意力，参与的热情高；对于需要耗费较大体力的运动游戏，建议安排在主体环节的后半段时间，与幼儿的身体活动水平相适应。

时间：一般占总时间的 70%~80%。

（3）结束环节

任务：降低幼儿大脑的兴奋性；做放松活动，使幼儿的身体由运动的紧张状态恢复到相对安静的状态；进行活动小结，简单总结、评价幼儿在活动中的表现；组织幼儿收拾和整理器材。

内容：自然放松地走步；徒手放松身体；简单、轻松的放松操或韵律操；较为安静的游戏等。

时间：一般占总时间的 10%~20%。

幼儿园专门体育教学活动的三个基本环节之间是紧密联系的。每个环节都有自己的活动任务和内容，但在活动的结构上又是一个紧密相连的整体，共同实现锻炼幼儿身体的目的。

3. 户外体育活动的设计与实施

户外体育活动也是幼儿园体育活动的重要组织形式。一般来说，户外体育活动应在幼儿园的户外场地进行（遇特殊情况，可利用专门的室内体育活动区域），并确保每天活动的时间。《规程》规定：幼儿"正常情况下，每日户外体育活动不得少于 1 小时"。在时间安排上，大多数幼儿园都会安排上午、下午两个时间段；活动内容主要是器械运动或利用小型运动器材进行自主游戏；活动形式多样，通常采用幼儿自选活动的形式。因此，户外体育活动更能发挥幼儿的自主性、积极性和创造性，也更有利于教师因材施教。

（三）采用科学的方法组织体育活动，注重效果达成

幼儿的身体锻炼要遵循人体机能的适应性规律，即人体通过参加身体锻炼，促进新陈代谢和提高身体机能，产生适应性效果。根据人体机能的适应性规律，幼儿园体育活动的设计可采用以下科学方法：

一是动静交替，经常性组织幼儿进行身体锻炼；二是适量适度，合理安排精讲多练、讲练结合；三是多样灵活，多种组织形式相互配合、补充；四是身心兼顾，身体各器官均衡训练、全面发展。

有效开展幼儿园体育活动对幼儿身心发展具有重要价值，幼儿园体育活动的效果主要表现在以下方面：

1. 幼儿运动兴趣的调动

教师在活动中采用幼儿喜欢的多种组织形式，采用幼儿容易接纳的教学方法，运用多种教学策略激发幼儿参与体育活动的热情和愿望。

2. 幼儿旺盛精力的释放

精力旺盛、好动是幼儿的身心发展特点之一。旺盛的精力需要在活动中释放，而幼儿园体育活动正是幼儿释放旺盛精力的合理途径。教师合理设计与有效组织体育活动，既能让幼儿释放旺盛的精力，又不会使幼儿承受很强的运动负荷。

3. 幼儿挑战自我的激发

幼儿在体育活动中，充分体会"更高、更快、更强"的体育精神，在具有竞争性的活动中不断挑战自我，感受竞争的乐趣。

4. 幼儿创造潜能的发挥

幼儿园体育活动具有创造性，比如幼儿园体育活动中的"一物多玩"，教师不一定要对这类活动进行讲解示范，可以让幼儿充分发挥自己的主体性和创造性。

实训任务

请根据小班体育活动"参观小小生态园"案例，围绕已知的活动目标、活动准备和活动建议，尝试设计"参观小小生态园"的活动过程。

活动目标：

1. 感知院内植物的多样性。

2. 感受行走的快乐。

3. 能以一般速度坚持行走 25 分钟。

活动准备：

1. 确定路线：活动室—小操场—斜坡路—生态园—活动室。

2. 装满沙子且插有树枝的大饮料瓶若干。

3. 时间安排：行走 25 分钟，观察约 8 分钟。

活动建议：

1. 活动前与花匠联系，请他指导幼儿观察植物。

2. 注意提示幼儿在下斜坡时慢慢走。

课后习题

1. 单项选择题

（1）根据《纲要》规定，幼儿园体育的重要目标是（　　　）

　　A. 培养体育人才　　　　　　B. 获得比赛奖项

　　C. 培养幼儿对体育的兴趣　　D. 训练技能

（2）幼儿动作发展的一般规律为（　　　）

　　A. 从整体动作到局部动作

　　B. 从局部动作到整体动作

　　C. 从整体混乱动作到局部混乱动作

　　D. 从局部混乱动作到整体混乱动作

2. 材料分析题

请问以下目标的设计是否适合大班这个年龄阶段？目标的设计是否合理？如果不合理，怎样完善？

刘老师为大班体育活动"勇敢的解放军"制订的活动目标为：（1）学会钻过一定高度的障碍物，提高幼儿的运动能力；（2）体验参加活动、与同伴合作的乐趣。

3. 活动设计题

请为小班幼儿体育活动"大家一起来玩绳"设计活动目标和活动环节。

活动背景：在户外活动时，幼儿选择了玩绳，他们想出了各种不同的玩法，有的用绳子"踩钢丝"，有的几个人合作玩拔河比赛，有的手拿"鞭子赶羊"，等等。看他们玩得如此开心，教师想：既然幼儿们这么感兴趣，何不为幼儿提供一个互相交流的平台？将他们想出的生动有趣的玩法与我们的健康活动有机结合。

第三节　身体保健教育活动设计与实施

《纲要》在健康领域的"内容与要求"部分明确指出，"培养幼儿良好的饮食、睡眠、盥洗、排泄等生活习惯和生活自理能力"，"教育幼儿爱清洁、讲卫生，注意保持个人和生活场所的整洁和卫生"，"密切结合幼儿的生活进行安全、营养和保健教育，提高幼儿的自我保护意识和能力"。根据《纲要》的要求，我们把身体保健教育分为"身体认知与保护教育"和"日常生活习惯教育"两个部分。身体保健教育活动的内容与幼儿园的一日生活紧密结合。

一、身体保健教育活动的概念

关注和促进幼儿的身体健康和心理健康，是幼儿园保育和教育的首要任务。生活方式是影响人们健康的重要因素之一，良好的生活方式有利于身心的健康。幼儿正处于逐步形成生活方式的阶段。

身体保健教育活动是教师以帮助幼儿正确认识自己的身体，树立保护身体健康的意识，了解疾病预防、安全自护、避险求助等基本知识，养成健康的生活与卫生习惯、饮食习惯，形成生活自理及安全生活的基本能力为目的的专门组织的集体教育活动。除了由集体教育活动完成的教育内容外，身体保健教育活动还包括"日常生活习惯教育"中的进餐、饮水、盥洗、如厕、睡眠、着装、卫生、整理等内容。"日常生活习惯教育"主要是在幼儿园一日生活和区角活动中实施，只有少部分内容体现在集体教育活动中。本节内容主要围绕身体保健教育中的集体教育活动进行探讨。

☞ 拓展知识：《健康儿童行动提升计划（2021—2025年）》（摘录）

二、身体保健教育活动的目标

身体保健教育活动的总目标是确定相应的年龄阶段目标及具体教育活动目标的依据，是身体保健教育的最终目的，它对幼儿的身心保健起到规范和促进作用。

（一）总目标

幼儿身体正处于迅速发育的时期，对各种营养物质需求较多，但幼儿身体各器官机能相对较弱，适应能力差，很容易感染疾病。再加上幼儿尚未掌握必要的身体保健及安全自护知识，缺乏生活经验和生活自理能力。因此，在幼儿园开展身体保健教育活动，能够使幼儿掌握身体保健的初步知识，养成良好的个人生活与卫生习惯，掌握必要的安全自护知识和方法。结合《纲要》和《指南》中健康领域的目标和幼儿的身心发展特点，身体保健教育活动的目标主要包括生活与卫生习惯教育、饮食与营养教育、身体认识与保护、自身安全防护四个维度，具体描述为：

1. 树立卫生意识，养成健康的生活、卫生习惯，有基本的适应能力和生活自理能力。

2. 了解饮食健康的相关知识，知道常见食物的名称、营养价值及其对身体健康的重要作用。

3. 了解身体主要器官及其功能，知道如何预防相应的常见疾病，养成关心、爱护身体健康的意识和习惯。

4. 知道必要的安全常识，有自我保护的意识，学习躲避危险和求救的方法与技巧。

（二）年龄阶段目标

身体保健教育的年龄阶段目标对各年龄段的幼儿提出了不同层次的要求，并为具体教育活动的目标制订指明了方向。结合《纲要》和《指南》的精神，身体保健教育的各年龄阶段目标如表 2-3 所示。

表 2-3　身体保健教育的年龄阶段目标

维度	3—4 岁	4—5 岁	5—6 岁
生活与卫生习惯教育	1. 在提醒下，按时睡觉和起床，并能坚持午睡 2. 喜欢参加体育活动 3. 在提醒下，每天早晚刷牙、饭前便后洗手 4. 在帮助下能穿脱衣服或鞋袜 5. 能将玩具和图书放回原处 6. 能在较热或较冷的户外环境中活动 7. 换新环境时情绪能较快稳定，睡眠、饮食基本正常	1. 每天按时睡觉和起床，并能坚持午睡 2. 喜欢参加体育活动 3. 每天早晚刷牙、饭前便后洗手，方法基本正确 4. 能自己穿脱衣服、鞋袜、扣纽扣 5. 能整理自己的物品 6. 能在较热或较冷的户外环境中连续活动半小时左右 7. 换新环境时较少出现身体不适	1. 养成每天按时睡觉和起床的习惯 2. 能主动参加体育活动 3. 能知道根据冷热增减衣服 4. 会自己系鞋带 5. 能按类别整理好自己的物品 6. 能在较热或较冷的户外环境中连续活动半小时以上 7. 天气变化时较少感冒，能适应车、船等交通工具造成的轻微颠簸
饮食与营养教育	1. 在引导下，不偏食、挑食。喜欢吃瓜果、蔬菜等新鲜食品 2. 愿意饮用白开水，不贪喝饮料	1. 不偏食、挑食，不暴饮暴食。喜欢吃瓜果、蔬菜等新鲜食品 2. 常喝白开水，不贪喝饮料	1. 吃东西时细嚼慢咽 2. 主动饮用白开水，不贪喝饮料

续表

维度	3—4 岁	4—5 岁	5—6 岁
身体认识与保护	1. 了解身体的外形结构，认识并学习保护五官，比如知道不用脏手揉眼睛，连续看电视等不超过 15 分钟 2. 初步了解治疗疾病的简单知识，能积极配合疾病预防与治疗	1. 进一步认识身体外部主要器官的功能及保护方法。比如知道保护眼睛，不在光线过强或过暗的地方看书。连续看电视等不超过 20 分钟 2. 初步懂得疾病预防和治疗的重要性，并形成积极的态度和行为	1. 初步认识身体内部主要器官、功能和保护方法。比如知道主动保护眼睛，不在光线过强或过暗的地方看书。连续看电视等不超过 30 分钟 2. 了解有关预防龋齿及换牙、用眼卫生等方面的知识
自身安全防护	1. 不吃陌生人给的东西，不跟陌生人走 2. 在提醒下能注意安全，不做危险的事 3. 在公共场所走失时，能向警察或有关人员说出自己和家长的名字、电话号码等简单信息	1. 知道在公共场合不远离成人的视线单独活动 2. 认识常见的安全标志，能遵守安全规则 3. 运动时能主动躲避危险 4. 知道简单的求助方式	1. 未经大人允许不给陌生人开门 2. 能自觉遵守基本的安全规则和交通规则 3. 运动时能注意安全，不给他人造成危险 4. 知道一些基本的防灾知识

从年龄阶段目标分目标的关系看，3—4 岁、4—5 岁和 5—6 岁幼儿身体保健教育活动目标呈现出层级递进的关系。例如，幼儿随着年龄的增长，在生活与卫生习惯方面，表现出睡眠主动性、盥洗自觉性、穿脱衣物的独立性、物品整理的规范性方面的明显变化；在适应能力方面则主要体现在身体素质和心理素质逐渐增强，在环境变化时能够快速适应；在饮食和营养方面，幼儿逐渐养成了健康的饮食习惯；在身体认识与保护方面，有了对身体器官进行保护的意识，了解疾病治疗的简单知识并能够配合治疗；在自身的安全防护方面，幼儿逐渐树立了安全意识，掌握了最基本的安全防护知识，具备了基本的安全防护能力。

实训任务

下面是三个身体保健教育活动及其目标，请分别说出其适合的年龄阶段。

轻轻打喷嚏

1. 理解儿歌内容，知道对着别人打喷嚏是一件不卫生、不礼貌的事情。
2. 学习正确的打喷嚏的方法，能够进行正确的模仿。
3. 愿意和同伴一起扮演儿歌中的角色，感受一起游戏的快乐。

我 换 牙 了

1. 了解换牙的过程，知道换牙时要注意的问题。
2. 巩固正确的刷牙方法，养成早晚刷牙、饭后漱口的好习惯。

实训任务提示

3. 体会换牙给自己带来的特殊感受，并与大家分享换牙期所带来的成长喜悦和烦恼。

蔬菜宝宝我爱你

1. 了解几种常见蔬菜对人体的好处。
2. 能根据颜色、种类等特征进行搭配。
3. 喜欢并愿意主动吃多种蔬菜。

三、身体保健教育活动的基本特征

身体保健教育活动主要体现出以下基本特征：

（一）活动内容具有生活性

健康领域学习与发展的大部分目标都与日常生活中的吃、住、行、玩等方面密切相关。幼儿一日生活中的每个环节都包含着许多学习与发展的机会，在此过程中渗透身体保健教育非常自然，也很有效。

集体形式的身体保健教育活动更是具有重要的作用和价值。比如，对于幼儿不太容易理解的健康常识，不太容易掌握或需要进行系统训练的健康行为技能等，教师只有通过有计划、有目的、精心的教育活动设计，才能更好地引导幼儿理解和掌握。由于身体保健教育活动的内容来源于幼儿的现实生活，故幼儿也有兴趣参与身体保健教育活动，教师为幼儿提出问题、发表意见、得出结论提供机会，在集体教育活动中使用这种方法能有效地帮助幼儿表达自己的真实想法，能鼓励幼儿对自己及他人的言行加以评价。

（二）活动设计具有主题性

以某一健康主题开展专门性的身体保健教育活动，可以具体、深入地对全体幼儿进行相关的身体保健指导，这是帮助所有幼儿形成健康意识、获得基本的健康知识、培养健康行为与习惯的重要路径。例如，在"爱护牙齿"这一健康主题中，教师可以通过给幼儿讲故事，指导幼儿观看相关的影像资料，让幼儿知道为什么要爱护牙齿和刷牙的简单道理，并组织幼儿进行讨论和交流，分享爱护牙齿的经验。教师通过示范刷牙的正确动作，结合吟诵儿歌、看图片，引导幼儿进行模拟练习，帮助幼儿掌握刷牙的正确方法。主题性集体教育活动有利于幼儿理解健康知识，形成健康认识，进而产生健康行为，形成健康习惯。

（三）活动实施具有实践性

受身心发展特点的影响，幼儿在学习健康知识、认知身体、掌握自护方式时可能存在理解上的困难。教师在开展身体保健教育活动时，应从幼儿实际出发，与幼儿的生活经验相适应；同时，应通过设计丰富多彩的操作活动，为幼儿提供看一看、摸一摸、闻一闻、尝一尝的机会，充分调动幼儿学习和探究的积极性，更好地激发幼儿的兴趣。教师为幼儿提供健康行为的榜样，做示范，让幼儿模仿，能够有效帮助幼儿养成良好的健康习惯。比如，教师可以让幼儿在特定的生活情境中进行表演，鼓励幼儿思考分析情境中所涉及的健康教育问题。由于情境表演的主题来源于幼儿的现实生活，能激发幼儿的兴趣，故这种方法能够帮助幼儿较好地认识生活中可能遇到的问题和冲突，了解应该做出的合乎健康要求的行为。

此外，教师在开展身体保健教育活动时，可以充分利用唱歌、舞蹈、戏剧、木偶、故事、朗诵、儿歌等多种活动形式，使幼儿在轻松、愉快的氛围中学习健康知识，在活泼有趣的游戏中养成良好的健康习惯。

四、身体保健教育活动设计与实施的基本结构

身体保健教育活动是幼儿园健康教育活动的重要组成部分。它是教师根据幼儿的兴趣、经验确定身体保健教育活动内容，以集体教育的形式对全班幼儿有目的、有计划地进行的以健康领域为核心的教学活动。其设计与实施的基本结构如下：

（一）确定身体保健教育活动目标，明晰维度

确立身体保健教育活动的目标时，首先要根据身体保健教育活动的总目标，确定要设计的活动属于生活与卫生习惯教育、饮食与营养教育、身体认识与保护、自身安全防护四个维度中的哪一个。不同维度的身体保健教育活动目标是有差异的。

在确定了所要开展的身体保健教育活动类型后，教师需要进行两个方面的思考：一是活动目标是对总目标、学年学期目标的落实，要保证身体保健教育活动目标与其匹配；二是要根据幼儿积累的简单生活经验对活动进行教育价值的分析，最后确定具体的活动目标。

（二）做好身体保健教育活动准备，全面兼顾

身体保健教育活动的准备主要包括四个方面：幼儿的经验准备、教学内容的准备、环境的准备、材料的准备。幼儿的经验准备主要是指根据幼儿的生活经验、身心发展水平、认知能力和兴趣点，有针对性地选择教育内容；教学内容的准备是把握身体保健教育活动的价值和目标，明晰不同类型身体保健教育活动的重点和难点，进而选择最恰当的教学内容；环境的准备是要营造教育活动的环境，包括物质环境和心理环境，尤其要重视幼儿园、家庭、社会三位一体的整体教育合力环境的营造，这是身体保健教育活动开展最重要的教育资源；材料的准备是提供可供幼儿操作的、适宜的活动材料，充分满足幼儿在身体保健教育活动中的实践演练需求。

　　例如，某位教师要开展小班身体保健教育活动"牙齿多漂亮"。在幼儿的经验准备方面：小班幼儿已入园半年左右，能够参加教师组织的一些集体教育活动。此时幼儿的乳牙已经萌出，如果不加以爱护，发生了乳牙龋齿，会对其未来恒牙的健康萌出产生不利影响。

　　在教学内容的准备方面：根据幼儿的兴趣点和身体保健教育的需要，教师首先确定了活动的认知目标是幼儿知道吃完东西会有食物留在牙齿上，对牙齿有损害；能力技能目标是认识刷牙用品，学习正确的刷牙方法；情感态度目标是养成刷牙、漱口的良好卫生习惯。将"学习正确刷牙"作为活动重点，将"正确的刷牙方法"作为活动难点。

　　在材料准备方面：教师为每个幼儿准备了一只漱口杯、一把一次性牙刷，黑芝麻糖若干，白色脸盆若干，牙齿模型，蛀牙图片及《刷牙》儿歌。在环境的准备方面：带幼儿去社区医院牙科参观，并创设了区角"牙科医院"。

实训任务

　　观摩中班身体保健教育活动视频"肚子里有个火车站"，认真阅读教师提供的中班身体保健教育活动方案，并结合所学理论进行分析：

　　1. 活动方案中活动目标及活动过程的设计是否合理，为什么？

　　2. 活动录像中师幼是如何互动的？互动质量如何？

　　3. 活动效果如何？还可以怎么改进？

☞ 视频：肚子里有个火车站

☞ 实训任务提示

（三）设计身体保健教育活动过程，合理组织

　　在设计身体保健教育活动时，要综合考量幼儿兴趣的激发和活动的合理组织。由于幼儿的学习方式多为无意识学习，其目的性、意识性比较差，学习的发生往往是兴之所至，因此，激发幼儿兴趣非常重要。教师可通过营造真实的或虚拟的情境让幼儿在神秘有趣的情境中不知不觉地产生兴趣，如营造森林、山洞等带有神秘感的情境，设置悬疑、困惑、富有挑战性的问题；让幼儿自己选择活动材料和活动方式，使其萌生探究的兴趣，积极参与活动。身体保健教育活动环节通常分为导入环节、呈现环节、操作环节和巩固环节[1]，如表 2-4 所示。

---

[1]　叶平枝.幼儿园健康领域教育精要：关键经验与活动指导［M］.北京：教育科学出版社，2015：69-70.（引用时有改编）

表 2-4 身体保健教育活动环节

环节	组织方法	说明	示例
导入	开门见山	导入简单、准确、明了	今天老师带来了几样好吃的,小朋友们认识吗?
	问题导入	以困惑或悬疑导入	小狗今天可难受了,它的牙齿好疼啊,小朋友们知道它为什么牙疼吗?
	经验先导	以幼儿已有经验导入	小朋友们,你们去过医院吗? 为什么去的?
	游戏导入	以游戏激发幼儿兴趣导入	教师在袋子里放入几种水果,请幼儿在神秘的袋子中摸一摸,猜猜是什么水果
呈现	影像呈现	呈现视频、课件、图片等	让我们看看大象的鼻子和我们的鼻子有什么不同? 鼻子的功能是什么?
	实物呈现	呈现实物引发幼儿讨论	提供切开的胡萝卜,让幼儿把它与人的眼睛做比较,发现两者的相似性,理解胡萝卜素能保护视力,让眼睛更明亮的道理
	动作呈现	以动作或表情呈现	教师示范刷牙,让幼儿知道正确的刷牙方法
	设疑呈现	通过提出问题呈现	小明和小刚为什么一胖一瘦呢?
	情境呈现	再现或营造情境呈现	通过音乐和舞蹈营造快乐活动的情境
操作	学练同步	让幼儿学边练	幼儿练习穿脱衣服、叠衣服的方法
	自主探索	设置任务情境,幼儿自主探索	在系鞋带的活动中,教师示范后让幼儿自己探索系鞋带的多种方法
	经验先行	先前经验引导幼儿后续学习	夜深了,月亮上的小兔子睡得好甜啊!
巩固	表演导引	角色扮演激发引导学习	让幼儿扮演小兔子拔萝卜、吃萝卜
	情境迁移	幼儿所学内容的情境迁移	让幼儿从爱吃一种菜到一种类似的菜
	游戏演练	通过游戏活动巩固所学内容	通过游戏,知道爱护牙齿的重要性和爱护牙齿的方法
结束	自然结束	直接宣布活动结束收拾玩具	今天的活动到这里就结束了,我们下次再玩儿
	画龙点睛	对活动关键和亮点进行点评	在"牙齿多漂亮"的游戏中,兰兰小朋友学会了刷牙的方法,玲玲小朋友也学会了爱护牙齿的好多方法,等等
	拓展延伸	设置新的问题引发持续思考	切开的胡萝卜特别像人的眼睛,请小朋友们找一找还有哪些蔬菜水果像我们身体的哪个部位

实训任务

☞ 实训任务提示

请结合身体保健教育活动环节的设计及组织方法，说出下面案例所对应的活动环节及教师采用的组织方法是什么？

1. 小朋友们，大家看看老师手中这张图片，里面有一辆红色的车，车上有长长的梯子，这是什么车呢？它的用途是什么？

2. 小朋友们，今天袜子宝宝要和你们玩游戏，你们手里的袜子宝宝的另一半就躲在这里，你们能把它找出来吗？

3. 小朋友们，我们一起来看一看，昨天泡在醋里的鸡蛋发生了什么变化？你可以捏一捏，告诉大家你发现了什么。

课后习题

1. 单项选择题

（1）以下哪个内容不属于幼儿园身体保健教育活动（   ）

A. 生活与卫生习惯教育 B. 饮食与营养教育

C. 自身安全防护 D. 心理健康教育

（2）食欲良好、睡眠较沉、精力充沛体现的是幼儿的以下特征（   ）

A. 身体对环境适应良好 B. 生长发育良好

C. 体能发育良好 D. 情绪状态良好

2. 材料分析题

你认为应该如何为幼儿设计这个安全教育活动的探索和体验环节？

王老师要组织一个安全教育活动，她选择了"消防安全"这个内容。但是她在设计活动环节的时候产生了困惑，她觉得火灾发生的频率并不高，要让幼儿积极地参与活动，避免因问题空泛而使讨论流于形式。

3. 活动设计题

☞ 参考答案

大班幼儿对蔬菜等食物有一定兴趣，但因为来自家庭等不良饮食习惯的影响，部分幼儿出现了偏食，部分幼儿饮食自理能力较弱，从而影响了幼儿的健康。请根据这个活动背景设计"小小美食家"身体保健教育主题活动，请写出该主题活动下可以开展的3~5个具体活动名称和主要活动内容。

第四节   心理健康教育活动设计与实施

幼儿时期是人的生理、心理发展的关键时期，为幼儿提供必要的条件，给予幼儿必需的保护、照顾和良好的教育，将为幼儿一生的发展奠定重要基础。《指南》依据幼儿的情绪特点与发展需要，围绕目标"情绪安定愉快"，提出各年龄段幼儿的典型表现，为具体教育活动的开展指明了方向。幼儿期是进行心理健康教育，培养健康心理的黄金时期。

幼儿的心理健康教育与幼儿的生活紧密联系，融入幼儿生活的各个环节，对幼儿心理素养和心理品质的培养要与体育、游戏、艺术等活动有机结合。

一、心理健康教育活动的概念

心理健康教育活动是教师根据幼儿心理发展特点，有目的、有计划、有组织地开展，以改善和提高幼儿的心理健康认识、培养幼儿的健康行为、维护和促进幼儿心理健康为目的的一系列教育活动。心理健康教育活动可以使幼儿获得良好的心理感受和体验，进而形成安定、愉快的情绪，并逐渐形成良好的情绪反应模式和习惯。幼儿园实施心理健康教育活动的路径主要包括教师设计与组织的集体心理健康教育活动、发现问题时进行的随机教育、家园协同教育、专门设置的心理健康活动室（如沙盘游戏、绘画治疗）等。这几条路径对幼儿心理健康教育来说，都是十分重要的，本节我们主要围绕集体心理健康教育活动进行探讨。

☞ 拓展知识：《儿童蓝皮书：中国儿童发展报告（2021）》简介

二、心理健康教育活动的目标

幼儿正处于一生发展最迅速的时期，他们的身心发育尚未完善，对各种环境的适应能力和承受能力较差，自我保护意识较弱，容易产生身体疾病、心理障碍和社会适应不良等现象。心理健康教育活动可以帮助幼儿形成良好的适应能力、积极应对挫折，从而保证心理健全发展。

（一）总目标

心理健康教育的目标主要指向培养幼儿良好的情绪、行为方式和社会适应能力，对幼儿的心理行为问题进行早期预防和矫治，使幼儿的情感与情绪、态度与性格、行为方式等与周围的环境平衡协调，形成健康的心理素质。结合《纲要》和《指南》中健康领域的目标，以及幼儿身心发展的特点，心理健康教育活动的目标主要包括情绪与认知发展、情绪表达与调节、环境的心理适应三个维度，具体描述为：

1. 保持安定、愉快的情绪状态，愿意主动探索和认知周围的世界。

2. 学会恰当地表达和调控自己的情绪，与同伴、老师、父母关系融洽。

3. 具有良好的自我意识，喜欢幼儿园的集体生活，能够较快适应人际环境的变化。

（二）年龄阶段目标

《规程》《纲要》《指南》均提及幼儿心理健康的目标和发展特点。例如，

《规程》提出要创设和谐的环境，促进幼儿身心和谐发展；《纲要》在健康领域的目标中指出在集体生活中情绪安定、愉快；《指南》健康领域提出情绪安定愉快，能够很快地适应集体生活和人际环境的变化。不同年龄阶段幼儿的心理健康教育目标如表 2-5 所示。

表 2-5　心理健康教育的年龄阶段目标

维度	3—4 岁	4—5 岁	5—6 岁
情绪与认知发展	1. 情绪比较稳定，很少因一点小事哭闹不止 2. 对周围世界的各种事物和现象有好奇心，愿意探索	1. 经常保持愉快的情绪，不高兴时能较快缓解 2. 能自觉遵守活动的规则和要求，具有一定的求知欲，初步形成良好的生活与学习习惯	1. 经常保持愉快的情绪。知道引起自己某种情绪的原因，并努力缓解 2. 学会思考问题，具有一定的独立学习与生活能力
情绪表达与调节	有比较强烈的情绪反应时，能在成人的安抚下逐渐平静下来	1. 有比较强烈的情绪反应时，能在成人提醒下逐渐平静下来 2. 愿意把自己的情绪告诉亲近的人，一起分享快乐或求得安慰	1. 表达情绪的方式比较适度，不乱发脾气 2. 能随着活动的需要转换情绪和注意
环境的心理适应	1. 具有初步的自我意识和自我情绪体验 2. 在帮助下能较快适应集体生活	1. 能够进行初步的自我评价，在活动中体验成功感和自豪感，具有初步的自我控制能力 2. 能较快适应人际环境中发生的变化，如换了新老师能较快适应	1. 能够进行恰当的自我评价，在活动中形成自尊心和自信心，能够较好地进行自我控制 2. 能较快融入新的人际关系环境。如换了新的幼儿园或班级能较快适应

从心理健康教育活动目标的三个维度来看，随着幼儿年龄的增长，积极的情绪与认知发展、情绪与情感的表达与调节、社会环境的心理适应这三个维度会有比较明显的变化，主要体现在：3—4 岁幼儿的情绪能够保持稳定、较少哭闹，5—6 岁幼儿已经能够较长时间保持愉快的情绪且能独立地思考问题，这些积极的情绪发展为学龄期的学习和生活做好准备；3—4 岁幼儿的情绪明显外露且不加掩饰，直到中、大班，幼儿对情绪的调节能力才慢慢发展起来，逐渐形成了较为成熟的情绪调节策略；随着年龄的增长，幼儿能够感知和理解他人的情感，能和同伴轮流分享与合作，形成良好的自我意识，幼儿形成的交往能力对其一生的社会适应能力发展十分重要，也是幼儿心理健康的重要标志之一。

下面是三个心理健康教育活动及其目标，请分别说出其适宜的年龄阶段。

相 亲 相 爱

1. 用自己喜欢的方式大方地向同伴表达想念。
2. 在与好朋友的互动中，增进彼此的感情，体会愉悦的活动氛围。
3. 理解"朋友"一词的真正含义，能够珍视友谊。

我的心情与表情

1. 了解每个人都会有不同的情绪。
2. 知道心情与表情的不同变化，更清楚地了解自己。
3. 能够借助语言表达自己的情绪，必要时能配以手势动作。

想变勇敢吗

1. 了解自己害怕的事物，认识到勇敢的重要性。
2. 能与教师、同伴配合，学习变勇敢的方法。
3. 愿意尝试与教师、同伴分享自己害怕的感受，讨论如何变勇敢。

☞ 实训任务提示

三、心理健康教育活动的基本特征

幼儿的身心发育不够完善，对成人具有较强的依赖性，因此，幼儿园为幼儿提供一个温暖、轻松、具有支持性的心理社会环境非常重要。《指南》明确提出要"以欣赏的态度对待幼儿"，"帮助幼儿学会恰当表达调控情绪"等，要使幼儿感受到成人给予的尊重、理解、关爱和接纳，形成安全感和对成人的信赖。集体心理健康教育活动具备以下基本特征：

（一）活动内容凸显生活情境性

在幼儿园教育实践中开展情绪情感主题活动，教师需要为幼儿选择和创设与他们生活密切相关的情境，针对培养幼儿的某种情感品质或能力，开展一系列有目的、有计划的综合活动，启发幼儿在生活情境中积极实践、充分体验，在实践中不断地总结、形成策略并加以运用。

情绪情感主题活动的内容主要来源于幼儿在生活中的情绪事件，如同伴冲突、受到教师的批评、需要没有得到满足等。在主题活动中，教师需要关注幼儿的情感体验，重视幼儿是否真正内化、理解情感以及能否迁移运用调控情感的策略。情绪情感主题活动，贴近幼儿已有的经验，让幼儿在生活情境中充分"体验"，让幼儿有机会反复练习已经学过的技能，从而形成稳定的行为习惯，这也是心理健康教育活动中非常重要的学习方式。

（二）活动媒材选择的感染性

心理健康教育活动的开展必须贴近幼儿，走进幼儿的内心世界，了解他们的所思所想。"说理讲解"是一种教学方式，但实施不当很容易让幼儿觉得生硬、无趣。心理健康教育活动尤其是情绪情感主题活动，通常借助绘本、音乐、美术、心理剧、手偶、指偶以及木偶剧这些生动有趣、又能够有效促进幼儿情绪能力发展的媒材。情绪主题的绘本因其温馨的画面、抚慰人心的语言、形象生动的角色特点，深受幼儿的喜爱。

例如，美国知名儿童心理咨询师康奈莉·雅史贝蔓创作的情绪主题绘本《我的感觉》系列丛书包括幼儿常见的各类情绪主题：想念、生气、害怕、难过、嫉妒、自信和同理心。书中丰富而温馨的画面，简单而抚慰人心的文字，借助小动物的故事向幼儿描述了每种情绪的由来和处理方式，帮助幼儿了解和学习如何管理自己的情绪。[1]

在心理健康教育活动中，教师借助情绪主题绘本，帮助幼儿全面解读绘本中所蕴含的情感要素，伴随着绘本故事中情绪情感变化的线索，引导幼儿掌握并巩固情绪主题绘本的阅读方法，理解故事主人公情绪情感的变化历程。

（三）高质量师幼互动的影响力

在心理健康教育活动的设计与实施中，教师除了要根据幼儿的身心发展特点设计目标明确的活动、选择恰当的活动内容外，也要深刻认识到活动中高质量的师幼互动对幼儿情绪情感发展的深刻影响。幼儿情绪情感的发展离不开幼儿在活动中的亲身感受与体验，当幼儿受到挫折后灰心、情绪低落时，教师给予幼儿及时的帮助，使其置身于充满鼓励与赞许的环境中，以愉悦的心境接受挑战，以一种良好的、稳定的情绪状态去克服困难。这种高质量的师幼互动对幼儿健康心理的形成起到积极的影响作用。

四、心理健康教育活动设计与实施的基本结构

心理健康教育活动的设计与实施要根据幼儿身心发展的年龄特点，确立明确的心理健康教育活动目标，选择能够被幼儿接纳的活动内容，采用多种方式相结合的实施路径，帮助幼儿在活动中感受和认知情绪情感的变化，掌握恰当地表达与调节情绪的方法，进而形成积极健康的心理。

（一）聚焦幼儿个性心理特征，确定活动目标

心理健康教育活动目标的确定，实际上就是选择所要训练的幼儿的某一

---

① 柳倩，周念丽，张晔.学前儿童健康学习与发展核心经验［M］.南京：南京师范大学出版社，2016：308-309.

种心理素质或心理特征。个体的心理特征有很多，在一次集体教育活动中，很难对所有的心理特征都加以培养，如果追求面面俱到反而会无所适从。以大班心理健康教育活动"心情树"为例，该活动的目标是：（1）仔细观察心情树上的小人，进一步了解人有各种不同的情绪表现；（2）与同伴讨论，想出各种调节情绪的好方法并用图示记录下来；（3）愿意主动与同伴交流，分享自己的心情与感受。

（二）围绕心理健康教育活动目标，选择活动内容

根据《纲要》《指南》，我们可以确定以下心理健康教育活动内容：（1）学习表达和调节自己情绪、情感的方式；（2）学习和锻炼社会交往的能力；（3）学习和锻炼独立生活与学习的能力；（4）掌握粗浅的性别角色方面的知识、认同个人的性别角色。围绕着这几个方面的内容，围绕活动目标，针对幼儿的心理特点和知识水平来设计活动内容。如解决问题能力的训练——我该怎么办；合作意识的培养——小动物送菜比赛；自信心的提高——我很能干；应对挫折——如果我失败了。教师可以多选择让幼儿进行轮流分享、互助合作的活动内容，在活动中幼儿能够更直接地学习、感知和理解他人的情感，用合适的方式给予同伴回应，进而达成与同伴及相关成人、周围现实环境的协调和适应；在一些有竞争性的活动中，体验面对输赢、通过努力获得成功的感受。

（三）基于教育活动效果导向，做好活动准备

幼儿健康行为与社会交往技能需要通过反复的练习才能形成，特别是一些需要专门训练的健康行为、技能，更需要教师有计划、有目的的精心设计。而与幼儿生活密切相关的生活场景能激发幼儿的兴趣，因此心理健康教育活动的重要准备之一就是生活化场景的营造。在与幼儿生活密切相关的生活场景中进行模拟练习，能更好地帮助幼儿形成合乎健康要求的行为。此外，心理健康教育活动的准备还包括教师对活动的内容、方法、途径进行选择，以及做好物质准备、幼儿在知识和能力方面的经验准备等。如小班心理健康教育活动"我好害怕"的活动准备包括：准备好图画书《我好害怕》，事先让幼儿和家长讨论并记录自己最害怕的事或物，创设区角中打针的游戏环境等。

（四）尊重幼儿情绪发展规律，设计活动过程

幼儿园心理健康教育活动的开展要尊重幼儿情绪情感发展规律，可以从以下四个层次来设计活动过程。

1. 设置具体情境，激发兴趣，引发幼儿情绪共鸣

这个部分是整个活动的"导入部分"，主要目的是吸引幼儿的注意力，调动幼儿的兴趣和情绪。根据不同年龄段幼儿心理健康发展的需求，教师从某个

具体情境入手，激发幼儿参与的兴趣，引发幼儿情绪情感上的共鸣。具体情境可以是将心理事件或情境拍成视频，可以是基于某个情境的角色扮演，还可以是教师讲述的故事、游戏等。例如，在心理健康教育活动"赶走不开心"中，教师可以组织"表情传递"的游戏，吸引幼儿对不同表情的关注和认识。

2. 利用心理事件，创设情境，引导幼儿回忆经历

在这个部分教师要考虑活动环节的先后顺序，考虑何时如何提问，以启发幼儿思考。教师要考虑手段和方法的选择运用，以激发幼儿在活动中的主动性。教师可以利用生动的视频、图片等，再现心理事件或情境，引导幼儿充分感受和理解发生了什么，哪些事情是对自己有益的，哪些事情是对自己有害的。

3. 组织开展讨论，鼓励思考，学会情绪化解方法

在这个部分，教师主要帮助幼儿了解自己和他人的情绪变化，与幼儿一起谈论让自己高兴或者生气的事情。这不仅能使幼儿认识到每个人都会有不同的情绪，学习体会自己的情绪、理解他人的情绪，而且也能使幼儿学会表达自己的情绪。例如，在心理健康教育活动"赶走不开心"开始时，教师可以提出问题："点点怎么了？他生气的时候做了什么？这样做能够赶走坏心情吗？""你知道如何赶走坏心情吗？"

4. 利用各种活动，换位思考，表达心理体验

在幼儿已经初步学会化解消极情绪的基础上，教师创设情境或者提供机会，让幼儿在活动中充分体验与学习。例如，在心理健康教育活动"我的情绪小绘本"中，教师让幼儿画自己的心情绘本《我的开心与不开心》或模拟生活中的情境，让幼儿体验当发生开心或不开心的事时，主动与别人分享或向别人倾诉；学会在生活中观察他人、关心他人。

☞ 实训任务提示

实训任务

观摩大班心理健康教育活动视频"判断别人的情绪"，认真阅读教师提供的大班心理健康教育活动方案，并结合所学理论进行分析：

1. 活动方案中活动目标及活动过程的设计是否合理，为什么？

2. 活动录像中师幼是如何互动的？互动质量如何？

3. 活动效果如何？还可以怎么改进？

☞ 视频：判断别人的情绪

课后习题

1. 单项选择题

（1）下列方法中，（　　）不利于缓解和调节幼儿激动的情绪。

　　A. 转移注意力　　　　　　　　B. 斥责

    C. 冷处理   D. 安抚

（2）（   ）不属于幼儿的基本情绪。

    A. 微笑和厌恶   B. 痛苦与悲伤

    C. 尴尬和羞愧   D. 焦虑与恐惧

2. 材料分析题

请阅读下面的故事，并根据设定的活动目标，分析小班心理健康教育活动"哭是没有用的"的设计背景。

故事：

一天清早，小鸭和小松鼠一起来到小河边做运动。它们走啊走，看到小羊在哭，它们问："小羊，你为什么哭啊？"小羊不说话，还是呜呜呜地哭。小鸭说："小羊，哭是没有用的。"小松鼠说："你要告诉我们，我们才能帮助你。"小羊说："我的皮球掉进水里了，我不会游泳，怎么办呢？"小鸭说："别着急，我来帮助你。"小鸭跳进水里，帮小羊拿到了皮球。小羊高兴地说："谢谢！我们一起去玩皮球吧！"

活动目标：（1）了解故事的内容，知道遇到解决不了的问题时，光哭是没有用的，要寻求帮助；（2）学习故事中的对话"哭是没有用的，你要告诉我们，我们才能帮助你"；（3）能有表情地参与表演。

3. 活动设计题

中班幼儿年龄还比较小，当他们遇到不高兴或者不开心的事情时，常常哭鼻子、告状或暗自伤心。请根据这个背景设计心理健康教育活动"不高兴的时候"。请写出该主题活动下可以开展的 3~5 个具体活动名称和主要活动内容。

☞ 参考答案

第三章　　　幼儿园语言教育活动设计与实施

【本章导读】

　　语言是交流和思维的工具。幼儿期是语言发展，特别是口语发展的重要时期。幼儿语言的发展贯穿各个领域，对其他领域的学习与发展有着重要影响。幼儿在运用语言进行交流的同时，也在发展着人际交往能力、理解他人和判断交往情境的能力。幼儿园语言教育活动是根据幼儿身心发展的特点，特别是语言发展规律，以注重幼儿语言的感受理解和倾听能力，促进幼儿的语言表达和交流技能，培养幼儿前阅读和前书写的兴趣和能力为核心目标而开展的一系列教育活动。幼儿园语言教育活动包括谈话活动、讲述活动、文学活动和早期阅读活动。语言教育活动主要有三种实施途径：一是专门性的集体语言教育活动，二是日常生活中的随机语言教育，三是渗透在日常生活和其他领域的语言教育。本章要探讨的四种类型的语言教育活动，是指专门性的集体语言教育活动。

【学习目标】

1. 理解幼儿园语言教育活动目标，能根据幼儿年龄特点设计适宜的活动目标。
2. 熟悉幼儿园语言教育活动类型，能根据不同活动类型选择恰当的活动内容。
3. 掌握各类语言教育活动的特征，能根据各类活动特征设计凸显特征的活动环节。
4. 掌握各类语言教育活动设计与实施的基本结构。

第一节　幼儿园语言教育活动目标与设计

本节主要引导学习者了解幼儿园语言教育目标的纵向结构和横向结构，在此基础上，设计出适宜的幼儿园语言教育活动目标。

一、幼儿园语言教育目标概述

幼儿园语言教育目标是通过语言教育活动要达到的幼儿语言发展的要求或效果，它决定了语言教育内容和过程的选择，以及对教育效果的评价。幼儿园语言教育目标按照结构进行划分，可以分为纵向结构和横向结构。

（一）幼儿园语言教育目标的纵向结构

幼儿园语言教育目标按照纵向维度，可以划分为总目标、年龄阶段目标、教育活动目标。

1. 总目标

幼儿园语言教育总目标，是幼儿园语言教育总的任务要求，是对幼儿三年在幼儿园语言发展的任务要求。

在《纲要》中，幼儿园语言教育总目标是这样表述的：

（1）乐意与人交谈，讲话礼貌；（2）注意倾听对方讲话，能理解日常用语；（3）能清楚地说出自己想说的事；（4）喜欢听故事、看图书；（5）能听懂和会说普通话。

在《指南》中，幼儿园语言教育总目标是这样表述的：

（1）倾听与表达：认真听并能听懂常用语言；愿意讲话并能清楚地表达；具有文明的语言习惯。

（2）阅读与书写准备：喜欢听故事，看图书；具有初步的阅读理解能力；具有书面表达的愿望和初步技能。

2. 年龄阶段目标

年龄阶段目标是幼儿在某一年龄阶段的语言教育目标。年龄阶段目标是幼儿语言发展指标和语言学科知识的融合，即幼儿语言发展指标确立了不同年龄阶段的具体要求和发展方向，语言学科知识则对幼儿掌握的语言学科知识提出了一定的要求，两者融合，体现出了不同年龄阶段幼儿在语言方面应该达到的水平。幼儿语言学习的年龄阶段目标在《指南》中有明确的阐述，这里不再赘述。

3. 活动目标

活动目标是在某一具体的语言教育活动中要达到的目标，它一般由教师自己制订。活动目标为总目标、年龄阶段目标服务。语言教育目标是通过每一个具体的活动落实的。每一个活动目标的实现，都向完成年龄阶段目标和总目标迈进了一步。在这个纵向目标结构中，活动目标处于最具体的层次，是最贴近教育实践活动的目标，是教师接触最多、最熟悉的目标。但这并不是说，教师可以只关注活动目标而不研究总目标和年龄阶段目标。相反，教师应该主动了解总目标和年龄阶段目标，否则活动目标将失去方向，出现只见"树木"不见"森林"的现象。

具体来说，教师在制订活动目标时应该遵循以下要求：

目标应着眼于幼儿的发展。这里包含两层意思：一是目标的制订应适应幼儿已有的发展水平，符合幼儿语言发展的规律。二是目标的制订应将促进幼儿的语言发展作为落脚点。具体说，就是要落实到幼儿对语言内容、语言形式和语言技能的掌握上。

活动目标在方向上应与总目标、年龄阶段目标相一致。也就是说，活动目标要为阶段目标和总目标服务，若干个活动目标的积累，便构成了年龄阶段目标和总目标，为了体现这一点，在具体制订活动目标时，就要根据幼儿的年龄特征和发展水平，注意由浅入深、循序渐进地提出目标，使幼儿从具体到抽象、从直接到间接地获得语言经验。

在每一个活动目标中还建议从认知、情感态度和能力技能三个维度设计目标。认知用来说明语言教育活动中幼儿获得了哪些有益的语言知识，感知哪些与语言及其运用有关的概念；情感态度用来说明幼儿在学习和运用语言的过程中积极参与，主动进行人际交往等；能力技能用来说明幼儿通过语言教育活动能做什么。认知应涉及知识概念的学习，包括所获得语言知识的数量和种类。例如，幼儿掌握多少词语，掌握多少句式，以及懂得在什么样的语境下运用这些词语和句法。情感态度应涉及情感态度的学习，包括兴趣、态度和价值观等方面的变化。例如，幼儿形成耐心而有礼貌地倾听别人说话的态度，产生乐意在集体面前讲述自己经历的事情和图片内容的兴趣。能力技能应涉及语言能力技能的学习，包括组词成句的能力和在具体语境中运用语言的能力。例如，能根据不同的听者和不同的情境，恰当地运用有关的词汇、语法和语调；能用连贯的语句说清楚自己所要表达的意思，也能听懂别人所表达的意思。

实训任务

请你根据以下活动目标，说出此活动适合的年龄阶段以及三个活动目标分别指向的维度是什么。

活 动 目 标

1. 理解诗歌《我会自己走》的内容，知道疑问句的用法。

2. 欣赏诗歌的韵律美，喜欢在集体面前朗读诗歌。

3. 结合已有生活经验，按原结构对诗歌进行仿编。

诗歌原文：

我会自己走

妈妈，妈妈，你快松手，

我会自己走。

你看小鸟儿能飞，

小兔儿能跳，

小狗儿能跑，

小鱼儿能游……

我为什么不能自己走？

妈妈，妈妈，你快放手。

（二）幼儿园语言教育目标的横向结构

在横向维度上，根据《指南》，幼儿园语言教育目标可以分成倾听与表达、阅读与前书写准备两个方面，其中倾听与表达侧重幼儿口头语言的发展，阅读与前书写准备侧重幼儿书面语言的发展。这两个方面和《纲要》语言领域 5 个目标蕴含的内容是一致的。结合两个文件，从幼儿语言能力的构成、语言教育活动作用的角度进行横向分类，把幼儿园语言教育目标分为以下四类：

1. 倾听能力的培养

倾听是幼儿感知和理解语言的行为表现。幼儿倾听能力培养重点放在对语音、语调的感知和对语义内容的理解上，主要包括：一是有意识倾听，即集中注意地倾听；二是辨析性倾听，即分辨不同内容的倾听；三是理解性倾听，即掌握倾听的主要内容，连接上下文的意思倾听。幼儿倾听能力的培养体现出一种"螺旋式上升"，从培养有意性倾听开始，在有意性倾听的基础上加入辨析性倾听，在有意性倾听和辨析性倾听的基础上加入理解性倾听。

2. 表达能力的培养

表达是幼儿以一定的语言内容、语言形式以及语言运用方式表达和交流个人观点的行为。幼儿表达能力的培养重点在于从语音、语法、语义以及语用四个方面学习正确恰当的口语表达，逐渐提高表达水平，掌握个人独白、集体讲述、对话交流等不同的表达方式。

在表达能力的培养上，《指南》重点指出要学习正确恰当的口语表达。

谈话主要培养幼儿与人交谈的态度和能力，有个别集体谈话、讨论等形式，要求幼儿愿意交谈、喜欢交谈和敢于交谈。对谈话的要求，主要体现在情感、态度方面。讲述主要培养幼儿独白语言能力，主要包括叙事性讲述和说明性讲述两种形式，要求幼儿讲述完整、有序、连贯、清楚，词汇恰当、语法正确、语言生动。对讲述的要求，主要体现在着重培养完整、连贯、有序、清楚的讲述能力方面。

此外，在表达能力的培养中还特别强调了幼儿的语言运用能力和文明习惯，即培养幼儿说话时的文明礼仪和基本交际规则，主要包括：交谈的目的，在于回应；交谈的规则，有量的要求（音量的要求、内容量的要求）和质的要求（按次序轮流讲话）；交谈的情境，根据不同的场合和对象，采用不同的交谈策略；交谈的组织，在不同的情境中可以使用适当的语言。

3. 欣赏文学作品能力的培养

欣赏文学作品是幼儿感知理解文学作品的行为。欣赏文学作品能力的培养重点在于培养幼儿综合的语言能力，增强幼儿对语词排列的敏感性，以及对不同情境中语言运用的敏感性；培养幼儿理解文学作品，初步感知不同类型文学作品的独特风格和构成。

4. 早期阅读能力的培养

早期阅读包括幼儿从口头语言向书面语言过渡的前阅读、前识字和前书写活动。前阅读活动重在引发幼儿对图书的兴趣，培养前阅读技能；前识字活动主要在于培养幼儿对生活中常见的简单标记和文字符号的兴趣；前书写活动重在激发幼儿写写画画的兴趣，培养写画的正确姿势以及学会写自己的名字。

二、幼儿园语言教育活动目标设计

上面的论述对设计幼儿园语言教育活动目标提供了理论支撑，下面从活动目标设计的依据、活动目标设计的要求和活动目标设计的达成三个方面对幼儿园语言教育活动目标设计进行阐释。

（一）活动目标设计的依据

幼儿园语言教育活动目标的设计要考虑幼儿园语言教育总目标、年龄阶段目标。此外，活动目标还应该包含认知、情感态度和能力技能三个维度。同时，活动目标设计要考虑语言教育活动的四个类型，即谈话、讲述、文学作品和早期阅读。

大班讲述活动"我的生日愿望"目标为：（1）能用完整、连贯、有序的语言讲述自己的生日愿望；（2）养成认真倾听同伴讲述的习惯和态度；（3）理解同伴的讲述并给予适当的评判与补充。

　　这个活动目标就考虑了幼儿园语言教育总目标和年龄阶段目标，其中第一个目标侧重能力技能，第二个目标侧重情感态度，第三个目标侧重认知和能力技能。

　　（二）活动目标设计的要求

　　首先，活动目标要考虑幼儿的年龄特征以及幼儿的已有经验；其次，活动目标中要体现活动内容和方法的选择，最好根据活动内容的环节来确定目标的排列顺序；最后，活动目标一定要具体，内容体现忠实取向的行为目标要求，也就是可以通过幼儿的行为表现来判断目标是否达成。行为目标以幼儿具体的、可观察的行为来表述，它指向在实施教育活动后幼儿身上所发生的行为变化，具有客观性和可操作性等特点。行为的动词要能清晰地描述幼儿的行为，并且该行为应该是预期幼儿通过语言教育活动能够形成的、可观察的、可测量的具体行为，例如"复述""讲出""理解""说出""表达""倾听"等。

　　（三）活动目标设计的达成

　　幼儿园语言教育活动目标的达成依赖幼儿园语言教育活动，具体落实到围绕目标选择什么样的教育内容、活动类型和活动环节上。

　　1. 围绕目标选择语言教育活动内容

　　语言教育活动内容是实现语言教育活动目标的手段，是将目标转化为幼儿发展的中心环节。围绕目标选择语言教育活动内容，就是将目标中的各部分、各方面要求转换为幼儿学习语言的内容，使幼儿通过多种的学习获得语言经验。

　　2. 围绕目标确定语言教育活动类型

　　语言教育活动类型应当为语言教育活动目标达成服务。活动类型和活动目标并不是一一对应的关系，而是表现出多重交叉。但无论确定何种活动类型，其与语言教育活动目标的构成，在方向上、范围上、程度上应是一致的。

　　3. 围绕目标设计语言教育活动环节

　　语言教育活动目标是语言教育活动环节展开的方向，是活动环节的灵魂，也是活动环节设计与实施的目的。可以说，没有目标的活动是盲目的活动，没有充分体现目标的活动是不完美的。反之，语言教育活动目标的达成也依赖语言教育活动的环节，教师需要按照具体的目标设计具体的活动环节，从而使语言教育活动向着预期目标前进。

课后习题

1. 单项选择题

（1）幼儿园语言教育目标按照纵向维度，可以划分为幼儿园语言教育总目标、年龄阶段目标、语言教育活动目标，其中最贴近教育实践，教师接触最多、最熟悉的目标是（　　　）

      A. 幼儿园语言教育总目标　　　B. 年龄阶段目标

      C. 语言教育活动目标　　　　　D. 以上都是

（2）培养幼儿对生活中常见的简单标记和文字符号的兴趣，利用图书、绘画和其他多种方式，引发幼儿对书籍、阅读和书写的兴趣，培养阅读和前书写的技能，这属于对幼儿（　　　）

      A. 倾听行为的培养　　　　　B. 表达行为的培养

      C. 欣赏文学作品行为的培养　　D. 早期阅读行为的培养

2. 材料分析题

请问王老师设计的活动目标存在什么问题？你会如何设计？

王老师想在中班开展以"我的城市建筑"为主题的讲述活动，她把活动目标设计为：（1）培养幼儿分析和解决问题的能力；（2）发展幼儿的想象力和创造性。

3. 活动设计题

早餐是幼儿比较熟悉的话题，基本适合小班幼儿的年龄特点和他们已有的经验，容易引起幼儿积极的交谈。请根据谈话活动总目标和年龄阶段目标为小班幼儿谈话活动"好吃的早餐"设计活动目标。

☞ 参考答案

第二节　谈话活动设计与实施

本节首先让大家了解谈话活动的概念，从概念出发熟悉谈话活动的目标，即小、中、大班幼儿在谈话活动中获取的有益经验是什么。在此基础上把握谈话活动的基本特征，理解谈话活动设计与实施的基本结构，从而学会设计与实施谈话活动。

一、谈话活动的概念

幼儿处于语言发展的关键期，口头语言能力的培养是幼儿语言学习的重点。幼儿需要学会倾听并理解交流者的语言，在不同的社会交往情境中通过语言表达自己的想法。

谈话是两个或两个以上的人就某一话题进行的交谈。谈话活动是教师创造良好的语言环境，有目的、有计划地引导幼儿倾听别人谈话，围绕一定话题进行谈话，习得与别人交流的方式与规则，培养幼儿与人交往能力的教育活动。谈话活动是提升幼儿口头语言能力，发展幼儿交流能力的重要途径。一个完整的谈话活动包括谈话的发起、谈话中的应答与轮流、谈话主题的深入与转换、谈话的总结与结束四个要素，这些要素都是幼儿在口头语言发展过程中要逐渐学习的。

二、谈话活动的目标

谈话活动的目标包括总目标和年龄阶段目标。在教育教学实践中，在《纲要》和《指南》中规定的语言领域的目标的基础上，谈话活动的目标因谈话活动本身的特点而有所拓展和深入。

（一）总目标

谈话作为幼儿最常使用的语言运用形式，其活动的总目标是：（1）学会倾听他人谈话，并及时从中捕捉有效的语言信息；（2）学会围绕一定的话题谈话，充分表达个人见解；（3）学会运用语言进行谈话的基本规则。

（二）年龄阶段目标

幼儿的谈话水平随着年龄增长而不断提升，因此在熟悉总目标的基础上还需要掌握幼儿在不同年龄阶段需要达成的目标，年龄阶段目标具体来说如表 3-1 所示。

表 3-1　谈话活动的年龄阶段目标

维度	3—4 岁	4—5 岁	5—6 岁
谈话中的倾听与回应	学会安静地听他人讲话,注视讲话对象	能集中注意力,耐心地倾听他人讲话;能根据声音、语气和语调辨别不同的讲话对象	能主动专注地倾听他人讲话,迅速掌握别人讲话的主要内容,从中获取有用信息,并根据讲话对象调整自己的声音和语气对他人的讲话进行回应
谈话兴趣	喜欢与他人谈话,愿意在集体面前讲话	乐意与他人谈话,能大方地在集体面前讲话	主动与他人谈话,态度自然大方
围绕话题谈话	在教师的引导下,学习围绕话题谈话,能用短句表达自己的意思,必要时能辅以手势动作	学会围绕话题谈话,不跑题,能有意识地运用动作、表情、图画等方式辅助自己的表达	能围绕话题谈话,并能用恰当的语言和辅助方式表达自己的情感,与同伴分享感受

续表

维度	3—4岁	4—5岁	5—6岁
谈话规则	知道发言要先示意,表达自己的交流的意愿。在谈话的前后根据成人的提示会使用礼貌用语,不插话,不抢话	发言会通过举手、请求的方式先示意,学会用轮流的方式谈话,会使用礼貌用语,不插话,不抢话	会用轮流的方式谈话,能主动使用礼貌用语,逐步学习用修补的方法延续谈话

　　从年龄阶段目标分目标的关系看,3—4岁、4—5岁和5—6岁的谈话活动目标体现出层级递进的关系,且在不同的年龄阶段各自有所侧重。如幼儿倾听能力发展为有意识的倾听—辨析性倾听—理解性倾听。有意识的倾听是指幼儿有倾听别人谈话的愿望、态度和习惯,当别人讲话时集中注意力耐心地听,通过主动倾听去感知、接受别人谈话的信息;辨析性倾听是指幼儿从倾听中分辨出不同的声音,包括说话人声音的不同特点、声音所表现的不同情绪等;理解性倾听是指幼儿能够在倾听时迅速掌握别人所说的主要内容,把握一段话的关键信息,联系谈话上文和下文的意思,获得谈话的中心内容,并能作出反应,交流自己的见解。3—4岁侧重发展幼儿的有意识倾听,4—5岁侧重发展幼儿的辨析性倾听,5—6岁侧重发展幼儿的理解性倾听。

实训任务

☞ 实训任务
提示

下面是三个谈话活动及其目标,请分别说出每个活动适合的年龄阶段。

快乐的生日

活动目标:

1. 知道要耐心倾听同伴讲话,不打断同伴的话。

2. 能够围绕话题大方地讲自己过生日的情境。

3. 乐意与同伴交谈过生日时的快乐感觉。

好吃的早餐

活动目标:

1. 知道安静地倾听同伴讲话,不插话。

2. 能够围绕话题用简短的语言说出早餐的种类、味道。

3. 愿意在集体面前讲和早餐相关的事情。

奇特的汽车

活动目标:

1. 主动倾听同伴谈论汽车,知道同伴对汽车的认识感受。

2. 能够用恰当的语言谈论自己设计的奇特的汽车及其特征。

3. 愿意与同伴分享自己设计奇特汽车的感受。

三、谈话活动的基本特征

谈话活动有其自身独有的特征，具体包括：一个有趣的中心话题，谈话的语境和氛围宽松自由，注重谈话的多方交流，教师在谈话活动中起间接引导作用。

（一）一个有趣的中心话题

谈话活动最基本的特征是要有一个有趣的中心话题，否则谈话活动很难进行下去。对于幼儿来说什么样的话题算有趣的中心话题？

第一，幼儿对中心话题具有一定的经验基础，有话可讲。幼儿拥有的谈话素材，可以是在日常生活中不经意积累的，也可以是教师为了开展谈话活动有意识帮助幼儿积累的。

第二，幼儿对中心话题要有一定的新鲜感，有话愿讲。幼儿感兴趣的话题往往来自那些新颖的内容，如果一个话题重复讲，幼儿就会对谈话话题失去兴趣，从而造成谈话活动低效的现象。

教师可以选择幼儿在生活中共同关心的话题，如幼儿的生活中出现某些大家共同经历的事，或电视台新近放映的一部动画片，能够使幼儿产生交流和分享的愿望，就可以作为中心话题。也就是说，中心话题既要熟悉又要新鲜。

（二）谈话的语境和氛围宽松自由

谈话活动的顺利开展，离不开宽松自由的语境和氛围。如果在一个谈话活动中教师严厉刻板，幼儿的谈话经常被打断、被要求规范完整，那谈话显然难以尽兴，这时候即使话题再有趣，也很难调动幼儿谈话的积极性。要使谈话的语境和氛围宽松自由，教师应做到以下几点：

第一，允许童言无忌，谈话活动应允许幼儿根据个人感受发表见解，针对谈论话题说出自己想说的话，说出自己独特的经验。比如大班谈话活动"坐火车"中，有的幼儿会讲站台的标志，有的幼儿会讲候车的经历，有的幼儿会讲乘车的规矩，有的幼儿会讲乘务员的言行举止，只要话题不离开"坐火车"，幼儿就可以多角度地表达自己的看法。

第二，允许童言无规。谈话活动重在鼓励幼儿交谈，给幼儿提供说的机会，表达个人想法，并不要求他们一定使用准确无误的句式、完整连贯的语段。幼儿在用语言交流的过程中训练自己的语言能力，并产生相互影响，进而发展自己的语言能力。

（三）注重谈话的多方交流

谈话活动和讲述活动最大的区别就是讲述活动是独白言语，而谈话活动则更注重幼儿的对白言语。谈话活动注重多方交流是因为谈话活动只有在多方交流中才能保证语言的信息量，多方交流有助于开阔幼儿的思路，各自经验有别才能使谈话活动言之有物、生动有趣。

（四）教师在谈话活动中起间接引导作用

教师是谈话活动的设计者，但是在谈话活动中，教师的指导作用以间接引导的方式为宜。教师以参与者的身份参加谈话，会给幼儿平等的感觉，这也是创造宽松谈话气氛的主要方法。教师在谈话活动中的间接引导作用表现在以下方面：

第一，精准提问，拓展思路。教师在谈话活动中的提问是整场谈话活动的线索，在谈话活动中教师需要以提问的方式引出话题或转换话题，引导幼儿谈话的思路，把握谈话活动的方式。

第二，平行谈话，隐形示范。除了教师的提问之外，谈话活动中还有"不动声色"的隐形示范，即教师在谈话活动中以同伴的身份参与幼儿谈话，采用平行谈话的方式对幼儿进行隐形示范。

实训任务

请扫描二维码，观看小班谈话活动视频"好玩的玩具"，然后回答下列问题：

1. 有趣的中心话题是什么？
2. 谈话的语境和氛围是否宽松自由？
3. 谈话的多方交流形式有几种？
4. 教师在谈话活动中的间接引导作用如何体现？

☞ 视频：好玩的玩具

☞ 实训任务提示

四、谈话活动设计与实施的基本结构

谈话活动设计与实施的基本结构为：创设谈话情境，引出谈话话题—围绕话题运用已有经验自由谈话—围绕中心话题拓展谈话内容—围绕话题自然结束谈话。

（一）创设谈话情境，引出谈话话题

谈话情境的创设有实物创设和语言创设两种方式。教师在采用这两种方式时，要了解适用条件、使用方式及其注意事项。

1. 实物创设

实物创设是指教师利用活动区布置、墙饰、桌面玩具、实物摆设，甚至一张图片，向幼儿提供与谈话话题有关的可视形象，启发幼儿谈话的兴趣与思路。对于幼儿来说谈话难度大的话题，教师可以采用实物创设。例如，在大班开展谈话活动"我去旅游了"，可以让幼儿将自己去旅游时拍的照片以及在旅游景点买的纪念品和土特产带来，利用实物激发幼儿参与谈话。

谈话情境的创设是为引出话题服务的，应避免出现两种情况：一是避免与谈话内容无关的实物摆设，实物摆设要紧扣谈话的中心话题；二是避免虽与谈话内容相关但过于新颖的实物摆设，以免喧宾夺主。教师在创设谈话情境时，必须记住情境是谈话话题的"助手"，过于复杂的情境会分散幼儿的注意力。教师既要充分利用谈话情境引导幼儿，又要尽快导入话题引发幼儿谈话。

2. 语言创设

语言创设是指教师通过自己说一段话，提一些问题唤起幼儿的记忆，调动他们的已有经验，以便进入谈话。一般来说，对幼儿已经具备比较丰富经验的话题，或幼儿新近关注较多的话题，教师可以采用语言创设情境。在用语言创设谈话情境时，教师应尽量使用开放式提问，最大限度调动幼儿的经验。例如，在中班开展谈话活动"怎样过马路"，过马路对于中班幼儿来说不是陌生的事情，幼儿已经具备一定的经验，教师可以通过"马路上都有什么？为什么要走斑马线？过马路的时候要注意什么？"等开放式的提问，引发幼儿思考。

（二）围绕话题运用已有经验自由谈话

顺利地引出谈话话题之后，教师接下来要向幼儿提供围绕话题运用已有经验自由谈话的机会。这个环节的目的是调动幼儿对谈话话题的知识储备，运用已有经验和同伴交流个人的看法。这个环节的重点包括：一是幼儿自由谈话，二是教师在场。

1. 幼儿自由谈话

幼儿自由谈话，首先表现在谈话内容上，即幼儿围绕话题自由谈话，允许幼儿说出任何与话题有关的想法；教师不需要做示范，不给幼儿提示，不纠正幼儿说话用词造句的错误。其次表现在谈话对象上，即分小组谈话时，幼儿自己选择谈话的对象。最后表现在谈话方式上，即在谈话的过程中幼儿可以辅以动作。根据幼儿活动的特点，在谈话活动中适当增加一些动作，有利于调动幼儿的兴趣，增强他们谈话的积极性。自由交谈可以使每个幼儿都享受到谈话的乐趣。

2. 教师在场

教师在场主要体现在两个方面：一是参与谈话，二是观察谈话。参与谈话，当幼儿进入围绕话题的自由谈话时，教师不能"放任自流"，让幼儿随便谈话而自己去做与谈话无关的事情。当幼儿看到教师在场时，能够感觉到自己说话的价值，增强说话的积极性。观察谈话，教师可以采取轮番巡视的方式参与各小组的谈话，用微笑、点头、拍手等体态语言给幼儿鼓励，也可用皱眉、凝视、抚肩等体态语言暗示那些未能很好进入谈话的幼儿，还可以简单发表个人见解，对幼儿的谈话给予一定应答，对各组幼儿的谈话作出反馈。另外，观察谈话还可以了解幼儿运用原有的谈话经验进行谈话的状态，了解幼儿谈话的水平差异，为下一阶段围绕中心话题拓展谈话内容做准备。

（三）围绕中心话题拓展谈话内容

经过让幼儿围绕话题自由谈话之后，教师要集中引导幼儿逐步拓展谈话范围。在此阶段教师通过逐层深入的谈话，向幼儿展示并引导他们学习运用新的谈话经验。

拓展谈话内容应在幼儿原有谈话经验的基础上进行。教师通常采用提问的方法、平行谈话的方法，将新的谈话经验引入，让幼儿在谈话过程中不知不觉地沿着新的思路去说，潜移默化地应用新的谈话经验。如在中班谈话活动"我的好朋友"中，教师可以通过提问"你的好朋友叫什么名字？""他/她是男孩还是女孩？"打开幼儿谈话的思路；通过提问"他最厉害的本领是什么？"拓展谈话内容；通过平行谈话"我的好朋友叫×××，她是一个女孩。她个子很高，十分苗条。她运动能力特别强，会滑雪和攀岩"对幼儿进行隐性示范。

在这里需要特别指出，所谓新的谈话经验，是谈话活动目标在谈话活动中的具体化，是幼儿要学习的谈话思路和谈话方式的总和。教师在设计谈话活动时，要防止机械呆板地理解"谈话经验"。注意不要把一种句式或几个词语的学习与新的谈话经验学习等同起来，也不要有急于求成、立竿见影的想法，如果让幼儿机械反复地练习，即使幼儿掌握了谈话的词语或技能，也会失去谈话的兴趣。教师设计谈话活动时，都应当重视根据语言教育的要求和谈话活动的特点，寻找本次活动目标与新的语言经验点。

（四）围绕话题自然结束谈话

在谈话活动的最后，教师应该带领幼儿围绕话题自然地结束谈话。结束谈话不能草草了事，教师需要把整场谈话的线索穿起来，让幼儿知道整场谈话是怎么开始的、如何开展的、怎么深入的，他们在谈话活动中获得的经验是什么，回到家中可以延伸获得的经验是什么。

课后习题

1. 单项选择题

（1）对幼儿已经具备比较丰富经验的话题或幼儿新近关注较多的话题，创设谈话情境适宜使用（　　）

　　A. 语言创设　　　　　　　　　B. 实物创设

　　C. 环境创设　　　　　　　　　D. 游戏导入

（2）对于幼儿来说谈话难度大的话题，创设谈话情境适宜使用（　　）

　　A. 语言创设　　　　　　　　　B. 实物创设

　　　　　C. 环境创设　　　　　　　D. 游戏导入

2. 材料分析题

请问李老师设计的目标适合什么年龄阶段？她的谈话活动目标设计全部合理吗？如果不合理，怎样完善？

李老师为谈话活动"我的爸爸"制订的活动目标：

（1）学习围绕话题谈话，学会用简短的语句介绍自己的爸爸。

（2）养成安静地听同伴讲话，轮流谈话的习惯。

（3）增进对自己爸爸的了解，培养关心和热爱爸爸的情感。

3. 活动设计题

绳子是中班幼儿生活中经常接触到的事物，但幼儿对绳子的用途还处在模糊认知的状态。请根据谈话活动目标和谈话活动设计与实施的基本结构，为中班谈话活动"有用的绳子"设计活动目标和活动环节。

☞ 参考答案

第三节　讲述活动设计与实施

本节首先让大家了解讲述活动的概念，从概念出发熟悉讲述活动的目标，即小、中、大班幼儿在讲述活动中获取的有益经验是什么。在此基础上把握讲述活动的基本特征和类型，理解讲述活动设计与实施的基本结构，从而学会设计与实施讲述活动。

一、讲述活动的概念

讲述是幼儿早期口头语言的重要组成部分，幼儿是否具备叙事讲述和说明讲述的能力是幼儿口头语言能力的重要评估指标。幼儿园讲述活动旨在创设一个相对正式的语言运用场合，要求幼儿依据一定的凭借物，使用较规范的语言来表达个人对某事、某人、某物的认识。

二、讲述活动的目标

讲述活动的目标包括总目标和年龄阶段目标。在教育教学实践中，在《纲要》和《指南》中规定的语言领域的目标的基础上，讲述活动的目标因讲述活动本身的特点而有所拓展和深入。

（一）总目标

讲述活动的总目标是：（1）学会感知理解讲述对象；（2）具备独立构思与清楚完整地表述的情感和能力；（3）学会倾听别人的讲述，并从中获取有用的信息。

（二）年龄阶段目标

幼儿的讲述能力是随着年龄的增长以及语言、认知能力的发展而发展的，表现出一定的阶段性特征。教师必须在了解各年龄段幼儿已有讲述水平的基础上，根据幼儿的不同年龄特征与发展需求，明确幼儿讲述能力的发展目标。因此要在熟悉总目标的基础上掌握幼儿在不同年龄阶段需要达成的目标，讲述活动的年龄阶段目标如表3-2所示。

表3-2　讲述活动的年龄阶段目标

维度	3—4岁	4—5岁	5—6岁
感知理解讲述对象	能有兴趣地运用各种感官，按照要求去感知讲述内容；理解内容简单，特征鲜明的实物、图片和情境	养成先仔细观察，后讲述的习惯；逐步学会理解图片和情境中展示的事件顺序	通过观察，理解图片、情境中蕴含的主要人物关系和思想感情倾向
讲述情感	在教师提示下，愿意在集体面前讲述	在教师提示下，能借助表情和动作主动地在集体面前讲述	在集体面前态度自然大方地讲述
讲述能力	能正确地使用名词、动词进行讲述	学会按照一定的顺序使用连接词讲述实物、图片和情境，在讲述中注意运用形容词和不同的句式	能根据场合的需要，调节自己的音量和语速；能重点地讲述实物、图片和情境，突出讲述的中心内容和它们之间的时间关系、逻辑关系；讲述时语言表达流畅，用词用句较为准确、丰富和生动
讲述中的倾听	能安静地听教师或同伴讲述，并用眼睛注视讲述者	能积极倾听别人的讲述内容，发现异同，并从中学习好的讲述方法	能在集体中专注、长时间地听别人讲述，并能回忆倾听的内容

从年龄阶段目标分目标的关系看，3—4岁、4—5岁和5—6岁的讲述活动目标体现出层级递进的关系，且在不同的年龄阶段各自有所侧重。如5—6岁的讲述活动在3—4岁、4—5岁的基础上，更侧重对幼儿独立构思与清楚完整地表述的情感和能力的培养。

实训任务

下面是三个幼儿园讲述活动及其目标，请分别说出各自适宜的年龄阶段。

我带来的一把扇子

活动目标：

1. 初步了解讲述扇子的方法，知道讲述扇子的先后顺序。

2. 愿意借助动作和表情主动在集体面前进行讲述。

3. 注意倾听他人的讲述，并能初步发现每个人讲述的异同。

☞ 实训任务
提示

太阳、花和小姑娘

活动目标：

1. 感知太阳、花和小姑娘的拼图元素。

2. 学习运用"升起""开放""种"等动词进行讲述。

3. 愿意安静地倾听同伴的讲述。

我和家人去旅游

活动目标：

1. 通过回忆旅游经历，流畅、准确、生动地讲述自己的旅游经历。

2. 知道要按照旅游的时间线索进行有条理的讲述。

3. 愿意在集体中专注、长时间地听同伴讲述旅游经历。

三、讲述活动的基本特征

讲述活动有其自身独有的特征，具体包括：讲述活动拥有一定的凭借物，使用的语言是独白语言，具有相对正式的语言情境，需要调动幼儿的多种能力。

（一）讲述活动拥有一定的凭借物

这里所说的凭借物，指讲述活动中教师为幼儿准备的，或幼儿自己参与准备的图片、实物、情境等。教师通过提供讲述活动的凭借物，给幼儿划定讲述的中心内容，使他们的讲述语言具有明显的指向性。例如，教师提供图片，让幼儿讲述"快乐的星期天"，幼儿则按照图片展示的内容叙述星期天发生的事情，以及主人公如何做的。凭借物对幼儿的讲述起重要作用，具体如下：

1. 凭借物符合幼儿讲述学习的需要

成人讲述一件事，可以凭借当时出现在眼前的实物、情境，也可以凭借脑海中存留的记忆。幼儿经验与表象积累不足，在讲述活动中，不能完全凭借记忆进行讲述，或者因记忆中材料不够而无法达到讲述要求。因此，幼儿在讲述活动中需要一定的凭借物。

2. 凭借物符合集中讲述活动的需要

幼儿园讲述活动是一种集体参与的活动，因此，教师组织的讲述活动需要一种集体的指向，要求幼儿就相同的内容构思、表达个人的见解。讲述活动出现的凭借物，为幼儿指出了讲述的中心内容。幼儿可以从每个具体的认识角度去讲述相同或相似的内容，幼儿之间可以相互交流和相互影响。

（二）讲述活动的语言是独白语言

独白，顾名思义，需要说话的人独自构思和表达对某一内容的完整认识。与谈话活动不同的是，在谈话活动中，幼儿的语言交流是双向或多向的，交谈的对象是明确的，交谈的话语是简短并紧密连接的。而在讲述活动中，幼儿的语言交流对象是不明确的，往往由一个人讲给多人听，每个幼儿所说的一段话相对独立，各成篇章。讲述的独白语言特性，要求幼儿的口头语言具有这样一个过程：从独立完整编码到独立完整发码。

所谓独立完整编码，即幼儿按照所要表达的认识内容选择词语，组成话语。如讲述"快乐的星期天"，幼儿要依据图片来组织先说什么，后说什么。所谓独立完整发码，即通过发音器官，以口头语言的方式将自己构思的讲述内容说出来。独立完整编码在于把认知的信息变换成一连串有意义地联系在一起的语言符号，独立完整发码是将这些成串成段的符号准确无误地传递出去，这个过程对于幼儿来说是有一定难度的。

讲述是一种独白语言。讲述语言的要求比谈话语言的要求高，并且建立在一般交谈的语言基础之上。在幼儿园里，幼儿要在谈话活动中和日常交谈中发展自己运用语言与人交往的能力，也要逐步具备一定水平的讲述能力。讲述活动是培养幼儿独白语言的主要途径。

（三）讲述活动具有相对正式的语言情境

与其他各类语言教育活动相比，讲述活动为幼儿提供的是一种正式的语言运用场合。幼儿需要经过比较严密的组织、使用比较正规的语言来表达对某人或某事物的认识。

有关语言情境（即语境）的问题，当代语言应用学已有较多的研究。语言理论家们认为，从交际场合的角度来看，言语交际的实质是利用语言传递信息，交流思想感情。当语言被用来表达某种特定的意义时，离不开具体的语言情境。反过来说，不同的语言情境也要求人们使用不同的语言。

归纳来说，讲述活动是幼儿学习运用较正式的语言进行说话的一种活动。所谓正式的语言，即幼儿说话不能有很大的随意性，应该经过认真地构思，有头有尾地说出一段完整的话；在用词造句方面，要尽量注意正确性、准确性，合乎规则。总之，讲述活动必须根据语言情境要求、针对具体的言语凭借物，组织口语表达的内容和方式，采用正式的语言风格说话，这是讲述活动的一个重要特点。

（四）讲述活动需要调动幼儿的多种能力

不同讲述内容有不同的思维方式，也有不同的逻辑顺序，这对幼儿的观察力、记忆力、想象力和思维能力的要求都很高。只有多种能力综合，才能保证讲述顺利有效地进行。例如，在幼儿讲述"我带来的一把扇子"的时候，幼儿可以观察扇子，这把扇子是什么形状、什么颜色的，它由哪些部分组成，这个扇子是用什么做的；也可以回忆一下，这把扇子是哪里来的，我什么时候用它，我是怎么使用的；还可以想象将来的扇子会是什么样子的。在此基础上，幼儿要对自己讲述的内容进行逻辑安排，流畅地进行讲述，这体现了幼儿思维的逻辑性。

四、讲述活动的基本类型

（一）从讲述内容分类

一是叙事性讲述。特点是清楚明白，要求说清楚人物、时间、地点、事件和事件发生的原因；说明事情发生发展的先后顺序；可以是第一人称讲述，也可以是第三人称讲述。

二是描述性讲述。特点是生动形象，要求用生动形象的语言，把人物（状态、动作）或物体、景物的性质、特征具体描述出来。

三是说明性讲述。特点是要求用简单明了的语言，把事物的形状、特征、用途或操作过程等解说清楚。

四是议论性讲述。特点是有理有据，通过列观点、摆事实来说明自己赞成什么或者反对什么。

（二）从凭借物的特点分类

一是看图讲述。看图讲述是幼儿通过观察图片，将一张或几张图片的主要内容准确、完整地表达出来。看图讲述可以分为单张或多张图片讲述、排图讲述、拼图讲述和绘图讲述。单张图片讲述是最简单的一种形式。这种图片人物较少，强调人物的动作，背景简单，人物形象突出，一般在小班开展，以回答方式进行。幼儿在讲述时主要说出图片上有什么？在什么地方？在干什么？等，培养小班幼儿说完整句的能力。多张图片讲述主要在中、大班进行。幼儿按顺序将多张图片的内容、图片与图片之间的联系用完整、连贯的语句表达出来。它不仅要求幼儿讲述图片上所描绘的对象及特征，还要将图片的细节、非显著特征描述出来。排图讲述要求幼儿将无序的图片按照自己的想法排出顺序，先讲清理由，再讲述图片的主要内容。排图讲述要求幼儿具备一定的抽象思维能力，因此一般在中、大班进行。排图讲述的图片数量为2~6张。拼图讲述是教师为幼儿准备尽可能多的贴片、磁铁图片或立体图片，如人物、动物、花草树木、天气状况及不同的地点等，以及一张大的背景图，幼儿根据自己的意愿与想象将这些图片摆放在背景图上，构成一个完整的、有情节的故事并将它清楚地表达出来。拼图讲述与看图讲述既有联系又有区别。二者都是幼儿通过观察和讲述图片，但拼图讲述是看图讲述的拓展，看图讲述是纯粹的教师备图，而拼图讲述是幼儿自己构图，从而实现了在讲述活动中动手、动口、动脑的目的。拼图讲述在三个年龄班都可以开展。绘图讲述是将绘画、泥工、折纸等手工活动与讲述结合起来，与拼图讲述不同的是，绘图讲述是幼儿自己制作讲述材料，然后将这些材料组合成一个有情节的内容并讲述出来。绘图讲述三个年龄班都可开展。

二是实物讲述。实物讲述往往伴随着观察进行。在观察中或观察后，教师要求幼儿将实物的形状、基本特征、用途、使用方法等多方面的内容清楚地讲述出来。讲述的对象多种多样，但要注意与科学教育活动区分开，实物讲述更侧重描述、倾听等语言方面的目标。实物讲述在小、中、大班都可以开展。

三是情境讲述。情境讲述是在某种情境表演后（如童话剧、木偶、玩具表演），在教师的帮助下，幼儿将表演中的情节、对话和内容连贯地表达出来的讲述活动。为了使幼儿很好地进行讲述，教师应让幼儿集中注意力观察并记忆，并且在表演完后马上把内容讲述出来。情境讲述一般在小班下学期或中班上学期开展。

实训任务

☞ 实训任务提示

请说出以下三个讲述活动，按照凭借物特点分类属于哪种类型的讲述。

我带来的一把扇子

活动目标：

1. 初步了解讲述扇子的方法，知道讲述扇子的先后顺序。

2. 愿意借助动作和表情主动地在集体面前进行讲述。

3. 注意倾听他人的讲述，并能初步发现每个人讲述的异同。

物质准备：每个幼儿从家中带一把扇子。

太阳、花和小姑娘

活动目标：

1. 感知太阳、花和小姑娘的拼图元素。

2. 学习运用"升起""开放""种"等动词进行讲述。

3. 愿意安静地倾听同伴的讲述。

物质准备：太阳、花、小鸟、蝴蝶、小姑娘、气球、苹果和香蕉等贴绒图片，纸。

我和家人去旅游

活动目标：

1. 通过回忆旅游经历，流畅、准确、生动地讲述自己的旅游经历。

2. 知道要按照旅游的时间线索进行有条理的讲述。

3. 愿意在集体中专注、长时间地听同伴讲述的旅游经历。

物质准备：中国地图一张，汉字卡片若干，北京、西湖、庐山等地的风景名胜图，每个幼儿与家人出外旅游照片若干，实物投影机。

五、讲述活动设计与实施的基本结构

讲述活动设计与实施的基本结构为：感知理解讲述对象—运用已有经验自由讲述—引进并学习新的讲述经验—巩固和迁移新的讲述经验。

（一）感知理解讲述对象

感知理解讲述对象主要通过观察的途径进行。看图讲述、实物讲述、情境讲述都是先让幼儿仔细看图、看实物、看表演理解讲述对象。但幼儿对讲述对象的感知理解，并不排斥依靠其他感觉通道。如触摸实物讲述"神奇的口袋"，要求幼儿闭上眼睛，从口袋里摸出一种物体，然后通过触摸感觉物体的特征，猜出物体名称并讲述该物体。再如，听录音讲述"夏天的池塘"，教师先让幼儿听一段录音，请幼儿分辨出录音中的各种声音，如知了、青蛙的叫声。通过听录音将各种声音联系起来，讲述夏天池塘的环境以及发生的事情。教师帮助幼儿感知理解讲述对象的方法有以下三种：

1. 依据讲述内容的特点感知理解讲述对象

如叙事性讲述应重点感知理解事件发生的过程顺序以及人物在其中的作用。说明性讲述应重点感知理解物体的形状、颜色、特征。

2. 依据凭借物的特点感知理解讲述对象

讲述活动中的凭借物是多种多样的，有的是几幅相互有关联的图片，有的是立体的实物，有的是活动的连续动作的情境，还有的是由听觉信息组成的情境等，教师在指导幼儿感知理解讲述对象的时候，应抓住这几类凭借物的特点去组织观察活动过程。

3. 依据具体的活动目标感知理解讲述对象

每一次讲述活动的目标是不一样的，有的要求幼儿学习有中心、有重点地讲，有的要求幼儿按顺序讲。教师的任务是根据活动的具体要求，指导幼儿感知理解讲述对象，以便为讲述打好认识的基础。

（二）运用已有经验自由讲述

在幼儿感知理解讲述对象之后，教师引导幼儿运用已有的经验进行讲述。教师应尽量让幼儿自由地讲述，给他们充分的机会运用已有的讲述经验。组织幼儿运用已有经验讲述的方式很多，基本可以归纳为以下三种。

1. 幼儿集体讲述

这种方式虽然保持集体活动的状态，但是每位幼儿都有围绕讲述对象自由发表个人见解的机会。例如，中班讲述活动"我带来的一把扇子"，教师可让幼儿根据个人经验向同伴介绍自己带来的扇子，教师不作具体规定。

2. 幼儿分小组讲述

一般情况下每组 4 个幼儿，幼儿轮流进行讲述，这种形式具有一定的直接交流的性质。

3. 幼儿个别交流讲述

个别交流讲述一般采用幼儿一对一的讲述方式。教师可让幼儿就近与邻座同伴结成对子，两人轮流讲述；也可让幼儿对着假想角色讲述，例如讲述"我心爱的一件玩具"，幼儿对着自己的玩具讲述玩具的可爱之处。这样的讲述方式对幼儿具有相当的吸引力。

教师在指导幼儿运用已有经验进行讲述时，需要注意两点：一是让幼儿自由讲述前，交代清楚讲述的要求，提醒幼儿要围绕讲述对象进行讲述。二是在幼儿自由讲述的过程中，发现幼儿讲述中的"闪光点"，以及存在的问题。教师不要过多指导幼儿的讲述，以免干扰幼儿运用已有经验进行讲述。

（三）引进并学习新的讲述经验

经上一阶段"开放性"自由讲述之后，教师应为幼儿引进新的讲述经验。新的讲述经验，是每次讲述活动的学习重点。在制订讲述活动目标时，教师应考虑上次讲述活动的重点、达到目的的情况，以便在此基础上向幼儿提供新的讲述经验。新的讲述经验主要指讲述的思路和方式，如叙事性讲述应讲述清楚人物的动作、对话和内心感受，事件发生的地点，事件的开始、经过和结束，以及事件带来的结果，重点部分要多讲，次要部分要略讲。讲述图片的方式可以是从上到下—从左到右—从大到小—从近到远—从表面到本质。引进新的讲述经验的方式是多种多样的，归纳起来有以下几种。

1. 教师示范新的讲述经验

教师在幼儿自己讲述的基础上，提出一种新的讲述思路，就同一讲述对象进行讲述。例如，拼图讲述"太阳、花和小姑娘"，在幼儿自己拼图讲述之后，教师重新拼摆图片，构成一个合理的画面，并添画小鸟、小鸡等小动物，然后按照这一完整画面，将小姑娘、小鸟、小鸡、太阳、花编成故事情节并讲述出来。教师的这种示范只是讲述思路的一种，并不是幼儿复述的模本。如果教师误解了示范的作用，要求幼儿照教师讲述的内容一字不漏地模仿，就会影响讲述的积极性和创造性，使幼儿对讲述活动失去兴趣。

2. 教师通过提示引进新的讲述经验

在有些活动中，教师可以用提问、插话的方法引导幼儿的讲述思路，为他们引入新的讲述经验。在运用这类方法时，教师表面上顺着幼儿的讲述内容，实际上却通过提问、插话不断改变幼儿的讲述思路。

3. 教师与幼儿一起讨论新的讲述思路

教师可从分析某一位幼儿的讲述内容入手，与幼儿一起归纳新的讲述思路。例如，讲述"我心爱的玩具"，教师说：刚才 ×× 小朋友讲得真好。他先讲述了自己心爱的玩具是用什么材料做的。接下来又说了什么? 说了玩具的特点——好玩的地方，最后说自己多么喜欢这个玩具。"教师讲这段话时，边问边答，并和幼儿一起分析讨论，帮助幼儿厘清讲述的顺序，于是自然地引入了新的讲述经验。

（四）巩固和迁移新的讲述经验

在讲述活动中，仅仅引进新的讲述经验是不够的，教师还需要给幼儿提供实际操练的机会，以便幼儿更好地获得新的讲述经验。巩固和迁移新的讲述经验，有以下一些具体做法：

一是由 A 及 B。当幼儿学习了一种新的讲述经验后，教师立即提供同类内容，让幼儿用讲述 A 的思路去讲述 B。例如，幼儿学习一件玩具的讲述顺序后，教师可以让幼儿用同样的思路讲述另一件玩具。

二是由 A 及 A。在教师示范新的讲述经验并帮助幼儿厘清思路后，让幼儿尝试用新的讲述方式来讲同一件事、同一情境。例如，大班幼儿学习"秋天的菊花"讲述思路后，教师让幼儿向小班幼儿介绍秋天的菊花。值得注意的是，在这种情况下，教师应要求幼儿创造性地运用新的讲述经验，尽可能地避免绝对模仿和复述别人的话。

三是由 A 及 A1。教师可以在原讲述内容的基础上，提供一个拓展延伸原内容的讲述机会。例如，拼图讲述"太阳、花和小姑娘"，教师在示范新的拼图添画和讲述经验之后，进一步要求幼儿自己拼图添画，然后讲述。

总之，在上述四个步骤的讲述活动设计与实施中，有一个内在的完整的组织程序。可以说，每一次幼儿学习新的讲述经验，都会在每次活动中获得操练、实践，经历巩固、迁移，并且在下一次讲述活动中再次尝试运用。通过这种"滚雪球"式的积累过程，幼儿的讲述能力不断得到发展。

课后习题

1. 单项选择题

（1）不建议小班幼儿进行的讲述活动是（　　　）

  A. 单张图片讲述　　　　　　B. 拼图讲述

  C. 排图讲述　　　　　　　　D. 绘图讲述

（2）讲述的特点是要求用简单明了的语言，把事物的形状、特征、用途或操作过程等解说清楚，这是（　　　）

  A. 描述性讲述　　　　　　　B. 议论性讲述

  C. 叙事性讲述　　　　　　　D. 说明性讲述

2. 材料分析题

你认为赵老师准备的图片合适吗？为什么？

赵老师准备在小班开展看图讲述活动，她想让幼儿讲述建筑，图 3-1 是她为幼儿准备的单张讲述图片。

图 3-1

3. 活动设计题

"食物的消化之旅"是大班主题活动"身体里的洞"在语言领域的子活动。在此活动之前大班幼儿已经知道了身体的各个消化器官及其功能。在此背景下，请你为大班说明性讲述"食物的消化之旅"，设计活动目标并写出设计与实施基本结构的四个环节。

☞ 参考答案

第四节　文学活动设计与实施

文学语言是早期语言学习的一种特别的经验储备。儿童诗歌、儿童故事和儿童散文对幼儿的语言发展具有非常重要的意义。幼儿文学语言的学习来源于幼儿文学作品，幼儿文学作品是指与幼儿心理发展水平及接受能力、阅读能力相适应的各类文学作品的总称，主要包括儿童诗歌（儿歌、儿童诗、谜语诗、绕口令）、儿童寓言、儿童故事（童话故事和生活故事）、儿童散文、儿童小说、儿童科学文艺、儿童图画文学、儿童影视（动漫）文学、儿童戏剧文学等多种体裁。

一、文学活动的概念

幼儿园文学活动是以幼儿文学作品为基本教育内容的语言教育活动。活动从一个个具体的文学作品入手，帮助幼儿理解文学作品所展示的丰富而有趣的生活，体会语言艺术的美，为幼儿提供全面的语言学习机会。

在幼儿园文学活动中比较常见的文学作品体裁是儿童诗歌、儿童故事和儿童散文。儿童诗歌在语言形式上分行分节，有明显的韵律，并采用一定的语言表现手法来抒发感情，是便于幼儿吟唱的诗歌体的文学作品。儿童故事中的童话故事是一种带有幻想色彩的虚构故事，通过夸张、象征和拟人等语言表现方式塑造形象、表现生活，借幻想创造出并不存在于现实生活却又与生活密切联系的生活场景；生活故事取材于社会现实生活，以叙述事件为主反映幼儿熟悉或需要了解的生活内容，向幼儿讲述经过提炼概括或虚构的"真人真事"。儿童散文是采用凝练、生动、优美的文学语言写成的叙事、记人、状物或写景的文学作品。

☞ 拓展知识：
幼儿文学作品
选材的要求

二、文学活动的目标

文学活动的目标包括总目标和年龄阶段目标。在教育教学实践中，在《纲要》和《指南》中规定的语言领域的目标的基础上，文学活动的目标因文学活动本身的特点而有所拓展和深入。

（一）总目标

文学作品学习的基本要素是文学语汇、文学形式和文学想象。文学语汇是指文学作品中所运用的全部语词的总和，包括词汇、语言句式以及修辞方式。语汇是幼儿语言的内容，也是幼儿语言的材料。借助语汇，幼儿可以了解文学作品的内容、形式和主题，同时语汇还是幼儿运用文学语言表达内心世界的重要材料；文学形式指作品内容赖以显现的文学的体裁、结构和表现手段等；文学想象是幼儿学习依据语言进行文学想象的经验。文学活动在这三个方面的总目标如下：

（1）理解文学作品的语汇，能把文学作品中的词汇、语言句式及修辞方式迁移运用到现实生活中。

（2）在经常接触学习文学作品的过程中，感知并获得儿童诗歌、儿童散文、儿童故事等文学作品的形式，理解儿童诗歌、儿童散文和儿童故事的结构基本特征；感受儿童诗歌的不同节奏韵律；了解儿童散文的语言形式；理解儿童故事的情节发展过程；尝试用语言按照儿童诗歌、儿童散文和儿童故事结构进行仿编。

（3）在阅读文学作品时，自然地跟随作者的描写、抒情、叙述，形成相应的画面印象，具备良好的通过语言理解并进行文学想象的能力。其中，再造文学作品的想象要求幼儿调动个人生活经验，对文学作品中的词语含义、人物特征、人物关系、故事背景、故事情节、蕴含情感和主题意境等进行想象，从而准确地理解作者想表达的内容；创造文学作品的想象要求幼儿在理解文学作品内容、结构和主题的基础上，尝试用自己的经验想象，创造出一个新的结构片段、情节或结尾。

（二）年龄阶段目标

文学活动的年龄阶段目标在文学语汇、文学形式和文学想象的基础上有所递进和侧重，如表 3-3 所示。

表 3-3 文学活动的年龄阶段目标

维度	3—4 岁	4—5 岁	5—6 岁
文学语汇：词汇	1. 喜欢听成人诵读文学作品，感知不同词语构造出的语音效果 2. 在倾听文学作品时，能凭借在生活中积累的词汇理解作品中对应的词汇 3. 逐渐学习使用文学作品中表示人或物的名词、动词或象声词等词汇	1. 愿意大声朗读有汉语押韵规则的儿歌和儿童诗 2. 能根据作品的上下文来猜测不懂的新词 3. 尝试使用作品中的修饰性词汇进行表达	1. 初步理解表现人物特征、情节发展或主题的关键性词语的含义 2. 愿意尝试运用获得的各类文学词汇进行仿编，体会创造新的语言音韵效果的快乐
文学语汇：句式	1. 通过聆听的方式，形成对词序排列的初步印象 2. 乐意模仿和学说文学作品中有趣的语句	1. 能够逐步感知零星的词语组合成简单句子的方式 2. 感知不同的作品中词序排列组合可以构成不同的句型 3. 在对文学作品语句形式感知的基础上，能运用基本正确的语句形式进行表达	1. 逐渐能够感知不同体裁作品由于词序变化而产生的语境效果 2. 尝试运用文学作品中简单的语句形式进行仿编和创意表达
文学语汇：修辞	乐意倾听或自己吟诵运用修辞手法的文学作品	借助已有经验去理解文学作品中修辞手法的语句，并尝试仿编个别语句	能逐渐从仿编具有修辞手法的语句过渡到仿编出段落
文学形式：诗歌	能感知诗歌朗朗上口的特征，跟读韵律感强的诗歌	知道诗歌语言具有明显的节奏性特点，在诵读儿歌或童谣时表现出这种节奏感	1. 对不同形式（如数字歌、连锁调、谜语和绕口令等）诗歌类型有所感知

续表

维度	3—4 岁	4—5 岁	5—6 岁
文学形式：诗歌			2. 能借助动作或口头语言表现诗歌的节奏和韵律 3. 尝试运用文学语言,根据诗歌重复句式进行仿编
文学形式：故事	知道故事中的主要人物,理解故事的起始与结尾	1. 初步理解故事中人物的对话和动作,能模仿故事中的人物对话和动作 2. 能逐渐理解故事起始—发展—高潮—结尾的整个发展脉络	1. 运用故事中书面语言的形式来讲述故事,能在讲述过程中运用书面语言句式来体现人物特征 2. 能粗略地说出故事先后发展的过程 3. 能根据故事的部分情节预测故事情节的发展或续编、创编故事 4. 能初步感知童话故事幻想拟人的表现特点,在讲童话故事或者自己编构故事的时候增加一些幻想的色彩
文学形式：散文	在成人的引导下,逐渐地去了解散文中所描绘的人、物或景	知道散文中所描绘的各个画面的内容与意境	理解不同情境画面之间的联系与线索结构,按照散文的某一线索结构(事物形象、时间、空间或人物等),尝试仿编散文中的语句或段落
文学想象：再造想象	在听故事的过程中,能在教师的要求下回忆并表现出人物的动作或表情,能回忆出主人公的名字、故事或事件发生的地点	1. 能初步概括出文学作品中主要人物的性格特征、心理状态 2. 能较完整地叙述出文学作品的主要情节,并回答他人有关原因和结果方面的问题,理解文学作品的前因后果 3. 形成对所学习和欣赏的文学作品在主题上的初步理解,说出自己对作品的初步感受	1. 能清楚、完整地说出文学作品中的要素(如时间、地点、人物等),能准确描述文学作品中主要人物的性格特征,能够完整、有序地叙述文学作品的情节 2. 会表达自己对文学作品的喜爱与否及原因,能初步感知作者在文学作品中传递的基本态度,能较为准确地描述作者在文学作品中展现的态度、情绪,并结合自己的生活经验,谈论自己的态度和做法

续表

维度	3—4 岁	4—5 岁	5—6 岁
文学想象： 创造想象	理解文学作品的基本结构，如故事中片段情节的结构，儿歌或散文诗的句子结构，在教师的提问启发下，能发挥自己的想象，回忆自己原有的生活经验，替换文学作品中情节和句子的单个要素，如替换人物、动作，从而初步仿编出一个符合原有文学作品结构要求的情节或句子	1. 能替换文学作品中的多个要素，仿编出一个在结构上符合文学作品要求的片段或句子。在此基础上，会根据自己的想象，尝试编构一个文学作品片段，如续编一个情节，编构的情节符合原有文学作品的基本逻辑，想象合理 　　2. 在教师的引导下，能将自己编构的情节用语言、动作等方式借助表演、绘画较为完整地表述出来	1. 能编构具有完整情节，在结构、内容和主题上合理、有逻辑的文学作品片段(情节或句子) 　　2. 表述自己编构片段的过程中，会更多地使用文学性和书面化的语言，如形容词、成语，采用因果复句、排比复句等

　　文学活动的年龄阶段目标体现出逐层深入、阶段递进的特点，每个目标基本都体现出感知—理解—运用—仿编这样的进阶。如在"文学语汇：词汇"的目标中，小班幼儿主要是在倾听中感知词汇，把生活中积累的词汇迁移到对文学作品词汇的理解中，或者单纯学习理解文学作品中的词汇。到了中班，幼儿能根据上下文来猜测理解词汇的意思，并且要把作品中的词汇运用到日常生活中。到了大班，幼儿则要能理解文学作品的关键性词汇，并运用学习的词汇进行仿编。

三、文学活动的基本特征

　　文学活动的基本特征包括围绕幼儿文学作品展开一系列活动，整合相关领域的学习内容，提供多种与文学作品相互作用的途径。

（一）围绕幼儿文学作品展开一系列活动

　　幼儿文学作品具有教育性、文学性、浅显性和趣味性，通过一系列活动可以帮助幼儿加深对文学作品的理解。幼儿园文学活动侧重对幼儿审美能力、文学理解能力、想象力方面的培养，是一种包含理解美、欣赏美、表现美以及幼儿表达自己对文学作品的理解和想象的多层次的系列活动。因此文学作品的学习并非通过一次活动完成，而是通过一系列的活动。

（二）整合相关领域的学习内容

　　文学活动从文学作品出发，整合其他领域相关内容，并渗透于生活、游戏及其他教育活动中。强调语言知识、语言技能和语言运用的整体性，更有助于幼儿对文学作品的感知和理解。

（三）提供多种与文学作品相互作用的途径

幼儿的语言发展是通过个体与外界环境中各种语言和非语言信息交互作用逐步获得的。因而，幼儿园文学活动应当着重引导幼儿积极地学习文学作品，通过动手、动嘴、动耳、动脑等多种途径获得对文学作品的理解、认识和感受，促使幼儿更有兴趣、更积极主动地投入文学作品的学习过程中，更好地帮助幼儿掌握学习内容。如学习儿歌《小池塘》：小池塘，藏月亮，鱼儿睡在蓝天上。小青蛙，抬头望，乐得哇哇把歌唱。风儿吹，水儿荡，摇得月亮轻轻晃。教师可以通过让幼儿观察水中倒影（如带领幼儿看池塘中的倒影，或者让幼儿看水盆中物体的倒影）、绘画（如用印画的方式画出水中的倒影）等途径让幼儿理解、认识和感受文学作品。

四、文学活动设计与实施的基本结构

文学活动设计与实施的基本结构为初步学习文学作品（教授作品，初步理解）—理解体验作品（切身体会作品蕴含的情感、精神世界）—迁移作品经验（整合纳入自己的经验范畴）—创造想象和语言表述（创造性地表达自己的见解）。

（一）初步学习文学作品

初步学习文学作品应注意将重点放在幼儿理解文学作品方面。幼儿能否很好地理解文学作品，决定了他们是否能排除学习上的障碍，也决定了他们能否更好地进入后面的学习活动。在初步学习文学作品阶段，教师应注意：避免在幼儿第一次学习文学作品时过多地重复讲述文学作品，如故事类作品应以讲两遍为宜，以免幼儿失去对文学作品的学习兴趣。避免让幼儿机械记忆文学作品，减轻幼儿的记忆负担。教师应用提问的方式组织幼儿讨论，尤其是注意用联系幼儿个人经验的问题或假设性问题引导幼儿深入思考，帮助他们理解作品的情节、人物形象和主题倾向。但在初次学习时，不建议提太多的问题，那样会使作品的内容变得支离破碎，既破坏了作品的意境，也影响了幼儿学习的持续性和思维的流畅性。

（二）理解体验文学作品

为了帮助幼儿理解体验文学作品，教师应针对不同文学作品的特点设计相关活动。例如，采用观察走访的方式，让幼儿了解与文学作品内容相关的自然或生活情境；选取绘画、表演的方式，引导幼儿表现文学作品的内容；组织专门讨论，帮助幼儿理解文学作品的内容。如学习故事《野猫的城市》可以采用表演游戏的方式；学习散文诗《花园里有什么》，适当地运用抒情的背景音乐。

（三）迁移文学作品经验

文学作品向幼儿展示的是建立在幼儿生活经验基础上的间接经验，这种间接经验既使幼儿感到熟悉，又让他们觉得新奇有趣。但是，仅仅让幼儿的学习停留在理解这些间接经验上是不够的，还不能充分地将这些间接经验与幼儿的直接经验联系起来。因此，教师需要进一步组织与文学作品重点内容有关的活动，帮助幼儿将文学作品内容纳入自己的经验范畴，使他们的直接经验与文学作品的间接经验实现双向迁移。迁移文学作品经验的活动往往是围绕文学作品重点内容开展的可操作的或具有游戏性质的活动。如诗歌《梳子》（妈妈用梳子，梳着我的头发；我也用梳子，梳着妈妈的头发。风是树的梳子，梳着树的头发；船是海的梳子，梳着海的头发。），教师在指导幼儿用诗歌的眼睛观察理解周围环境后，用绘画的方式迁移文学作品经验，让幼儿画一画周围环境中"有什么是什么的梳子"。幼儿可以想到风和草地、风和烟、冲浪板和海、小鱼和大海、扫帚和地板、小朋友和滑梯、汽车和马路、火车和轨道等。幼儿在这样的活动中不仅进一步加深了对文学作品的理解，而且还为下一步扩展想象和语言表述打下了基础。

（四）创造想象和语言表述

创造想象和语言表述仍然立足于原有已学的文学作品内容进行。在这一层次活动中，教师可以让幼儿编童话故事，也可以让幼儿仿编诗歌散文，还可以让幼儿围绕所学文学作品内容想象讲述。

课后习题

1. 单项选择题

（1）童话《小猴卖"O"》属于下列哪类文学作品（　　）

　　　　A. 儿童散文　　B. 儿童诗歌　　C. 儿童戏剧　　D. 儿童故事

（2）"下雨了，下雨了。快快撑开美丽的伞。红红的花朵是蜜蜂的伞，黄黄的树叶是蚂蚁的伞，绿绿的荷叶是青蛙的伞，白色的蘑菇是小白兔的伞。下雨了，下雨了，大家都有一把伞。"孟老师正在给幼儿讲伞的诗歌，她要求幼儿把加点的词汇替换，进行仿编，请问孟老师上课的年龄班应该是（　　）

　　　　A. 小班　　　　B. 中班　　　　C. 大班　　　　D. 托班

2. 材料分析题

你觉得邓老师的提问合适吗？为什么？

文学活动"巨人的花园"，在理解体验文学作品时，邓老师为了让幼儿更好地理解文学作品，提了三个问题："巨人刚开始的时候是不是用石头做了一道墙啊？赶走了孩子之后，巨人的花园被什么覆盖了？最后，巨人是不是又感到了无比的幸福？"

3. 活动设计题

请你为大班文学活动"花园里有什么"设计活动目标，并写出设计和实施的四个环节的简要内容。

散文诗《花园里有什么》

猜一猜！花园里，看得到的是什么？看不到的是什么？不用猜，我知道。

花园里，看得到的是丁香花、醉酱草、金盏菊，以及小小的椰子树，还有……还有……哎呀！太多了，我说不完啦！

花园里看不到的是，翻开土地来看看！里头有什么东西？

哇！这是树的根，这是草的根，这是还在睡觉的小蝉，这是蚯蚓挖的隧道，这是蚂蚁的家，这是蚂蚁的蛋，还有……还有多得说不完的东西……这些东西都在泥土里，用眼睛是看不到的。

有一些东西，有时看得到，有时看不到。你知道那是什么吗？

像藏在树叶下面的毛毛虫，藏在草丛里的蚱蜢，以及停在花朵上的小蝴蝶。只要它们不动，你就很难看到。

因为树叶是毛毛虫的隐身衣，因为草是蚱蜢的隐身衣，因为花是蝴蝶的隐身衣，穿上隐身衣，它们就看不见了。

嘘，小声点，不要吵醒了花园里看得到的、看不到的、有时看得到有时看不到的小可爱。

☞ 参考答案

第五节　早期阅读活动设计与实施

"阅读要从娃娃抓起"已经是国际社会的基本共识。例如，英国的"阅读起跑线"计划是世界上第一个专为学前儿童提供阅读指导服务的全球性计划。日本将 2000 年定为"儿童读书年"，2001 年颁布《少年儿童读书活动推进法》。我国的《纲要》把早期阅读纳入了语言领域的目标体系。

一、早期阅读活动的概念

早期阅读活动是幼儿在充分获得口头语言发展的基础上，学习有关书面语言的信息、获得书面语言意识行为和初步能力的教育活动。早期阅读活动主要包括前阅读、前识字、前书写三方面的内容。幼儿园早期阅读活动的价值：第一，教师与幼儿之间的相互作用，可以帮助幼儿获得最佳的早期阅读效果；第二，集体环境中的早期阅读，能使幼儿与同伴一起分享阅读的快乐，提高参与阅读的积极性；第三，教师通过观察，能够发现某些幼儿阅读的特别需要，提供恰当的帮助。

二、前阅读活动的目标与活动设计

幼儿园前阅读活动主要是指以图画书为主要载体的阅读活动。

（一）前阅读活动的目标

幼儿的前阅读经验主要包括幼儿良好阅读习惯与阅读行为的养成、阅读内容的理解与阅读策略的形成、阅读内容的表达与评判。在此基础上，前阅读活动的目标如下：

1. 总目标

幼儿良好阅读习惯与阅读行为养成的总目标为：

（1）养成良好的阅读习惯。幼儿愿意亲近图画书，愿意与成人一起阅读图画书，在空余时间（如餐前、睡前）会积极、主动地选择阅读图画书，养成每天阅读的习惯。

（2）形成正确的阅读行为。不撕书、不乱扔书，会整理图画书；掌握图画书的翻阅规则。能跟随成人的阅读指认图画中的物体，认真观察图画书的画面和文字信息，逐渐能专注地、保持较长时间的阅读。

（3）获得图画书的基本概念。知道图画书的标题，能指出图画书故事开始和结束的页面，熟悉图画书的结构，了解环衬和扉页在图画书中的作用。

阅读内容的理解与阅读策略的形成的总目标为：

（1）理解阅读内容。主要指对主角形象的感知，对主角行动和主角状态的理解，对图画书内容前后关系和意义的理解。

（2）学会阅读策略。幼儿在阅读过程中要发展的阅读策略包括：猜测（发生过什么事情、事情的起因）、预期（会发生什么事情，主人公会经历什么事件，表达出怎样的情绪）、假设（对已经发生的事情的一种假定或者想象另外一种可能不同的结局）、比较（对人物前后不同的情绪状态的比较）和验证（对前面的内容进行了假设或者预期，看后面的结果是不是符合假设或预期）等。

阅读内容的表达与评判的总目标为：

（1）能叙述阅读内容。幼儿能完整、准确地将图画书中事件发生的时间、地点、经过和结果等叙述出来。在叙述的过程中能准确表达图画书中人物的情绪、动作和语态，能使用准确的词语，甚至能够使用和图画书中一致的词语和句子叙述图画书的故事。

（2）在生活中回忆和迁移图画书内容。幼儿在生活和阅读的过程中，能回忆和迁移与图画书中相同或相似的情节。

（3）对图画书的人物特征、故事主旨形成自己的理解和判断。在阅读之后，会表达自己是否喜欢这本书，对故事当中的人物进行总结和评判。

2. 年龄阶段目标

前阅读活动的年龄阶段目标（见表3-4），因为幼儿阅读经验的差异，该表仅供学习者参考。具体活动目标的制订还要根据本班幼儿的实际情况。

表3-4　前阅读活动的年龄阶段目标

维度	3—4 岁	4—5 岁	5—6 岁
良好阅读习惯与阅读行为的养成	1. 知道如何拿书，掌握基本的图书阅读规则 2. 愿意与成人一起阅读图画书 3. 在空余时间会积极主动地翻阅图画书 4. 不撕书、不乱扔书	1. 知道图画书的标题，能够根据封面和标题找到图画书 2. 能指出图画书开始和结束的地方 3. 熟练地按照图画书的阅读规则阅读图画书 4. 当成人提到某一画面时能够通过翻页的方式迅速找到对应的画面 5. 在空余的时间能够经常阅读自己喜欢的图画书或主动要求与成人共读图画书 6. 在教师的提示下，能根据图画书的封面或标志，初步学习整理图画书	1. 非常熟悉图画书的结构（封面、环衬） 2. 能熟练地跟随成人的朗读翻阅图画书，认真观察图画书中的画面和文字信息 3. 喜欢阅读不同类型、不同题材的图画书 4. 养成每天阅读的习惯，并能较长时间的专注阅读 5. 具有初步独立阅读的能力，愿意与别人共读图画书
阅读内容的理解和阅读策略的形成	1. 通过封面阅读初步了解图画书的主角，初步感知主角的动作和表情 2. 通过封面阅读猜想故事的情节 3. 在阅读的过程中清晰、准确地指认画面上的物体，描述单个画面上的故事情节	1. 主动观察图画书主角的动作以及行动路径，了解主角在干什么 2. 能描述单个画面上较为丰富的情节并能将前后画面的故事情节串联起来，能较准确地理解图画书中的关键词 3. 在阅读中能在成人的提示下猜想图画书后面的情节；在成人的提示下会通过观察图画书主角的动作表情、姿态来验证文字所传递的信息是否符合自己的猜想	1. 细致观察画面主角的状态，包括动作、表情、姿态等。理解主角的心理状态如情绪、想法等 2. 能有意识地观察画面中的细节并将细节与主要情节联系起来。通过对图画书画面布局、构图视角、笔触色彩等的感知进一步理解图画书内容 3. 在阅读过程中能根据图画书的结构做出合理的预期

续表

维度	3—4 岁	4—5 岁	5—6 岁
阅读内容的表达与评判	1. 在成人的提示下能做出与图画书主角相应的动作和表情；能用口头语言来叙述图画书的内容 2. 在成人的提示下能在生活情境中想起图画书主角的行为并进行简单叙述 3. 在阅读完一本书之后能表达自己是否喜欢所阅读的图画书	1. 产生与主角相应的情绪，表现出移情。能较为连贯地叙述所阅读图画书的主要情节，在叙述的过程中能较多地使用图画中的语句 2. 能在阅读之后做出与图画书中主角相似的行为，能结合自己的生活经验和兴趣采用图画或图文方式仿编、续编图画书情节 3. 在阅读完一本书之后能表达自己是否喜欢所阅读的图画书，并能初步说明原因，还会表达自己对主角的理解和喜好	1. 准确地解释图画书主角表现的行为的原因，较为完整、清晰地使用图画书中的词语、语句叙述图画书的内容 2. 在阅读完图画书之后能对图画书中的人物特征进行评价，对主要人物的人格特质、道德品质进行判断，并说出自己的理由 3. 能对图画书传递的主旨和含义进行初步的思考，表现出对作者意图的认同或质疑并说明理由

前阅读活动的年龄阶段目标在三个分目标上都体现出递进性的特点。如在良好阅读习惯与阅读行为的养成上，小班侧重最基本的图书阅读规则和热爱阅读的情感态度的培养；中班则对幼儿的阅读行为提出了更高的要求；大班则要求幼儿形成比较稳定的阅读习惯和良好的阅读行为。

（二）前阅读活动的设计与实施

1. 激发阅读兴趣

教师在活动开始，要注意通过有效策略激发幼儿的阅读兴趣。教师可以利用之前幼儿阅读过的图画书导入，如《我的百变浴缸》，教师让幼儿先回忆以前阅读过的图画书《我的神奇马桶》的相关内容，再导入图画书《我的百变浴缸》的阅读；教师也可以利用幼儿的生活经验来导入，如《怕浪费婆婆》，教师可以通过提问"你觉得什么是浪费？"来帮助幼儿回忆自己已有的生活经验，再导入图画书《怕浪费婆婆》的阅读；教师还可以呈现图画书的封面，让幼儿观察并说出图画书的名字，引导幼儿思考图画书的内容。如《我的情绪小怪兽》，教师呈现图画书的封面，问"这上面有什么？这本书的名字叫《我的情绪小怪兽》，什么是情绪小怪兽？"等，激发幼儿阅读图画书的愿望。

2. 指导幼儿自主阅读

教师在激发幼儿的阅读兴趣之后，要让幼儿带着阅读的目的或要解决的问题阅读图画书。因此，在幼儿自主阅读前，教师要进行阅读指导，提出阅读要求，并在幼儿自主阅读过程中进行随堂指导。教师的阅读指导一般侧重

☞ 拓展知识：
适合进行前阅读的图画书

两个方面：一是阅读过程中的行为，如提醒幼儿如何翻书，或者要读到第几页；二是提示幼儿阅读的重点，鼓励幼儿作出某种推测、判断。教师的随堂指导一般侧重三个方面：一是了解幼儿的阅读状况，掌握幼儿的相关核心经验发展到何种程度，对什么画面特别感兴趣，对哪个画面理解困难；二是鼓励幼儿的阅读表现，解决个别幼儿的问题；三是倾听幼儿在阅读过程中形成的理解，表达对幼儿的关注。

3. 通过集中阅读解决关键页（示范页／重点页／难点页／兴趣页）

自主阅读了图画书之后，幼儿对图画书有了初步的理解，但有的幼儿的理解可能只停留在兴趣层面，有的幼儿的理解只停留在单个情节。这个阶段主要开展集中阅读，通过对关键页的阅读，帮助幼儿准确、深入地理解图画书内容。在集中阅读阶段教师和幼儿需要阅读的关键页主要包括：阅读示范页，教师针对某一页与幼儿开展集中阅读，帮助幼儿学习阅读该画面所需要的方法和策略；阅读重点页，重点页是指体现情节转折内容的页面，对这类画面的理解能帮助幼儿形成完整的故事情节，并激发幼儿持续阅读，探究故事结尾的兴趣；阅读难点页，难点页是指画面比较复杂，通过画面的阅读还不能立即理解图画书的内容；阅读兴趣页，兴趣页是指幼儿在阅读过程中偏爱的图画书页面。

4. 师幼合作完整阅读

这一阶段，教师可以从"这么有趣的一本书，让我们一起完整来阅读一遍"导入，从封面和标题开始，一页一页进行阅读，教师边念图画书中的文字，边让幼儿再次观察相应页码的画面。在这个过程中，教师可以把书中的旁白念出来，引导幼儿说出其中一个人物的话语；或者在读到重点内容时，暗示幼儿接上相应的句子。

5. 师幼研讨，评判阅读内容

教师首先引导幼儿回忆自己的生活或阅读经验，表达自己是否经历过图画书中的人物同样的故事。比如图画书《大卫不可以》，教师可以让幼儿回忆"妈妈对你说过什么样'不可以'的话？"，然后通过"为什么妈妈对大卫说了这么多'不可以'后，还是给了大卫一个拥抱，并对大卫说'我爱你'呢？"，让幼儿充分地思考、讨论和表达。

☞ 实训任务提示

实训任务

请扫描二维码，观看中班早期阅读活动视频"逃家小兔"，然后回答下列问题：

1. 这个活动的目标是什么？

2. 三个活动目标是如何在活动环节中实现的？

☞ 视频：逃家小兔

三、前识字活动的目标与活动设计

幼儿园前识字活动是指以激发幼儿对符号和文字的兴趣，引导幼儿对符号和文字进行讨论，发展幼儿文字意识的核心经验为目的的教育活动。在活动内容上，前识字活动主要关注生活中幼儿经常接触的、能直接感受甚至运用的符号和文字。

（一）前识字活动的目标

1. 总目标

前识字活动的总目标包括：获得符号和文字功能的意识，发展符号和文字形式的意识，形成符号和文字规则的意识。

获得符号和文字功能的意识，包括（1）知道文字与符号能够表达一定的意义；（2）知道文字有记录作用，能够将口头语言或意义记录下来；（3）理解文字与符号跟口头语言之间的对应关系。

发展符号和文字形式的意识，包括（1）知道文字与图画和其他视觉符号是有区别的；（2）知道汉字是方块字，由部件构成。

形成符号和文字规则的意识，包括（1）知道文字阅读要从左到右、从上到下阅读，文字之间有间隔；（2）初步了解汉字的组成规律；（3）形成利用汉字的组成规律推测新字含义的策略，如猜测、情境线索、语法线索和部件线索等。

2. 年龄阶段目标

前识字活动的年龄阶段目标（见表3-5），因为幼儿前识字经验的差异，仅供学习者参考。具体活动目标的制订应根据本班幼儿的实际情况。

表3-5　前识字活动的年龄阶段目标

维度	3—4岁	4—5岁	5—6岁
获得符号和文字功能的意识	1. 在生活中关注常见的符号与文字 2. 知道符号和文字有具体的意义	1. 知道成人读图画书时读的是文字 2. 知道图画书中的文字能表达图画意思 3. 知道不同地方的标识表达的是不同的意义	1. 在图画书阅读时开始关注文字 2. 试图通过阅读别人书写的符号来了解意思 3. 在阅读图画书时会假装阅读文字来朗读图画书内容
发展符号和文字形式的意识	能将文字与图画和其他符号区分开来	1. 知道汉字是方块字，能够用口语表达出来 2. 能分辨出哪些是有意义的符号与文字	1. 意识到汉字有多种表现形式 2. 开始关注汉字的部件 3. 能找出不同汉字之间相同的部件

续表

维度	3—4 岁	4—5 岁	5—6 岁
形成符号和文字规则的意识	1. 知道文字与文字之间有间隔 2. 能读出自己名字中的文字 3. 能初步辨认周围环境中的符号和文字	1. 知道文字阅读要从左到右、从上到下 2. 能根据情境线索、图画书画面猜测文字的意义 3. 能按照象形字的特点去猜测字的含义	1. 知道大部分汉字是由几个部件构成的 2. 能通过语法线索和部件线索来猜测字词的含义 3. 开始通过部件线索来猜测汉字的发音

前识字活动的年龄阶段目标考虑到幼儿前识字的发展特点，从幼儿基本的生活经验入手，逐步发展幼儿的文字意识。如在形成符号和文字规则的意识上，首先让幼儿知道基本的文字规则和周围生活中的符号文字；然后要求幼儿知道阅读的顺序，猜测文字的含义与意义；最后要求幼儿进一步了解汉字的部件构成，形成通过各种线索理解汉字的能力。

（二）前识字活动的设计与实施

"前识字"的核心经验包括"文字功能""文字形式"和"文字规则"三个范畴，不同范畴的活动设计与实施并没有固定的模式，教师需要根据活动目标自行设计与实施活动。

下面以大班前识字活动"有趣的提手旁"为例，阐释前识字活动的设计与实施。

活动目标：

1. 理解提手旁（扌）的字与手的动作之间的对应关系。

2. 尝试根据"扌"寻找有关手部动作的文字，并猜测文字含义。

3. 愿意参与"找一找"，对"扌"感兴趣。

活动准备：幻灯片、书、笔、星形卡片。

活动环节：

1. 玩一玩

在教学活动的开始部分，教师选取了游戏"猫捉老鼠""你好"为暖身游戏，"猫捉老鼠"是幼儿平时就很感兴趣的游戏，它不仅能让幼儿全身心地投入游戏，同时也在游戏中感知了"捉"的手部动作。"你好"的游戏以"拍"肩、拥"抱"、"握"手三个手部动作组成，幼儿在游戏中不知不觉地使用手部动作，做出这三个提手旁的字标识的动作，为后面的活动做铺垫。

这些跟"扌"有关的动作，在动作表现上与手有直接关系，幼儿容易理解。通过在游戏中重复做这些有关手部的动作，幼儿在动作和视觉上初步感受到这些与"扌"有关的动作的相同之处，为接下来从关注动作的相同点过渡到关注表征符号的相同点奠定基础。

2. 想一想

在游戏做完后，教师请幼儿回想一下：刚才做了哪些动作？这些动作都跟我们身体的哪个部位有关？教师重复幼儿的回答"这些动作都跟手有关"，然后呈现这些字的字卡并提问："你们发现这些字有什么相同的地方？"引导幼儿从动作的相同点过渡到表征符号（文字）的相同点。给幼儿提供充分的机会来观察这些提手旁的字的相同点，并表现自己对"扌"的认识。教师归纳、提出新的概念"扌"，并将提手旁的字中的"扌"用明显的颜色标示出来。

在这个环节中，教师采取提问和文字卡片呈现的方式让幼儿从关注动作的相同点过渡到关注表征符号的相同点，从而发展"文字规则"范畴中"汉字的组成规律"的核心经验，帮助幼儿了解手部动作可以用提手旁的字来表示，进而为后面猜测新动作、新的带有提手旁的字的含义奠定基础。同时，大班幼儿已经认识"提""拍""抱""握"等词，但缺乏对这些词在表征形式上共同点的关注，教师通过提问，一方面可以促使幼儿充分表现出他们已有的"前识字"核心经验水平，另一方面通过集中观察、比较，可以促进幼儿"汉字的组成规律"核心经验的发展。

3. 猜一猜

文字是具体事物、意义的表征，因此幼儿获得对文字的认识和理解都必须是具体的、有意义的。当幼儿获得了大部分有关手的动作都有提手旁这一经验后，教师应引导幼儿发展利用部件策略来认识新的文字，在这里表现为看到提手旁的字后，能主动想到从手的动作来猜测字的意义或读音。

教师首先出示了"擦和扫"的动作图，幼儿通过画面猜测这个图中有什么跟"手"有关的动作，并模仿或示范。教师总结幼儿的回答后，出示"擦"字和"扫"字，并让幼儿观察文字中是否有"扌"。这个过程从图画动作观察和自身动作两个方面将与手有关的动作和文字中的"扌"进一步建立了联系。

然后，教师分别出示了"提"字和"摸"字，让幼儿找一找字中是否有"扌"，并根据"扌"猜字的意思，教师示范做出相应的动作（做提水的动作和摸孩子头的动作），在幼儿表达自己的猜测后，教师提示幼儿"我在用什么摸？"，引导幼儿根据教师的动作和字中的"扌"理解新字跟手有关，准确获得字的含义，并通过出示动作的图画进行验证。

4. 找一找

专门性的前识字活动也强调符号、文字的学习与运用相结合，强调多感官参与。通过前部分的学习，幼儿认识和了解了"扌"，接下来，教师设计了"找一找"活动环节，给幼儿提供图画书，让幼儿在图画书中找出有"扌"的字，并了解有"扌"的字不仅仅是教师呈现的那几个字，还有更多有"扌"的字，进一步提升幼儿对文字、符号的兴趣。

当幼儿在图画书中找到有"扌"的字后,教师将幼儿找到的字呈现出来,与幼儿一起观察他们找到的字,教师把字的含义说出来,让幼儿根据汉字做动作,理解这个字是否跟手有关,从而进一步形成利用部件策略猜测汉字意义的能力。

四、前书写活动的目标与活动设计

前书写是指幼儿在未接受正式的书写教育之前,根据环境中习得的书面语言知识,通过涂鸦、图画、像字而非字的符号、接近正确的字等形式进行的书写。前书写活动是指在幼儿园中,教师有目的、有计划地引导和组织幼儿涂鸦、图画、涂写和模拟运用符号或文字的活动。

(一)前书写活动的目标

1. 总目标

前书写活动的总目标包括:感知汉字的基本单元,初步理解汉字的结构,体验基本的书写方式,掌握前书写表达策略。

感知汉字的基本单元,包括(1)能区分图画和文字;(2)有初步的纸笔互动经验;(3)积累并能书写一些常见的简单汉字字形。

初步理解汉字的结构,包括(1)能书写简单的方块字;(2)理解汉字一字一音的特点;(3)理解汉字之间的间隔,书写时能逐步统一字的大小。

体验基本的书写方式,包括(1)书写汉字最基本的笔画——横、竖、折、点、撇、捺;(2)通过观察发现汉字外形的相似性和特征,并将这些特征反映在书写中。

掌握前书写表达策略,包括(1)借助画图、写相近的汉字等形式,利用汉字同音形似等特点,以自创的形式进行书写;(2)创意地使用纸笔表达自己的意思。

2. 年龄阶段目标

前书写活动的年龄阶段目标如表3-6所示,由于幼儿前书写经验存在差异,仅供学习者参考,具体活动目标的制订应根据本班幼儿的实际情况。

表3-6 前书写活动的年龄阶段目标

维度	3—4岁	4—5岁	5—6岁
感知汉字的基本单元	1. 幼儿开始发现图画和汉字的不同 2. 幼儿有握笔、在纸上涂鸦的经验 3. 意识到一些特定的汉字字形	1. 幼儿能分辨简单的图画和常见的汉字的不同 2. 幼儿能够在纸上"书写"一些随机的符号、图形 3. 能够认识一些简单的汉字字形	1. 幼儿能进一步分辨符号、图形和汉字 2. 幼儿能够用纸笔书写一些有意义的简单符号或文字 3. 能够书写一些笔画和结构简单的汉字字形

续表

维度	3—4 岁	4—5 岁	5—6 岁
初步理解汉字的结构	1. 初步意识到汉字方块型的独特结构 2. 可以根据汉字的读音区分个体的汉字 3. 理解汉字之间一定有间隔	1. 观察和发现简单笔画和复杂笔画的方块字组合 2. 发现汉字的读音与方块字结构之间的联系 3. 发现无论笔画复杂或简单，汉字的字形大小趋于稳定	1. 尝试按照方块字的形式书写 2. 明白一些简单的不同读音和汉字之间的联系 3. 尝试在书写时有意识地统一字形的大小
体验基本的书写方式	1. 分辨汉字的基本笔画 2. 初步意识到汉字字形之间的不同	1. 尝试模仿汉字笔画的基本特点 2. 观察和发现汉字字形之间的相似之处	1. 能书写汉字最基本的笔画 2. 尝试利用汉字的字形结构特点进行书写
掌握前书写表达策略	1. 用随机的画图、符号来表达意思 2. 为涂鸦的符号赋予意义	1. 简化图画和符号的指代意义 2. 能有意识地专门使用某些符号表达特定的意思	1. 利用汉字"同音""形似"的特点进行创意书写 2. 固定地使用某些符号或汉字来表达特定的意思

前书写活动的年龄阶段目标对幼儿提出了层层递进、逐步深入的要求。如在初步理解文字结构方面，按照幼儿对汉字结构理解能力的发展，小班侧重发展幼儿初步的文字结构意识，中班侧重幼儿对文字的组合、读音与结构、字形大小稳定性的掌握，大班则要求幼儿能进行简单的书写。

（二）前书写活动的设计与组织

"前书写"的核心经验包括感知汉字的基本单元，初步理解汉字的结构，体验基本的书写方式，掌握前书写表达策略四个范畴，不同范畴的活动设计与实施并没有固定的模式，教师需要根据活动目标自行设计与实施活动。

下面以大班前书写活动"我的购物清单"为例，阐释前书写活动的设计与实施。

活动目标：

1. 知道自己可以把购买的东西写在纸上。

2. 能制作购物清单，列出所需物品。

3. 愿意与同伴分享购物清单，体验前书写的快乐。

活动准备：各种笔，纸张。

活动环节：

1. 说一说

在活动开始前，教师出示逛超市的图片，引发幼儿讨论，激发幼儿的兴趣。然后教师组织接龙游戏，让幼儿以接龙的方式，自由表达自己所认知的超市物品，为后面制作购物清单的活动做好铺垫。

出示有关超市图片，可以紧密联系幼儿的日常生活经验，在不知不觉中将幼儿带入生活情境中。游戏的形式为接下来幼儿制作购物清单提供思路，并能很好地过渡到制作购物清单环节。

2. 做一做

在接龙游戏结束后，教师提出想法，让幼儿自主制作各自的购物清单，将自己想购买的物品列出。在制作结束后，教师组织幼儿分小组讨论，分享自己的购物清单。最后，教师每组各邀请一名幼儿在大家面前解说自己的购物清单。

这个环节不仅能够加深幼儿对超市物品的认知，还能给幼儿创造充分的机会，大胆运用书写的方式表达自己的想法。教师让幼儿分小组自由讨论，一方面有利于幼儿表达自己的想法；另一方面，倾听其他幼儿的分享内容，有利于拓展幼儿的知识经验。

3. 演一演

教师组织幼儿开展购物角色游戏，在游戏开始前，教师带领幼儿认识超市的布局与角色分工，把幼儿带入真实的超市购物情境中。

游戏开始，教师把幼儿分为若干组，每小组轮流扮演超市各区域员工及超市顾客。扮演顾客的幼儿需根据自己的购物清单，去相应区域购买物品，扮演超市员工的幼儿需要帮助顾客完成购买。

课后习题

1. 单项选择题

（1）在生活中，幼儿看到幼儿园大门口的园名，虽然不认识上面的文字，但能意识到这些字表示的是自己所在幼儿园的名称；看到图画书的封面，能意识到封面上的大大的、黑黑的字表示图画书的标题；遇到交通标识时知道红灯表示停、绿灯表示行的意思。这属于幼儿前识字的（　　　）范畴。

  A. 获得符号和文字功能的意识

  B. 发展符号和文字形式的意识

  C. 形成符号和文字规则的意识

  D. 感知汉字的基本单元

（2）幼儿园前识字环境分为三个方面：生活活动中的前识字环境、教学活动中的前识字环境、区域活动中的前识字环境。操场旁边的树枝上挂一块"当心树枝"的牌子，提示过往的幼儿当心被树枝划伤；在花圃前立一块

"禁止摘花"的牌子，牌子上画有一双小手正在摘一朵花，上方是一个红红的、大大 的叉字，告诉幼儿摘花是一种被禁止的行为；在楼梯上贴一块"小心台阶"的牌子。这属于（ ）

  A. 教学活动中的前识字环境

  B. 生活活动中的前识字环境

  C. 区域活动中的前识字环境

  D. 三者皆不是

2. 材料分析题

你觉得王老师的想法对吗？为什么？

这两张图画都是故事图画书《小蝌蚪找妈妈》的封面，王老师自己喜欢图 3-2，但是她认为幼儿可能更喜欢图 3-3。

图 3-2

图 3-3

☞ 参考答案

3. 活动设计题

绘本《跟屁虫》的作者是日本作家宫西达也，故事发生在一个四口之家，在哥哥的视角下妹妹是个跟屁虫。请阅读绘本《跟屁虫》，并根据绘本内容设计一个大班早期阅读活动。

第四章　幼儿园社会教育活动设计与实施

【本章导读】

　　社会是共同生活的人们通过各种各样的社会关系联合起来的集合。幼儿在社会领域的学习与发展是其社会性不断完善并奠定健全人格基础的过程。人际交往和社会适应是幼儿社会学习的主要内容，也是其社会性发展的基本途径。幼儿在与成人和同伴交往的过程中，不仅学习如何与人友好相处，也在学习如何看待自己、对待他人，不断发展适应社会生活的能力。良好的社会性发展对幼儿身心健康和其他各方面的发展都具有重要影响。幼儿园社会教育活动包括人际交往教育活动、社会适应教育活动。

【学习目标】

1. 理解幼儿园社会教育活动目标，能根据幼儿年龄特点设计适宜的活动目标。
2. 熟悉幼儿园社会教育活动类型，能根据不同活动类型选择恰当的活动内容。
3. 掌握人际交往教育活动的概念、目标及特征，根据其基本结构设计活动环节。
4. 掌握社会适应教育活动的概念、目标及特征，根据其基本结构设计活动环节。

第一节　幼儿园社会教育活动目标与设计

本节主要引导学习者学习幼儿园社会教育目标的概念；了解幼儿园社会教育目标的纵向与横向结构；通过解析《指南》中的社会教育目标，了解不同年龄段幼儿社会教育活动的教育内容与侧重点；在此基础上为幼儿园社会教育活动设计适宜的目标。

一、幼儿园社会教育目标概述

幼儿在社会领域的学习与发展是其社会性不断完善并奠定健全人格基础的过程。幼儿园社会教育目标是通过社会教育活动要达到的幼儿社会性发展的要求或效果，它决定了社会教育内容和过程的选择，以及对教育效果的评价。幼儿园社会教育目标的结构包括纵向结构和横向结构。

（一）幼儿园社会教育目标的纵向结构

幼儿园社会教育目标按照纵向维度，可以划分为总目标、年龄阶段目标、活动目标。

1. 总目标

幼儿园社会教育总目标是幼儿园社会教育总的任务要求，是对幼儿三年社会性发展的任务要求。

在《纲要》中，幼儿园社会教育总目标是这样表述的：

（1）能主动地参与各项活动，有自信心；

（2）乐意与人交往，学习互助、合作和分享，有同情心；

（3）理解并遵守日常生活中基本的社会行为规则；

（4）能努力做好力所能及的事，不怕困难，有初步的责任感；

（5）爱父母长辈、老师和同伴，爱集体、爱家乡、爱祖国。

在《指南》中，幼儿园社会教育总目标是这样表述的：

（1）人际交往：愿意与人交往；能与同伴友好相处；具有自尊、自信、自主的表现；关心尊重他人。

（2）社会适应：喜欢并适应群体生活；遵守基本的行为规范；具有初步的归属感。

2. 年龄阶段目标

年龄阶段目标是依据幼儿的年龄阶段划分的社会教育目标。设置年龄阶段目标一方面可将社会教育目标转化为对每一年龄阶段幼儿逐步提高要求的具体目标，另一方面还对幼儿掌握社会领域相关知识提出了一定的要求，两者相结合，体现了这个阶段幼儿在社会性发展方面应该达到的水平。年龄阶段目标在《指南》中有明确的阐述，这里不再赘述。

3. 活动目标

活动目标是在某一具体的社会教育活动中要达到的目标，一般由教师自己制订。活动目标最具体，也是最贴近教育实践活动的目标，是教师接触最多、最熟悉的目标，它为实现年龄阶段目标和总目标服务。因此，在教育活动设计中，教师应将具体活动目标与年龄阶段目标和总目标关联起来。

社会教育活动目标设计应遵循两项基本原则：一是根据幼儿身心发展特点合理设计目标，即目标设计要符合幼儿现有的社会性发展水平，符合幼儿社会性发展规律；二是促进每一个幼儿的社会性发展，即将目标具体落实到幼儿的人际交往和社会适应的发展上，并根据幼儿的年龄特征和发展水平，由浅入深、循序渐进地提出目标，使幼儿从具体到抽象、从直接到间接地获得人际交往和社会适应经验，通过一个个具体的活动目标促进每一个幼儿的社会性发展。

社会教育活动目标设计应从认知、情感态度和能力技能三个维度设计。认知目标用来说明通过社会教育活动，幼儿获得了哪些有益的人际交往和社会适应方面的知识与概念；情感态度目标用来说明通过社会教育活动，幼儿在人际交往和社会适应方面形成了怎样的兴趣、态度、行为习惯和价值观；能力目标用来说明幼儿在人际交往和社会适应方面，能够达成的具体行为要求。例如，在认知目标设计中，要有基本的关于社会领域学习与发展方面涉及的知识概念的学习，如幼儿理解什么是自我，什么是自尊；情感态度的学习，包括兴趣、态度和价值观等方面的变化。如要使幼儿形成遇到挫折不气馁，失败后知道如何调整情绪积极面对的个性品质。能力技能的学习，包括学会帮助、分享、合作，能主动地参与各项活动，努力做好力所能及的事，与同伴友好相处，关心尊重他人，遵守基本的行为规范等。如在活动中幼儿能够主动参与讨论，表达自己的想法，积极寻找解决问题的方法。

实训任务

请你根据社会教育活动"交通标志作用大"的活动目标，说出此活动适合的年龄阶段和3个目标分别指向的维度是什么。

活动目标：

1. 了解红灯、绿灯、黄灯的作用，知道人行横道等常见的交通标志及其所代表的意义。

2. 能够辨别不同的交通标志。

3. 萌发自觉遵守交通规则的意识。

☞ 实训任务
提示

（二）幼儿园社会教育目标的横向结构

在横向维度上，根据《指南》，幼儿园社会教育目标可以分为人际交往与社会适应两个方面，其中人际交往侧重幼儿亲社会行为的发展；社会适应侧重幼儿适应能力的发展。这两个方面和《纲要》社会领域的 5 个目标蕴含的内容是一致的。结合两个文件的内容，从幼儿社会能力的构成、社会教育活动作用的角度进行横向分类，把幼儿园社会教育目标分为以下四类：

1. 自我意识的培养

自我意识是幼儿对自己的认识和评价，包括对自身心理倾向、个性心理特征和心理过程的认识与评价。自我意识的真正出现是和幼儿言语的发展相联系的，掌握代词"我"是自我意识萌芽的重要标志，能准确使用"我"来表达愿望标志着幼儿自我意识的产生。幼儿自我意识的发展主要表现在自我评价、自我体验、自我控制三个方面。自我评价即幼儿对自己的评价；自我体验即幼儿通过自我评价所产生的情感状态，如自尊心、自信心等；自我控制即幼儿对自己行为的调节，包括坚持性、独立性、自制力。自我意识的培养具体包括：幼儿能够了解自己的情绪反应、敢于表达自己的感受、学会比较客观地评价自己等。

在幼儿园社会教育活动中，尤其应注重对幼儿自尊、自信和自主的培养。自尊，是指幼儿在社会比较过程中所获得的有关自我价值的积极评价与体验，对自己的性格和能力感到满意的幼儿会有较高的自尊，他们能够意识到自己的优点和缺点，对缺点常常希望主动克服。自信是指幼儿对自身行为能力与价值的客观认识与充分评价的一种积极体验，可以通过自我效能、自我表现和成就感来体现。如幼儿喜欢承担一些任务，并敢于尝试有一定难度的活动。自主是指幼儿能够自己做主，不受他人支配，遇事有主见，能对自己的行为负责。如幼儿能根据自己的兴趣选择游戏或其他活动。

2. 人际交往能力的培养

人际交往是指幼儿通过一定的语言、文字或肢体动作、表情等表达手段将某种信息传递给他人的过程，是幼儿社会性发展的重要途径。幼儿在人际交往中，运用语言、肢体、表情等方式，在了解他人想法的同时体会自己的感受，在交往过程中学会解决与同伴之间的矛盾和冲突，学会与同伴分享和交流等。正是通过人际交往的沟通、协商、合作的方式，幼儿逐步从独立活动走向共同活动。幼儿园人际交往能力的培养重点在于增进幼儿交往意愿、学习交往规则、提升交往技能、掌握交往的方法。

在社会教育活动设计与实施中，教师应重点围绕促进幼儿的"交往态度与交往技能""对自我的认知""对他人的态度和行为"等核心内容来开展活动。例如，在交往技能方面重点指向沟通技巧、冲突解决技巧、克服交往困难技巧、分享合作技巧等。在解决交往冲突方面，着重培养幼儿听取意见和协商解决问题的能力；在克服交往困难方面，主要体现在要求幼儿进行友好合作、分享等方面。教师应结合具体情境，选择合适的方法促进幼儿对交往规则的理解和对交往基本技巧的掌握，从而使幼儿愿意与人交往，能与同伴友好相处，形成对自己、对他人的正确态度，学会处理与同伴之间的冲突等。

3. 亲社会行为培养

亲社会行为是指幼儿在社会交往中所表现出的谦让、帮助、合作、共享等有利于他人和社会的积极行为，是影响幼儿的同伴接纳性和改善人际关系的重要因素，是衡量幼儿社会性发展的重要指标。亲社会行为有利于幼儿形成和维持良好的人际关系。幼儿亲社会行为的培养重点在于使幼儿学会谦让、帮助、合作、分享、安慰、捐赠、同情、关心、互助等，幼儿的亲社会行为还是其道德发展的一个重要方面，道德发展是社会的道德行为准则在个体身上的反映，是个体社会化的重要内容。

幼儿园社会教育应围绕幼儿亲社会行为的核心构成要素开展活动，如关心（爱护、保护、体谅、同情等）、尊重（尊敬、重视、礼貌）、分享（付出、奉献、给予）、合作（联合、互助）、帮助、支持等，教师通过多种途径引导幼儿学会尊重、关心长辈和身边的人，尊重他人的劳动成果，引导幼儿学习用平等、接纳和尊重的态度对待差异等。

4. 社会适应能力的培养

社会适应是个体在与社会环境相互作用中，逐步接受社会群体的价值观念和行为规范，从而适应社会环境和社会生活的过程。幼儿自出生起，就处于一定的社会环境中，包括家庭、幼儿园等小环境，也包括社区、社会等大环境，幼儿是社会群体的一部分，受到社会组织、文化和行为的影响，并通过积极选择接受这些影响而逐步适应社会。幼儿在社会适应的过程中学会根据社会情境调控自身行为，从而积极主动地适应环境。教师可以重点围绕促进群体交往、遵守规则、建立归属感三个方面加强对幼儿社会适应能力的培养。

在群体交往能力的培养中，教师可以组织幼儿参加一些群体性的活动，让幼儿体会群体活动的乐趣，如趣味运动会、春游、参观博物馆、参观小学等。在社会行为规则的培养中，教师需要重点帮助幼儿理解规则的意义，了解、遵守基本的行为规则和道德规范。在归属感的培养中，教师可以利用家庭、幼儿园、社会等环境资源，引导幼儿建立初步的归属感。家庭和幼儿园是幼儿生活的主要场所，幼儿可以直接体验、感受并形成直观的归属感。国家与民族归属感的建立，则需要教师进一步地教育和引导。归属感培养的重点在于使幼儿克服分离焦虑、适应群体生活，鼓励幼儿参加集体活动，萌发集体意识，并运用多种形式的活动激发幼儿爱家乡、爱祖国的情感。

二、幼儿园社会教育活动目标设计

上面的论述对设计幼儿园社会教育活动目标提供了理论支撑，下面从活动目标设计的依据、活动目标设计的要求和活动目标的达成三个方面对幼儿园社会教育活动目标设计进行阐释。

（一）活动目标设计的依据

幼儿园社会教育活动目标的设计要考虑幼儿园社会教育总目标、年龄阶段目标。此外，目标还应该包含认知、情感态度、能力技能三个维度。同时，目标设计要考虑幼儿园社会教育活动的两个类型，即人际交往、社会适应。

中班人际交往教育活动"我长大了"目标为：（1）知道自己在不断成长变化；（2）能够找出自己的优点，大胆表达展示；（3）萌发爱父母、爱生活的情感。这个活动目标就考虑到了幼儿园社会教育总目标和年龄阶段目标，其中第一个目标侧重认知，第二个目标侧重能力技能，第三个目标侧重情感态度。

（二）活动目标设计的要求

第一，要考虑幼儿的年龄特征，活动目标的设计要符合幼儿的社会性发展水平，真正将"以幼儿为本"落到实处。第二，活动目标的制订要建立在深入分析研究活动材料和幼儿原有经验的基础上，对活动材料所蕴含的意义和对本年龄段幼儿发展的促进作用有比较深层的挖掘和思考。第三，活动目标一定要具体、明确，具有较强的针对性。对活动要使幼儿掌握哪些基本的知识、技能，培养幼儿哪些情感都要有较明确的说明。第四，活动目标制订既要面向全体，又要适应个别需要。幼儿的学习经验和学习能力之间存在着各种各样的差异，教师在确定活动目标时要有一定的弹性。第五，活动目标的制订要注意各领域目标之间的整合。

（三）活动目标的达成

幼儿园社会教育活动的设计需要考虑多方面因素，活动目标的达成依赖幼儿园社会教育活动，具体落实在以下方面：

1. 围绕活动目标选择社会教育活动内容

幼儿园社会教育活动内容主要指社会领域包含的特定的现象、事实、规则及问题等，它是幼儿园社会教育活动的主体部分，是实现活动目标的主要手段，也是教师实施社会教育活动的主要依据。社会教育活动内容除了要与幼儿园社会教育目标一致之外，还应当与社会主义核心价值观的要求和幼儿自身的需要、兴趣和身心能力要求相一致。

2. 围绕活动目标确定社会教育活动方法

幼儿园社会教育活动的特殊性决定了其方法的独特性和针对性。活动方法采用是否得当影响着幼儿园社会教育目标的实现，也影响着整个社会教育活动价值的实现，因此，教师应根据社会教育活动目标，恰当地选择社会教育活动方法，如榜样示范法、角色扮演法、观察学习法、移情训练法等。

3. 围绕活动目标设计社会教育活动环节

幼儿园社会教育活动设计是为实现活动目标而对教学过程进行的预先思考，是教师依据一定的社会教育理论和自己对教育、教学的理解，以科学的方式对课程中的某个单元进行的规划、设想和安排。清晰的活动环节设计有利于活动目标的有效达成。

4. 围绕活动目标进行社会教育活动评价

幼儿园社会教育活动评价是对幼儿园社会教育价值和幼儿发展做出判断的重要过程。在社会教育活动完成后，教师需对自己设计的活动目标、活动内容、活动准备、实施过程以及延伸进行评价与反思，其中最为重要的就是要考虑目标是否达成，它是衡量一堂课好坏的重要尺度。

课后习题

1. 单项选择题

（1）培养幼儿学会帮助、分享、合作、安慰、同情、关心、谦让、互助等有益的积极行为，这属于对幼儿（   ）

  A. 自我意识的培养　　　　　　B. 人际交往的培养

  C. 亲社会行为的培养　　　　　D. 社会认知的培养

  E. 归属感的培养

（2）以下哪些活动内容属于社会领域（   ）

①常绿树和落叶树　②我爱妈妈　③家乡的变化　④我的心脏　⑤有趣的交通标志　⑥我不怕困难　⑦我做小主人　⑧香香的月饼

  A. ①②③⑤⑦⑧　　　　　　　B. ②③⑤⑥⑦⑧

  C. ①②③④⑤⑥　　　　　　　D. ①②③④⑥⑦

2. 材料分析题

请问张老师的活动目标设计是否存在问题？你会如何设计？

张老师想在中班开展人际交往教育活动"我的新朋友"，活动目标为：

（1）培养幼儿的想象力。

（2）体会游戏乐趣。

3. 活动设计题

在日常生活中，大班幼儿已经对人民币有了一定的认识，例如，跟着父母去超市购物、过年收到压岁钱等，为了加深他们对人民币的认识，请你为大班幼儿的社会适应活动"人民币里的小秘密"设计活动目标。

第二节　人际交往教育活动设计与实施

本节主要引导学习者了解人际交往教育活动的概念；明确人际交往教育活动的目标，即小中大班幼儿在人际交往中获取的有益经验是什么；把握人际交往教育活动的基本特征，理解人际交往教育活动设计与实施的基本结构；在此基础上学会设计与实施人际交往教育活动。

一、人际交往教育活动的概念

人际交往也称人际沟通，指个体通过语言、文字或肢体语言、动作、表情等表达手段将某种信息传递给其他个体的过程。

在幼儿园中，人际交往教育活动是指教师创造一定的情境和条件，培养幼儿人际交往能力的教育活动，其目的在于为幼儿提供交往的机会，构建人际交往的平台，使幼儿形成关心、理解、尊重和赞赏他人的人际交往态度，学习与掌握人际交往的技能，逐渐学会与人友好相处。

二、人际交往教育活动的目标

人际交往教育活动的目标包括总目标和年龄阶段目标。在教育教学实践中，在《纲要》和《指南》中规定的社会领域的目标的基础上，人际交往教育活动的目标因人际交往活动本身的特点而有所拓展和深入。

（一）总目标

人际交往作为幼儿日常生活、学习最常用的社会行为模式，其活动总目标是：（1）乐意与人交往；（2）能与同伴友好相处，能主动地参与各项活动；（3）能做到学习互助，并能合作与分享；（4）有同情心，尊重他人；（5）有自信心。

（二）年龄阶段目标

幼儿的人际交往能力随着年龄的增长有所提高，因此在熟悉总目标的基础上要掌握幼儿在不同年龄阶段需要达成的目标，年龄阶段目标如表4-1所示。

表 4-1　幼儿人际交往能力发展目标

维度	3—4 岁	4—5 岁	5—6 岁
愿意与人交往	1. 愿意和小朋友一起游戏 2. 愿意与熟悉的长辈一起活动	1. 喜欢和小朋友一起游戏，有经常一起玩的小伙伴 2. 喜欢和长辈交谈，有事愿意告诉长辈	1. 有自己的好朋友，也喜欢结交新朋友 2. 有问题愿意向别人请教 3. 有高兴的或有趣的事愿意与大家分享
能与同伴友好相处	1. 想加入同伴的游戏时，能友好地提出请求 2. 在成人指导下，不争抢、不独霸玩具 3. 与同伴发生冲突时，能听从成人的劝解	1. 会运用介绍自己、交换玩具等简单技巧加入同伴游戏 2. 对大家都喜欢的东西能轮流、分享 3. 与同伴发生冲突时，能在他人帮助下和平解决 4. 活动时愿意接受同伴的意见和建议 5. 不欺负弱小	1. 能想办法吸引同伴和自己一起游戏 2. 活动时能与同伴分工合作，遇到困难能一起克服 3. 与同伴发生冲突时能自己协商解决 4. 知道别人的想法有时和自己不一样，能倾听和接受别人的意见，不能接受时会说明理由 5. 不欺负别人，也不允许别人欺负自己
具有自尊、自信、自主的表现	1. 能根据自己的兴趣选择游戏或其他活动 2. 为自己的好行为或活动成果感到高兴 3. 自己能做的事情愿意自己做 4. 喜欢承担一些小任务	1. 能按自己的想法进行游戏或其他活动 2. 知道自己的一些优点和长处，并对此感到满意 3. 自己的事情尽量自己做，不愿意依赖别人 4. 敢于尝试有一定难度的活动和任务	1. 能主动发起活动或在活动中出主意、想办法 2. 做了好事或取得了成功后还想做得更好 3. 自己的事情自己做，不会的愿意学 4. 主动承担任务，遇到困难能够坚持而不轻易求助 5. 与别人的看法不同时，敢于坚持自己的意见并说出理由
关心尊重他人	1. 长辈讲话时能认真听，并能听从长辈的要求 2. 身边的人生病或不开心时表示同情 3. 在提醒下能做到不打扰别人	1. 会用礼貌的方式向长辈表达自己的要求和想法 2. 能注意到别人的情绪，并有关心、体贴的表现 3. 知道父母的职业，能体会到父母为养育自己所付出的辛劳	1. 能有礼貌地与人交往 2. 能关注别人的情绪和需要，并能给予力所能及的帮助 3. 尊重为大家提供服务的人，珍惜他们的劳动成果 4. 接纳、尊重与自己的生活方式或习惯不同的人

人际交往包含"愿意与人交往""能与同伴友好相处""具有自尊、自信、自主的表现""关心尊重他人"四个维度的发展目标。其中，"愿意与人交往"阐明了各年龄段幼儿与人交往态度的典型表现；"能与同伴友好相处"阐明了各年龄段幼儿与同伴交往能力的典型表现；"具有自尊、自信、自主的表现"阐明了各年龄段幼儿与自身关系的典型表现；"关心尊重他人"阐明了各年龄段幼儿与他人关系的典型表现。

从年龄阶段目标分目标的关系看，3—4岁、4—5岁和5—6岁的人际交往教育活动目标体现出层级递进的关系。如幼儿愿意与人交往的表现为"愿意和小朋友一起游戏—喜欢和小朋友一起游戏，有经常一起玩的小伙伴—有自己的好朋友，喜欢结交新朋友"。年龄阶段目标是对总目标的纵向分解，它反映了幼儿社会性发展目标的年龄差异性和连续性。如目标"能与同伴友好相处"中，提出"不争抢玩具—轮流、分享喜欢的东西—活动时与同伴分工合作"的发展目标，以层级递进的目标为基础逐渐发展幼儿的同伴交往能力。

三、人际交往教育活动的基本特征

（一）发展幼儿语言表达能力

幼儿人际交往行为能否顺利完成，在很大程度上取决于幼儿语言表达能力的高低。

培养幼儿语言表达能力，教师要注意以下方面：幼儿的自我中心语言较多，社会性语言发展较弱，容易随客观环境的改变而转变话题，因此，教师应重视培养幼儿对同一话题的坚持能力和对有关交往内容进行组织的能力。同时，丰富幼儿各方面的知识经验，使他们用更丰富的语言交流更多的信息。如经常向幼儿提出问题，启发幼儿思考，及时给予幼儿反馈等。此外，教师应给幼儿提供与不同的人交往与合作的机会，使幼儿能根据交往时间、地点、对象的不同采用不同的、容易使交往双方产生共鸣的语言表达形式，让幼儿在交往中学到有关语言表达的技能。

（二）培养幼儿同伴交往的技能

幼儿需要与同伴交往，然而仅仅拥有美好的交往愿望不一定能使交往成功，这就涉及交往技能的问题。如小班幼儿在进行主动交往时没有交往策略，交往常常受挫。教师可创设一定的情境或在某种行为刚刚发生时，组织幼儿讨论，学习一些简单的交往技能。

培养幼儿同伴交往技能，教师应注意以下方面：首先，要求幼儿友好地与同伴交谈，交谈的语调要柔和，能耐心地倾听别人的话。其次，要让幼儿更多地学习别人的长处，而不是总看到别人的缺点。再次，要让幼儿理解同

☞ 拓展知识：促进幼儿人际交往能力的策略

伴的兴趣和爱好，既能尊重别人的兴趣但又不盲目地听从别人。例如，几个幼儿在一起玩，教师可以教幼儿共同商量做什么游戏，如何玩；引导幼儿在游戏中既积极地提出建议，又尊重别人的意见，不强迫别人接受或服从自己的意见。最后，要让幼儿与同伴分享玩具，愉快地与同伴合作等。

（三）扩大幼儿社会交往范围

随着幼儿年龄的增长，幼儿社会交往的范围应该不断扩大，打破班级和幼儿园的界限。幼儿园可以开展各种联谊活动；还可以带幼儿走出幼儿园，让幼儿与社会各个领域的人们交流，如组织幼儿参观商店、菜市场等，锻炼幼儿的交往能力。

（四）争取家长的配合和支持

幼儿除了在幼儿园生活外，相当多的时间是在家庭中度过的。教师应努力与家长达成共识，让家长为孩子创设良好的交往环境，培养孩子敢说话、爱说话的习惯，帮助孩子树立信心，敢于交往。例如，家里有客人，可以让孩子参与接待；鼓励孩子在家里运用电话等联系方式与同伴交往等。

四、人际交往教育活动设计与实施的基本结构

人际交往教育活动设计与实施的基本结构为：创设多种形式的人际交往情境—引导幼儿学习人际交往技巧—组织幼儿运用人际交往技巧—共同总结良好的人际交往技巧。

（一）创设多种形式的人际交往情境

教师可以通过以下三种方式进行人际交往情境创设：

1. 创设以角色身份参与的游戏情境

角色游戏是幼儿对现实生活的再现，幼儿的现实生活经验越丰富，角色游戏的内容就越充实，幼儿对角色游戏的体验就越深刻。如果幼儿在现实生活中没有获得真实的体验，他们也不能顺利地进行角色游戏，更无法实现社会交往。为了让幼儿在角色游戏中获得更多、更好的情感体验，教师应当引导幼儿以角色扮演的形式增长见识，获得社会交往的机会，提升社会交往能力。

如中班游戏"装纸箱"，教师请幼儿做小魔术师，将大小不同的纸箱依次装回去；又如大班游戏"营救小动物"，教师将幼儿身份定位为野外抢险队员，让他们去营救被困在孤岛上的小动物。通过角色扮演，幼儿沉浸在做小魔术师的喜悦及作为抢险队员的自豪感之中，积极投入游戏，在游戏过程中学会了分工、合作，感受到了伙伴之间合作完成任务的快乐。

2. 创设与故事相结合的游戏情境

与故事相结合的游戏情境是以故事内容作为依托，幼儿自主想象或者教

师帮助带入的一种有利于游戏开展的情境。通过故事内容对游戏的渲染，幼儿能够讲述的内容更丰富了，无形之中引导着幼儿主动去想象，去思考，并积极主动地表达、再现出来。这对幼儿游戏不仅起到引发、引导的作用，更起到支持、依托甚至延续的作用。

如小班社会教育活动"一起游戏快乐多"，教师借助图画书《森林里的故事》让幼儿了解交往的不同类型，通过故事情节的发展让幼儿感受与同伴共同游戏的快乐；通过数量不足的玩具材料，让幼儿学会邀请、轮流等交往技巧，感受与同伴共同游戏的快乐。

3. 创设需要幼儿合作完成的游戏情境

游戏是幼儿最好的活动，能够最大限度地促进幼儿之间的交往。凡是生活中可能碰到的事情，或幼儿近期感兴趣的事情，教师均可引导幼儿将其融入游戏，将社会"缩小"到班级区角，如娃娃家、医院、邮局银行、超市、快递公司等，让幼儿通过扮演不同的角色，掌握社会行为规范，建立与人相处的基本能力。

幼儿在游戏中学习不同角色之间的交往方式，如"妈妈"和"宝宝"的交往、"医生"与"病人"的交往、"营业员"与"顾客"的交往、"快递员"与"顾客"的交往、"银行职员"与"储户"的交往等。

教师还可以投放体现合作要求的游戏材料，引导幼儿在游戏过程中出现更多的交往行为，不断提高与人合作的意识与能力。

（二）引导幼儿学习人际交往技巧

这个环节主要是引发幼儿学习的动机，主要方法有以下两种：

1. 直接呈现法

顾名思义，直接呈现法就是直接学习人际交往的具体技巧，幼儿通过模仿教师的行为，如面带微笑，使用礼貌用语等，感受礼貌待人这种交往技巧能够使他人感到愉悦。

2. 间接呈现法

教师呈现一些反面事例，让幼儿进行讨论，逐步引出正确的人际交往技巧。例如，教师请幼儿看一个短片：小艺想参与其他几个幼儿的游戏，但他们不同意，于是，小艺开始捣乱，结果不但没能跟大家一起玩，还起了冲突。教师组织幼儿讨论："短片中哪些孩子做得好？哪些孩子做得不好？"最后引出人际交往技巧——学会与他人协商。

（三）组织幼儿运用人际交往技巧

《指南》指出："幼儿知识的获得固然来自自身的经验和感受，但在交往中分享他人的经验也是一个重要渠道。幼儿在交往中不仅分享他人的信息，也将自己的经验贡献给他人，在参与中感受自己的主体性。"在游戏过程中，沟通使幼儿真正成为游戏的主人。

如社会教育活动"营救小动物"，为了使幼儿在游戏过程中提升合作技巧，教师要求营救任务只能借助"空中救援器"（四条带子拴在同一个橡皮圈上）完成，整个过程不能用手触碰小动物，同时要将小动物安全送回家中而不能摔倒，否则即为救援失败。种种规则的限制使每个小组的四名成员在"营救"过程中，必须同时用力，才能将橡皮圈套在小动物身上；要想使小动物不摔倒，在到达家中时小组成员间也必须相互照应，保持步调一致。在游戏开始时，必然会出现这样那样的问题，幼儿通过沟通，带来新的灵感和启发，再通过多次体验不断调整自身行为，使合作越来越顺畅，充分体现了幼儿的主体地位。

（四）共同总结良好的人际交往技巧

活动的最后，教师应围绕活动主题，与幼儿共同总结良好的人际交往技巧和策略，将整个活动重新复盘，让幼儿知道：活动的重点在哪里；在与他人交往的时候需要注意什么，应该怎么说、怎么做；自己应该获得什么经验，活动结束后需要延伸什么经验；等等。教师应注意不要一味地对幼儿输出知识点，应与幼儿边讨论边总结。

实训任务

请你结合以下案例幼儿出现的同伴交往问题，以中班幼儿为对象，设计一个培养中班幼儿同伴交往能力的活动方案。

晨间，教师发图画书给幼儿阅读，朋朋根本没有翻书，而是把书卷起来当话筒玩，惹得旁边几个幼儿也跟他学。后来，朋朋偶尔翻到走迷宫那一页，用手在上面指指画画。该收图画书了，他把图画书交给小桌长阳阳，突然抬脚踢了阳阳的胳膊。阳阳疼得哭起来，教师责问他"为什么踢阳阳？"他却回答"我踢老虎！"，书上走迷宫那一页的确有老虎，真是让人哭笑不得。

☞ 实训任务
提示

课后习题

1. 单选题

（1）《指南》中"具有自尊、自信、自主的表现"阐明了各年龄段幼儿与（　　）关系的典型表现。

　　A. 自我　　　　B. 他人　　　　C. 社会　　　　D. 家庭

（2）下列不属于"人际交往"发展目标的是（　　）。

　　A. 愿意与人交往　　　　　　B. 能与同伴友好相处

　　C. 关心尊重他人　　　　　　D. 具有初步的归属感

2. 材料分析题

根据以下材料进行分析，并提出解决对策。

中班新学期开始，班里新来了几个幼儿，其中一个叫承承的幼儿引起了教师的注意。承承性格孤僻，常常沉浸在自己的小世界里，独自学习、独自游戏，几乎不和任何人交流。区域活动时，孩子们都在活动区选择自己喜欢的玩具，只有承承搬了一把椅子，拿了一本书，歪歪斜斜地靠在椅子上，认真地看着。户外活动时，承承站在那里一动不动，只是用眼睛到处看别的孩子玩游戏，教师走过去试图引导他参与游戏，可是他似乎根本不想和教师交流。

3. 活动设计题

请阅读下述材料，并以"我也有长处"为主题设计中班人际交往教育活动。

在平时的教学活动中，教师发现班中大多数幼儿不知道自己有什么长处。《指南》指出幼儿要具有自尊、自信的表现，中班幼儿要知道自己的一些优点和长处，并对此感到满意。教师应引导幼儿找出自己的长处，也通过"找"发现别人的长处，从而产生自信心及欣赏他人之情。

☞ 参考答案

第三节　社会适应教育活动设计与实施

本节主要引导学习者了解社会适应教育活动的概念，从概念出发熟悉社会适应活动的目标，把握社会适应活动的基本特征，理解社会适应活动设计与实施的基本结构，在此基础上学会设计与实施社会适应教育活动。

一、社会适应教育活动的概念

社会适应是个体在与社会生活环境（群体、组织）的相互作用中，不断地学习或修正自己的行为与生活方式，以达到与社会环境保持和谐与平衡的过程。这个过程也是个体逐步接受所在社会群体的生活方式、行为规范和价值观的过程。社会适应是《指南》中社会领域的子领域之一，是幼儿社会领域学习与发展的核心内容之一，其基本内涵是喜欢并适应群体生活、遵守基本的行为规范、具有初步的归属感。

社会适应既是幼儿社会学习的主要内容，也是其社会性发展的基本途径。幼儿的社会适应能力即幼儿适应新的环境，解决矛盾冲突情境的能力，具体包括初步形成对新环境的适应能力，对陌生人的适应能力，对同伴交往的适应能力，独立克服困难，解决生活中简单问题的能力。

社会适应教育活动是指教师创设一定的情境和条件，引导幼儿逐步提高社会适应能力的教育活动，其目的在于通过为幼儿营造良好的环境，提供有效的支持，运用多种方式引导幼儿认识、体验并理解基本的社会行为规则，充分利用社会资源并与家庭和社区合作，形成爱父母、爱长辈、爱老师和同伴、爱集体、爱家乡、爱祖国的积极情感。

实训任务

请你结合案例中幼儿的行为表现，以中班幼儿为对象，提出促进中班幼儿社会适应能力的活动方案主题。

　　秀秀聪明好学，性情温顺，胆子比较小。秀秀平时由外婆照顾，喜欢看书、听外婆讲故事，极少出门。在幼儿园时，她经常一个人坐在椅子上，游戏时总是自己单独玩，从不和同伴一起玩。她爱听教师和小朋友讲故事，集体活动时回答问题积极，思维活跃，但在教师单独提问她时却不说话。

☞ 实训任务提示

二、社会适应教育活动的目标

社会适应教育活动的目标包括总目标和年龄阶段目标。在教育教学实践中，在《纲要》和《指南》中规定的语言领域的目标的基础上，社会适应教育活动的目标因为社会适应活动本身的特点而有所拓展和深入。

（一）总目标

社会适应作为幼儿社会学习的主要内容，是其社会性发展的基本途径。其总目标是社会教育所期望的最终结果。社会适应教育活动总目标为：喜欢并适应群体生活，遵守基本的行为规范和具有初步的归属感。

（二）年龄阶段目标

幼儿的社会适应能力随着年龄的增长逐步提升，在了解总目标的基础上应熟悉幼儿在不同年龄阶段需要达成的目标，社会适应教育活动的年龄阶段目标如表4-2所示。

表4-2　幼儿社会适应能力发展目标

维度	3—4 岁	4—5 岁	5—6 岁
喜欢并适应群体生活	1. 对群体活动有兴趣 2. 对幼儿园的生活好奇，喜欢上幼儿园	1. 愿意并主动参加群体活动 2. 愿意与家长一起参加社区的一些群体活动	1. 在群体活动中积极、快乐 2. 对小学生活有好奇和向往

续表

维度	3—4 岁	4—5 岁	5—6 岁
遵守基本的行为规范	1. 在提醒下,能遵守游戏和公共场所的规则 2. 知道不经允许不能拿别人的东西,借别人的东西要归还 3. 在成人提醒下,爱护玩具和其他物品	1. 感受规则的意义,并能基本遵守规则 2. 不私自拿不属于自己的东西 3. 知道说谎是不对的 4. 知道接受了的任务要努力完成 5. 在提醒下,能节约粮食、水电等	1. 理解规则的意义,能与同伴协商制定游戏和活动规则 2. 爱惜物品,用别人的东西时也知道爱护 3. 做了错事敢于承认,不说谎 4. 能认真负责地完成自己所接受的任务 5. 爱护身边的环境,注意节约资源
具有初步的归属感	1. 知道和自己一起生活的家庭成员及与自己的关系,体会到自己是家庭的一员 2. 能感受到家庭生活的温暖,爱父母,亲近与信赖长辈 3. 能说出自己家所在街道、小区(乡镇、村)的名称 4. 认识国旗,知道国歌	1. 喜欢自己所在的幼儿园和班级,积极参加集体活动 2. 能说出自己家所在地的省、市、县(区)名称,知道当地有代表性的物产或景观 3. 知道自己是中国人 4. 奏国歌、升国旗时能自动站好	1. 愿意为集体做事,为集体的成绩感到高兴 2. 能感受到家乡的发展变化并为此感到高兴 3. 知道自己的民族,知道中国是一个多民族的大家庭,各民族之间要互相尊重,团结友爱 4. 知道国家一些重大成就,爱祖国,为自己是中国人感到自豪

　　从年龄阶段目标分目标的关系看,3—4 岁、4—5 岁和 5—6 岁的社会适应教育活动目标体现出层级递进的关系,且在不同的年龄阶段各自有所侧重。例如,幼儿遵守规则的表现为"成人提醒—基本遵守—体会规则在生活中的应用"。年龄阶段目标是对总目标的纵向分解,它反映了幼儿社会性发展目标的年龄差异性和连续性。例如,在目标 3 中,3—4 岁社会适应教育活动侧重对家庭和所生活的环境的归属;4—5 岁,对家庭的归属逐渐发展到对幼儿园、家乡的归属;5—6 岁表现为对集体的成绩、家乡变化感到高兴进而产生民族自豪感。

实训任务

　　下面是两个社会适应教育活动及其活动目标,请分别说出各自适宜的年龄阶段。

大家一起真快乐

1. 愿意大胆地参加活动,对用礼貌地打招呼方式接近他人感兴趣。

2. 尝试用多种方式与同伴打招呼,感受与同伴合作的乐趣。

3. 能克服心理的胆怯与陌生的客人打招呼。

策划生日会

1. 积极参加生日策划活动，并能大胆地表达自己的想法。
2. 学习站在他人的角度思考问题。
3. 感受集体的快乐与温暖。

☞ 实训任务
提示

三、社会适应教育活动的基本特征

社会适应教育活动作为幼儿园社会教育活动一种独特的类型，有其自身的特征，具体包括以下四个方面：

（一）明确的行为规则

规则指由群体成员共同制定和公认或由代表人统一制定并通过的且由群体里的所有成员一起遵守的条例和章程。

规则是幼儿在幼儿园生活中必须遵守的行为规范。规则不是强制施加于幼儿，束缚幼儿成长的"铁链"，而是帮助幼儿"成长为他自己"的基石。它是幼儿融入群体，适应群体，逐步建立归属感的重要保障。

在幼儿园里，规则应当包含安静和秩序、自我约束和耐心等待。教师作为幼儿学习活动的支持者、合作者、引导者，在幼儿的集体生活中还要扮演规则维护者的角色，引导幼儿遵守和维护规则。例如，"别人的东西不经允许不能动"这一规则。一开始幼儿没有"别人的"和"自己的"概念，见到自己喜欢的东西就去拿。随着教师一次次的引导，幼儿明白了别人的东西不经允许不能动。因此，幼儿在玩玩具时学会了商量，学会了谦让。随着规则的建立，幼儿不仅适应了幼儿园的群体生活，还学会了与其他人如何交往，并且懂得尊重他人、尊重自己。

（二）积极的师幼互动

幼儿园要把建立良好的师幼关系视为教师的首要任务，让幼儿在关爱、尊重、信任中获得安全感，在体验被关爱、被尊重的同时，产生自我价值感，进而形成自尊自信，并学习用同样的态度对待他人。在与幼儿互动的过程中，教师的言语、行为、态度在很大程度上影响幼儿的社交能力、心理健康等，从而影响幼儿社会适应能力的发展。

（三）适宜的游戏

游戏能使幼儿获得更多的适应社会环境的知识以及处理人际关系的态度和技能。例如，民间游戏有其约定俗成的规则，幼儿在游戏中必须遵守这些规则，才能使游戏进行下去，这会促使幼儿控制自己的情绪、行为，与同伴友好协商，解决人际关系矛盾。又如"公共汽车"的表演游戏可以使幼儿知道上车要排队，不拥挤，在公共汽车上要给老人、残疾人、孕妇、抱小孩的乘客让座，培养幼儿的爱心、责任心。"交通警察"的角色游戏可以使幼儿了解交警的作用，知道一些交通规则。幼儿在游戏中通过自己的亲身体会，进一步加深印象，形成良好的个性心理和积极情感，从而建立起良好的社会适应能力。

（四）有效的活动环境

幼儿与幼儿、幼儿与教师之间的交流少不了环境的支持与介入。有效的环境创设可以使幼儿处于舒适、安全的空间内，进而促进幼儿社会适应能力的发展。幼儿园环境的诸多方面，如环境布置的内容及其营造的氛围、活动空间的安排及活动材料的投放等，会通过影响幼儿的情绪状态、交往对象的数量等来影响幼儿社会适应能力的发展。例如，幼儿园的活动室被分隔成大小不同的区域，便于幼儿在不同的小组中进行合作式学习，使幼儿与同伴之间的沟通与合作更容易一些，也便于教师进行观察、倾听和记录；区角内的各种工具、材料和设备放在幼儿触手可及的地方，让幼儿选择自己喜欢的材料，全神贯注地进行探索、学习。另外，环境创设过程可以让幼儿充分参与，幼儿在与教师、同伴共同创设环境时，与同伴进行交流、合作，表达自己在遇到困难时的沮丧、郁闷，以及完成任务后的喜悦等，幼儿在这一过程中逐渐了解人际交往的规则和技巧，进而逐步适应社会生活。

四、社会适应教育活动设计与实施的基本结构

社会适应教育活动设计与实施的基本结构为：运用多种方式引出活动主题—围绕话题引导幼儿充分观察认知对象—组织幼儿自由表达和表现自己的认知体验—引导幼儿正确认知社会环境和社会规范。

（一）运用多种方式引出活动主题

活动主题的引出有多种方式，社会适应教育活动常用的引出方式如下：

1. 让环境蕴藏潜在的教育

在社会适应活动开展过程中，环境能起到生成的作用。例如，在"我和别人不一样"主题活动中，教师在墙上展示了许多照片，其中有几对双胞胎的照片，这时幼儿们开始议论："双胞胎是不是长得一模一样？""双胞胎的喜好是不是一样？""双胞胎有没有不同？"……这样，教师提供的几张照片又在幼儿中间生成了一系列的"双胞胎"活动。幼儿首先去寻找身边的双胞胎进行采访，然后又请幼儿园的一对双胞胎姐妹来班里。在活动过程中，幼儿进行分工，分别负责观察双胞胎长得有什么不一样，动作有什么不一样，习惯有什么不一样等，并进行记录，同时再通过网络、图书等寻找有关双胞胎的资料。

2. 让幼儿从材料中发现问题

社会适应活动的生成更多是无意之中产生的，这看似的无意却有着教师的那一份有意——提供的材料是否合适、是否具有挑战性，将在很大程度上影响幼儿活动的深入，这一点在主题生成过程中体现得尤为突出。

（二）鼓励幼儿充分观察认知对象

在社会适应活动中，幼儿需要进入一定的现实社会场景，通过多种感官，感知社会现象，通常采用观察法让幼儿充分观察认知对象。

观察法主要是针对一种或几种社会事物或现象进行深入的观察，以视觉为主要渠道。即教师根据社会教育的目的与任务，组织幼儿在园内或园外的各种场所，通过对实际事物和现象的观察、思考而获得新的社会知识与社会规范的教育方法。它能使社会教育活动与幼儿的实际生活紧密地联系起来，使幼儿身临其境，耳闻目睹，接触社会，接受教育。

观察法的运用必须服从教育目标，根据教育的要求进行。教师根据教育目标和要求确定观察的地点、对象和观察的步骤，制订观察计划。观察时教师要指导幼儿围绕观察目的进行观察。观察结束后，教师要帮助幼儿对观察内容进行小结，使幼儿对观察内容有概括性的了解。

（三）组织幼儿自由表现认知体验

在观察过后，教师要提供幼儿交流、讨论、对话表达的机会，也可以通过绘画、表演等方式进行表现。例如，"超市里顾客是如何购买东西的？""看到了哪些文明行为，哪些不文明行为？"引导幼儿认真观察自己所看到的事物，并说出自己的看法。在日常社会教育活动中，教师应注意引导幼儿主动、积极地表达，养成有主见、爱表达的习惯，为其未来形成辨别是非的能力以及坚持自我的选择奠定基础。

（四）引导幼儿正确认知社会规范

在观察、讨论后，教师引导幼儿了解社会环境，学习社会规范。例如，"在超市中拿了最后又不想买的东西是否可以随便放，为什么？"教师要在生活、游戏中要让幼儿感受到因无序混乱而引起的不便，从而感受遵守秩序带来的快乐，通过反复的体验让幼儿学会做出正确的选择，从而意识到规则的重要性，促进幼儿规则意识的逐步内化。

实训任务

请分析案例中的幼儿出现的问题，并以中班幼儿为对象，设计一个促进中班幼儿行为规则意识和理解的活动方案。

明明在集体教学活动中很难集中注意力，是个"坐不住的孩子"，有时他会"骚扰"周围的小朋友而打断教师正在进行的活动；对于教师布置的任务，他常常不能很好地完成；他想参与同伴的活动，却因为不适宜的方式而被同伴拒绝。教师对经常惹麻烦的明明也伤透脑筋，经常当众批评他，气急之下还会让全班的孩子不要理睬他。时间一长，在其他孩子的眼中，明明成了一个调皮、只会惹老师生气的坏孩子。

有一次集体教学活动，教师开始讲述教学活动的主要资料。明明坐在自己的位子上没仔细听，他正用手抓旁边可儿的小辫子。可儿皱了皱眉，将自己的小椅子往旁边挪了挪，明明想将可儿的椅子往自己这边拉近一点，于是两个孩子开始拉扯起来，发出了一些声音。教师大声地对明明说："明明，你给我坐好，再不听话，就让你出去。"本来和可儿僵持着的明明被教师的呵斥镇住了，他怯怯地坐直了身体，瞪大眼睛看着教师，脸上流露出内疚的表情。可儿说道："他刚才使劲地拽我的椅子……""好了，好了，不要说了，你们以后听好了，从今天开始谁都不许惹明明，谁去惹他我就找谁，听见没有？"教师厉声说完这些话后严肃地看着全班的孩子。对于教师的命令，孩子们异口同声地回答："听到了。"明明使劲地绞着自己的手指，有些难过的样子，但随着教师话题的转移，他又恢复了一副满不在乎的样子，东张西望，不知道在想什么。

课后习题

1. 单项选择题

（1）文明的言谈举止、使用礼貌用语、不随意打断别人的讲话、集中注意力倾听他人讲话等内容属于（　　　）

    A. 基本道德规范认知　　　　B. 文明礼貌行为规范的认知

    C. 公共场所行为规范的认知　　D. 群体活动规范的认知

（2）下列不属于"社会适应"目标的子目标的是（　　　）

    A. 喜欢并适应群体生活　　　　B. 遵守基本的行为规范

    C. 具有初步的归属感　　　　　D. 愿意与人交往

2. 材料分析题

阅读下面材料，分析：假如你是教师，会如何与这样的家长家园共育？

在幼儿园中，教师常会遇到有些家长提出诸如"老师，我的孩子不会穿鞋，请老师帮助穿好；我的孩子吃饭慢，老师多帮忙喂喂"之类的要求。他们从来不提及让孩子学习生活方面的技能，在家什么都帮孩子做好，在幼儿园一味让老师代劳。

3. 活动设计题

在教师组织幼儿观察马路上的汽车之后，幼儿对各种各样的交通标志产生了浓厚的兴趣。请以"过马路"为主题，为大班幼儿设计社会适应活动方案。

☞ 实训任务
提示

☞ 参考答案

第五章　幼儿园科学教育活动设计与实施

【本章导读】

　　在人类文明历史中，科学技术发挥了关键作用。进入 20 世纪后，科学技术的迅猛发展、科技与生产力及日常生活日益紧密的结合，推动着科学教育的发展和变革。幼儿园科学教育是科学教育的初始阶段，是一种科学启蒙教育。科学教育能够保护并促进幼儿好奇心、求知欲的发展，培养其科学素养。幼儿园科学教育包括科学探究、数学认知两部分。

　　科学探究部分分为观察认知型、实验操作型、交流讨论型和技术制作型四种基本活动类型，它们代表科学探究过程中的不同能力要求，有各自的特点，其设计与实施既有共同规律，也各具特色。

　　数学认知部分主要包括数的意义、数量关系、数的运算、几何图形、空间关系、空间测量教育活动的设计与实施。

【学习目标】

1. 理解幼儿园科学教育活动目标，能根据幼儿年龄特点，设计适宜的活动目标。
2. 熟悉幼儿园科学教育活动类型，能够根据活动类型的活动目标和基本特征选择适宜的活动内容。
3. 掌握幼儿园科学教育活动设计与实施要点，能够根据活动目标和不同内容设计科学教育活动。

第一节   幼儿园科学教育活动目标与设计

什么是科学？到现在为止，科学仍然是一个难以界定的名词。科学在发展的过程中不断地丰富和改变自身的含义。人们对科学的不同理解所反映的科学观，也随着认知主体的个人经验和外部世界的变化而发生变化。在当代，科学被赋予了丰富的内涵。人们从传统的唯知识科学观转化为全面的科学观，即科学是科学知识、科学过程和科学态度的结合体。本节从横向和纵向维度解析目标，使学习者明确幼儿园科学教育目标的意义、作用及设计的依据和方法，在此基础上，学会设计幼儿园科学教育活动目标。

一、幼儿园科学教育目标概述

教育目标是教育活动的核心，目标的明确是教育活动预期和效果的保证。总的来说，幼儿园科学教育目标按照结构划分，可以分为纵向目标和横向目标。从幼儿园科学教育的总目标到具体科学教育活动目标的落实，是按照一定层次性和递阶性逐一实现的。

（一）幼儿园科学教育目标的纵向结构

幼儿园科学教育目标按照纵向维度，可以划分为总目标、年龄阶段目标、活动目标。

1. 总目标

幼儿园科学教育总目标是幼儿园科学教育总的任务要求，是幼儿园科学教育的指导思想，为幼儿园科学教育发展指明方向。

在《纲要》中，幼儿园科学教育总目标有这样的规定：（1）对周围的事物、现象感兴趣，有好奇心和求知欲；（2）能运用各种感官，动手动脑，探究问题；（3）能用适当的方式表达、交流探究的过程和结果；（4）能从生活和游戏中感受事物的数量关系并体验到数学的重要和有趣；（5）爱护动植物，关心周围环境，亲近大自然，珍惜自然资源，有初步的环保意识。

《指南》中的幼儿园科学教育总目标分别从"科学探究"和"数学认知"两个子领域进行描述。科学探究目标为：（1）亲近自然，喜欢探究；（2）具有初步的探究能力；（3）在探究中认识周围事物和现象。数学认知目标为：（1）初步感知生活中数学的有用和有趣；（2）感知和理解数、量及数量关系；（3）感知形状与空间关系。

2. 年龄阶段目标

年龄阶段目标是幼儿在某一年龄阶段的发展目标。幼儿园科学教育年龄阶段目标呈现三大特点：其一，将科学教育的总目标转化为对小、中、大三个年龄班幼儿逐步提高要求的具体目标；其二，不同年龄阶段幼儿的核心经验水平，与其思维发展、认知能力紧密结合且保持一致，使幼儿不会因为"过难"或"过易"对科学探究丧失兴趣；其三，各年龄阶段目标之间具有连续性和衔接性，层层递进，在实现各年龄阶段目标的基础上实现科学教育的总目标。本节后面对科学教育活动和数学教育活动各个年龄阶段目标进行了详细解析，此处不赘述。

3. 活动目标

活动目标是指一次具体的科学教育活动所要达到的目标。在纵向结构中，活动目标是最具体、最具操作性的目标，它反映了幼儿园科学教育总目标和年龄阶段目标的要求。同时科学教育活动目标的确定，也需要以总目标和年龄阶段目标为指导。

活动目标的制订应以促进幼儿思维发展和科学探索能力为落脚点。在制订每一个具体活动目标时，建议从认知、情感态度和能力技能三个维度设计目标。认知是指幼儿在活动过程中获取了哪些科学或数学的知识，以及相关的概念，例如，知道声音是怎样产生的；理解数字 5 的含义；能力技能是指在科学活动的过程中，能够运用一些方式方法发现问题和解决问题，例如，探索用推、拧、按等方法打开不同的手电筒，用简单的语言表达自己的发现，在此过程中能够掌握正确使用手电筒的方法；情感态度是指在科学教育活动中幼儿兴趣、态度和价值观等方面的变化，例如，感知数字在生活中的用处，体验思考问题和动手操作的乐趣。

（二）幼儿园科学教育目标的横向结构

根据《指南》和《纲要》，幼儿园科学教育目标可以分成情感态度目标、科学方法目标、知识经验目标三个横向维度。情感态度目标主要侧重有强烈的好奇心和探究热情，对科学有积极的情感态度；科学方法目标主要侧重了解科学方法，经历科学探索过程；知识经验目标侧重获得周围物质世界的基本经验，学习较为初级的科学知识技能。

从整体来看，三个目标的要求是全面的；从目标的排序来看，幼儿对科学探究的情感态度是最重要的，其次是科学方法目标，最后才是知识经验目标。这也说明了对于幼儿来说，科学知识不是最主要的目标，培养科学态度和树立科学价值观是首要目标，也是最终目标。

1. 情感态度目标

情感态度目标对引导幼儿进行科学探索起到关键作用。情感态度目标主要包括以下两个方面：

（1）亲近自然、感知生活的积极态度

幼儿亲近自然，不仅可以发现、感受自然的美，形成对自然界的探究兴趣，还可以建立人与自然的和谐关系，萌发幼儿对自然的责任感，引导幼儿关爱生命、尊重自然，这是幼儿亲近自然的意义，也是幼儿亲近自然的积极情感态度的核心。

《指南》中科学探究与数学认知两个子领域都以贴近自然的、身边的、生活中的事物为先决条件，激发幼儿的兴趣。

（2）喜欢探究的积极态度

幼儿对新奇的、自己感兴趣的事物或现象具有好奇心，他们通过提出问题、动手操作等方式进行探究。幼儿的好奇心是他们进行探究和学习的动力。培养幼儿喜欢探究的积极情感态度，需要成人的支持和鼓励，在活动中教师要多理解幼儿的好奇心，鼓励和引导幼儿在活动中探究答案，保护他们的求知欲。

2. 科学方法目标

科学方法目标主要表现在以下两个方面：

（1）探究方法与过程的掌握

科学方法的实质在于探究问题，掌握科学方法的核心是获得探究、解决问题的策略。《指南》中科学探究子领域主要体现了观察、比较、分类、概括、猜测、实验、计划和实施调查、测量、记录和表达等基本探究方法；完整的探究过程包括提出问题、观察探索、提出假设、调查验证、收集信息、得出结论、合作交流等基本环节。

数学认知子领域中体现了幼儿的直接感知、亲身体验和实际操作让幼儿更加具体直观地感知数学，在这个过程中逐渐建立概念，并运用数学解决实际问题。

（2）多种表达方式的运用

《指南》中两个子领域的目标都注重幼儿对科学探索的过程和结果的表达和交流，主要包括语言和非语言的方式，非语言的方式有动作、记录、统计图、绘画等。

3. 知识经验目标

《指南》提出了幼儿科学知识的主要内容，不仅包括科学探究中有关周围事物和现象的认识，还包括数学认知中的数及数量关系、图形与空间等。知识经验目标主要表现在以下两个方面：

（1）知识经验的获得以探究活动为基础

幼儿在科学教育中所获得的知识为"经验性知识"，幼儿对事物和现象的认知，都是通过亲身活动，在感知、体验、探究和发现的过程中获得的。如《指南》科学探究子领域目标指出"能感知和发现物体和材料的软硬、光滑和粗糙等特性",幼儿需要亲自摸一摸才能够发现材料的不同,了解不同材料在生活中的不同用处;如《指南》数学认知子领域目标提出"能手口一致地点数 5 个以内的物体,并能说出总数。能按数取物",利用生活素材让幼儿积累数学感性经验,不断探索,感受数量关系。

(2)知识经验的获得来自周围熟悉的事物和现象

幼儿对事物和现象的理解基于对周围事物的经验。《指南》中科学探究子领域的事物和现象主要包括常见的动植物、常见物体、常见物理现象、天气与季节变化、科技产品和环境及其与人们生活的关系。

数学认知子领域的事物和现象主要包括数与量、图形与空间两个方面。数与量主要是数学知识技能,如量的比较、基数概念、序数、集合比较、加减运算等。图形与空间主要涉及集合形状的名称、特征、类别和简单的组合关系,也涉及空间概念、方位、运动方向和空间表征的理解。

二、幼儿园科学教育活动目标设计

幼儿园科学教育活动目标是指一次具体的科学教育活动所要达到的目标,它是构成科学教育活动的第一要素,是教师开展科学教育活动的出发点和落脚点,它对确定教育任务、组织与实施教学过程都起着指导作用。在具体的科学教育活动中,目标是根据具体活动的情况来确定的,具有灵活性。

(一)活动目标设计的依据

具体活动目标是真正意义上与活动内容紧密相结合的,因此它的设计不仅要以总目标、年龄阶段目标为参考依据,还需要了解不同年龄阶段幼儿的认知发展水平和已有知识经验,同时目标设计还需要考虑不同类型的科学教育活动,即观察认知型科学教育活动、实验操作型科学教育活动、交流讨论型科学教育活动、技术制作型科学教育活动。

例如,对磁铁的探究活动,中班的内容是对磁铁的初步感知以及对磁铁相斥、相吸特点的探究;大班的内容是在此基础上,进一步探索用磁铁使物体悬浮起来的奥秘。在总目标的指引下,不同年龄阶段呈现的内容有所不同。同时此类活动属于实验操作型活动,需要幼儿在活动过程中有发现问题、提出假设、验证假设、得出结论这样的探究过程,也需要在目标的表述中体现。

(二)活动目标设计的要求

科学教育活动的具体活动目标,在设计时有一定的要求,主要体现在以下几个方面:

1. 考虑已有知识经验,与总目标、年龄阶段目标保持一致

例如,小班科学教育活动"下雨了",小班幼儿对下雨天气已有所了

解，根据幼儿的年龄特征，小班幼儿"喜欢接触大自然，对周围很多事物和现象感兴趣""对感兴趣的事物能仔细观察，发现其明显特征"，"能感知和体验天气对自己生活和活动的影响"，幼儿可以对雨天进行细致的观察和感受，并能够用语言回答如"下雨了你看见的云怎样了""你是怎么知道要下雨了""下雨了，我们躲在哪里"等问题。因此可将目标设定为：（1）通过观察下雨时的现象，了解雨和雨水的特征；（2）能用语言表达下雨前后自然界的某些变化；（3）关注天气的变化，产生探索气象的兴趣。

2. 目标的制订要全面

目标应该是包括认知、能力技能和情感态度的三维目标体系，只有将三个维度目标作为一个整体来看，才能更好地一一实现每个目标，促进幼儿的全面发展。例如，中班数学教育活动"我的出勤统计"的目标表述：（1）通过每天的出勤，知道条形统计图和统计方法（认知）；（2）学会看简单的统计图，分析小组的出勤情况，能用条形统计图来记录自己一周的出席情况（能力技能）；（3）感知统计在生活中的运用（情感态度）。从三个维度来进行目标设计，是全面的、完整的。

3. 活动目标的制订要具体化

活动目标的表述要具有针对性，要明确而又具体，应达到可观察和测量的程度。例如，大班科学教育活动"气球的力量"的活动目标：（1）通过实验知道空气从气球里泄出时会产生反冲力，能使气球朝前飞出；（2）探索让小火箭动起来的方法，发现气球粘的位置与火箭运动距离远近之间的关系，并能够做记录；（3）乐意交流实验中的发现与结果，体验分工合作的快乐。该活动目标能够体现活动开展的具体内容和方法。

4. 目标与幼儿的"最近发展区"相适应

幼儿在已有知识经验的基础上，通过努力可以达到活动目标，并且能力有所提升。例如，中班科学教育活动"有趣的沉浮"，提出的知识经验目标是感知不同的物品的沉与浮，了解不同物品的沉浮现象；能力技能目标是能对观察到的现象用符号做记录。这样的目标幼儿通过观察即可做到，因此可增加"尝试改变物体在水中的沉浮状态"，思考并探究用什么样的方法能让下沉的物体上浮，浮在水面的物体下沉，激发幼儿探索的欲望。

5. 活动目标的表述角度要统一

幼儿是活动的主体，因此目标表述时应站在幼儿的角度。同时，也要注意行为目标的表述词语。行为目标是具体的可操作的教育活动目标，它指向活动后幼儿所发生的行为变化。"行为目标"常用"知道""理解""发现""感知""体验"等方式进行表述。

（三）活动目标设计的达成

幼儿园科学教育活动目标是否达成，需要通过对活动内容的选择、活动类型的确定以及活动的开展来进行检验。各个部分之间相互联系，共同促进科学教育活动目标的实现。

1. 围绕目标选择科学教育活动内容

从整体上说，目标的设定直接决定着科学教育活动的具体内容，影响着活动的选择是否贴近幼儿的生活，是否是幼儿感兴趣的内容；具体来说，目标的设定决定活动内容是否属于科学领域，侧重点的不同会对内容选择产生影响。

例如，幼儿进入大班后，运动能力不断增强，动作趋于灵活，但对身体关节的认识，以及关节的作用和保护方法了解很少。教师设计了科学教育活动"会动的关节"，使幼儿认识人体的关节，知道关节对人体活动的作用，学会在运动中保护关节的方法。目标的设定侧重认识关节，并能够在游戏、表演中进一步感知和探究身体的关节在运动或活动中的作用，这属于科学教育活动目标。但如果活动目标表述过于强调对关节的保护，则偏离了科学领域，属于健康领域目标。

2. 围绕目标确定科学教育活动类型

活动目标不仅能够体现科学教育活动的内容，也在表述中明确了科学教育活动所属类型。科学教育活动的类型不同，在活动开展过程中所要达到的目标也不同，在活动实施中运用的手段和方法也不同。

例如，大班科学教育活动"落叶树与常绿树"，如果目标表述侧重引导幼儿运用感官观察两类树及树叶的特点，比较观察两类树及树叶的相同和不同，在手段和方法上更强调观察，以及观察方法和技能的运用，这是观察认知型科学教育活动；如果目标表述侧重通过比较观察，能够对两类树进行分类，引导幼儿说出分类的理由，并交流讨论落叶树落叶的原因，这是交流讨论型科学教育活动。

3. 围绕目标设计科学教育活动环节

活动目标对科学教育活动的开展具有导向作用：第一，活动目标为活动环节指明了活动内容和顺序；第二，活动目标为活动开展指明了活动方法和手段，以幼儿为中心，通过提问、猜想、操作、交流等方式，充分调动幼儿参与活动的兴趣，体现幼儿在活动中的主体性。因此，目标是否达成是检验活动开展成功与否的标准。

例如，大班科学教育活动"美丽彩虹"，活动目标为：（1）对彩虹的形成感兴趣，愿意参与制造彩虹的游戏（情感态度）；（2）尝试使用多种材料和方法制造"彩虹"，做好记录并大胆交流自己的发现（能力技能）；（3）简单了解彩虹的形成和颜色，知道制作彩虹的方法（认知）。活动的主要流程根据活动目标可设为：激发兴趣（了解彩虹）—初次制造（选用多种材料制造）—再次尝试（选用其他材料制造）—活动结束；在活动的过程中运用猜想、验证、操作、交流、记录等方法，教师设疑提问，激发幼儿动手操作的兴趣，在验证后交流各自的发现，并得出结论，总结出制作彩虹的方法。活动目标与活动过程紧紧相扣，活动过程在活动目标的牵引下循序渐进地开展，并逐一达成目标。

实训任务

☞ "蚯蚓的秘密"活动设计

☞ 实训任务提示

结合大班科学教育活动"蚯蚓的秘密"的活动设计，完成以下任务：

1. 根据具体活动目标设计要求，总结出活动目标。

2. 核查活动目标是否符合具体活动目标设计要求，并在表 5-1 的□内打√，如不符合请加以修改。

3. 分析活动的各个环节怎样实现并达成目标。

表 5-1　活动目标核检表

活动目标	活动目标设计核查
	□活动目标是否符合总目标、年龄目标要求 □活动目标是否是三维度目标（包括情感态度、能力技能和认知） □活动目标的表述是否具体、清晰，不过于空泛 □目标适宜于幼儿的"最近发展区" □目标表述的主体是否是幼儿，没有用到"使幼儿""让幼儿""培养幼儿""激发"等词语
	哪些活动环节体现了哪一个活动目标，是否达成

课后习题

1. 单项选择题

（1）活动目标的设计要以总目标、年龄阶段目标为参考依据，同时还要了解（　　）以及活动类型。

　　　A. 科学方法和科学态度　　　　B. 认知水平和已有知识经验

　　　C. 探究意识和探究精神　　　　D. 好奇心

（2）"科学的核心在于探究"，强调科学不仅是获取知识的过程，更强调（　　）的结合。

　　　A. 科学目标　　　　　　　　　B. 科学态度

C. 科学方法与探究过程　　　　D. 感性经验

2. 材料分析题

请问李老师活动目标设计存在的问题是什么？你会如何设计？

李老师在小班开展科学教育活动"好听的声音"，活动目标设计如下：

（1）培养幼儿辨别生活中不同声音的能力；

（2）发展幼儿的探究能力。

3. 活动设计题

请根据活动背景，为大班幼儿设计合适的科学教育活动主题，并设计活动目标。

活动背景：当今社会随着快餐业、包装业和超市的发展，极大地方便了人们的生活，人们在享受物质生活方便的同时，也给环境带来了严重的破坏。"白色污染"如各种方便袋、一次性碗、盒，各种塑料瓶等，成为继大气污染、水污染之后的第三大社会公害。结合环保教育，如何开展科学教育活动？教师在帮助幼儿认识"白色污染"，并对"白色污染"进行分类的基础上，再引导幼儿了解"白色污染"处理等实践活动，引导幼儿形成要减少垃圾、美化生活环境、爱护环境的意识。

☞ 参考答案

第二节　观察认知型科学教育活动设计与实施

本节主要引导学习者了解观察认知型科学教育活动的含义和常见的观察活动类型，明确不同年龄阶段观察认知型科学教育活动的目标，以此为基础，掌握此类型科学教育活动设计与实施的基本结构，从而学会设计与实施观察认知型科学教育活动。

一、观察认知型科学教育活动的概念

观察是一切科学活动的基础，幼儿的逻辑推理能力有限，他们获取科学知识经验的途径依赖对物体和现象的直接观察。对于幼儿来说，观察是一种重要的科学探究技能。

观察法是指幼儿在教师有目的、有意识的引导下，运用多种感官去感知探究客观事物和现象，并在此基础上逐步形成概念、掌握科学知识的方法。观察认知型科学教育活动是指以观察法为主要方法的科学教育活动。

观察活动主要有三个类型：物体或现象的观察、比较观察、长期系统观察。物体或现象的观察是指幼儿运用感官对单个物体（或一类物体）或现象的观察，从而了解其外形特征、属性、习性、现象等，如观察小鱼、小蚂

蚁、石头、树叶、下雨、雾等；比较观察是指幼儿同时对两种或两种以上具有对比性的物体或现象的观察，并找出它们之间的异同，如对鸡和鸭的比较性观察、对梧桐树叶与银杏树叶的比较性观察等；长期系统观察是指幼儿在较长的一段时间内，对某一物体或现象进行持续系统地观察，对其质和量两方面的发展变化过程有较完整的认识，如观察动植物的生长、天气的变化等。

需要说明的是，这里的观察认知型科学教育活动主要是指集体教育活动，由于长期系统观察的周期较长，不能仅仅通过一次集体教育活动来呈现，活动设计多与区域活动、生活活动等相结合，因此，这类观察认知型科学教育活动不再赘述。

二、观察认知型科学教育活动目标

（一）总目标

1. 运用多种感官对周围事物或现象进行观察，了解客观事物的外部特征。

2. 通过比较观察，掌握观察对象的变化规律、与其他事物的相互关系，辨别不同事物或现象的异同。

3. 通过观察对象的观察、比较，掌握观察方法，提高观察能力、思维能力和表达能力。

总目标概括为观察能力、对观察结果的表达能力和科学知识经验的获得三个方面。

（二）年龄阶段目标

不同年龄阶段，幼儿观察能力、表达能力和知识经验获得的要求有所不同，因此，在设计观察认知型科学教育活动目标时，应考虑幼儿的年龄差异，如表5-2所示。

表5-2 观察认知型科学教育活动年龄阶段目标

维度	3—4岁	4—5岁	5—6岁
观察能力	1. 发现事物明显的外部特征 2. 运用多感官感知事物特征 3. 观察现象的发生和事物的变化	1. 有顺序地观察事物特征 2. 比较各个观察对象的不同	1. 观察事物的运动和变化 2. 探寻观察对象的变化规律 3. 在观察中逐渐发现事物和现象之间的内在联系

续表

维度	3—4 岁	4—5 岁	5—6 岁
表达能力	运用语言大胆讲述自己在观察中的发现	1. 运用完整语言讲述并交流自己在观察中的发现 2. 用图画、数字等多种方式记录观察结果	1. 运用完整、准确的语言讲述并交流自己在观察中的发现 2. 用图画、数字等多种方式记录观察结果
知识经验	1. 认识观察对象的显著特征 2. 认识观察对象的多样性	认识各种观察对象的不同与相同之处	探寻观察对象的变化规律

从年龄阶段目标分目标的关系看，3—4 岁、4—5 岁和 5—6 岁的目标体现出层级递进的关系，且在不同的年龄阶段各自有所侧重。例如：

1. 观察能力

（1）观察事物：明显、外部事物（3—4 岁）—多种事物（4—5 岁）—运动和变化（5—6 岁）。

（2）观察方法：运用感知（3—4 岁至 5—6 岁）—顺序、比较观察（4—5 岁至 5—6 岁）—找规律（5—6 岁）。

2. 表达能力

（1）语言表达：大胆表达（3—4 岁）—完整表达（4—5 岁）—准确表达（5—6 岁）。

（2）非语言表达：不同记录方式（4—5 岁至 5—6 岁）。

3. 知识经验

显著和多样性特征（3—4 岁）—多样性特征与异同（4—5 岁）—事物之间的联系和规律（5—6 岁）。

三、观察认知型科学教育活动基本特征

（一）实物、实景选取的代表性

为保证观察的准确性和真实性，教师尽量要为幼儿提供实物、实景，这是保证幼儿观察活动开展的前提。幼儿对事物或现象的认识和感知更易通过直接经验获取。在特殊情况下，如观察物体和现象不能够直接在活动中呈现，教师可用标本、模型，附以影像资料和图片。

（二）感性经验获得的直接性

幼儿处于具体形象思维阶段，这使其科学探究更加依赖真实具体的对象。观察认知型科学教育活动通过感知和操作为幼儿提供了直接与周围世界接触的机会，帮助幼儿获得最直接、最具体的科学经验。

（三）观察技能的奠基性

观察认知型科学教育活动最重要的特点就是通过活动，使幼儿掌握最基本且多样的观察方法，如通过感官观察、按顺序观察、比较观察、多角度观察等。这些观察方法为后续幼儿通过观察理解事物或现象之间的关系、认识客观事实奠定基础。

实训任务

请扫描二维码，阅读科学教育活动"遛河蟹"活动设计，并回答以下几个问题：

1. 幼儿观察的对象是什么？
2. 活动中所运用的最主要的教学方法是什么？
3. 此活动属于哪个类型的观察？
4. 根据不同年龄阶段的目标，说一说此活动适用于哪个年龄阶段？
5. 对照不同年龄阶段目标分析此阶段的幼儿获得了哪些能力？

☞ "遛河蟹"
活动设计

☞ 实训任务
提示

四、观察认知型科学教育活动设计与实施的基本结构

观察认知型科学教育活动设计与实施的基本结构，根据观察对象具体特点的不同，设计思路也有所不同，通常分为激发观察兴趣—初步感知观察—深入探索观察—结束观察主要四个环节。当然，在幼儿园科学教育活动中这四个环节仅供参考，教师要根据具体的观察目的、内容、条件等实际情况灵活调节活动设计的思路与环节。

（一）激发观察兴趣

幼儿对新奇的事物容易产生探究的欲望，创设有趣的情境是激发幼儿学习和探究的动力，情境创设主要有两种方式：实物创设和语言创设。

1. 实物创设

在出示观察对象时，教师可以采用巧妙的方式激发幼儿观察的兴趣。如在出示观察对象前，将其放到幼儿看不到的地方，或者用布盖住，或放到盒子里。例如，小班开展关于橘子的观察活动，教师先出示一个布袋，让幼儿摸一摸，感受布袋中的物体，猜一猜布袋里装的是什么，引导幼儿说出理由，最后教师出示布袋中的物体——橘子，证实幼儿的猜测。

2. 语言创设

当幼儿已有观察物体或现象的经验，或不能在活动中直接呈现实物、实景时，教师可通过谈话、猜谜、提出问题等调动他们的已有知识经验。

如科学教育活动"我为蚂蚁照相"，运用谜语"远看芝麻撒地，近看黑驴运米，不怕山高路途远，只怕跌进热锅里"导入。蚂蚁是幼儿日常生活中非常熟悉的，教师通过猜谜、谈话唤起幼儿对蚂蚁的经验，大致掌握幼儿对蚂蚁了解的情况，在后面的活动环节有意识地引导幼儿去了解他们所不知道的关于蚂蚁的知识，激发幼儿的兴趣。

总之，无论是实物创设还是语言创设，教师都应以幼儿年龄特点和已有知识经验为出发点，创设的情境要与活动内容紧密相关。

（二）初步感知观察

这个环节的目的是调动幼儿的多种感官，对所要观察的物体或现象从整体上进行感知，大致了解物体或现象的特点、属性、习性等，并和同伴交流自己的想法。

1. 幼儿自由观察与表达

幼儿的自由，体现在自由地观察物体或现象，自由、大胆地表达自己的想法，能与同伴交流。教师不需要示范该如何去观察，可以适当以问题的形式引导幼儿对物体或现象进行整体的观察和了解。在观察的过程中，幼儿会萌发很多自己的想法，幼儿可能会自己选择交流的同伴，也可能找教师交谈，教师应倾听他们的描述，不用纠正不正确或不合适的想法。幼儿可自由地使用自己的表达方式，如加入动作的模仿、图画记录等。

2. 教师引导与观察幼儿

教师在此环节中需要做好两件事：一是用问题引发幼儿的观察与思考，二是观察幼儿的观察方法和表达。首先，当明确观察对象或现象后，教师要提出问题引导幼儿进入自由观察的阶段，问题要有一定的针对性，如"它看上去是什么样子的？摸起来有什么感觉？"

其次，教师可作为旁观者观察幼儿用了什么观察方法，倾听幼儿之间的交流，还可以简单地发表个人见解，对幼儿的表达给予一定的反馈。

教师引导与观察幼儿可以了解幼儿已有的知识经验水平，善于抓住幼儿发现的重点，为下一阶段的深入探索观察做铺垫。

（三）深入探索观察

初步感知观察环节主要是让幼儿运用多种感官去感知物体或现象，深入探索观察环节的重点是在教师的引导下改变观察角度，增加观察任务和拓展观察信息等。

1. 改变观察角度

在初步感知观察的基础上，教师引导幼儿进行顺序观察、比较观察或多角度观察。

顺序观察是根据观察对象的外部结构特点，有顺序地进行观察，如从上到下或从下到上，从左到右或从右到左，从整体到局部或从局部到整体，从明显特征到不明显特征，使幼儿的观察更加全面细致，不遗漏。

　　比较观察是指同时观察两种或两种以上的相似事物，对相似事物中的不同之处进行对照，发展幼儿的观察能力及思维能力。先观察事物的不同点，然后再观察事物的相同点，教师不仅要引导幼儿比较事物的各部分，还要对事物的整体进行比较。

　　多角度观察是指幼儿从不同的方面、不同的细节中了解一个事物的各个部分或各种现象之间的联系，从而对观察事物或现象有比较完整清晰的认识。如可让幼儿从物体的上面、下面、左面、右面、远距离、近距离等多角度进行观察，从而获得对物体更细致的认识。

　　2. 增加观察任务

　　教师根据幼儿已有的认知水平和年龄特点，鼓励幼儿在进行更加细致观察的同时，用不同的方式做观察记录，如中班幼儿可以记录观察对象，大班幼儿可以进行分类记录。无论什么样的观察记录方式，都需要幼儿在全面细致观察的基础上才能完成。

　　3. 拓展观察信息

　　教师可提供相关的影像资料、照片等素材，补充幼儿的观察信息，拓展幼儿的知识范围，使整个观察活动更加完整、丰富。

　　（四）结束观察

　　此环节组织方式比较多样，如教师可以与幼儿共同进行总结，也可以采用练习、游戏的方式加深幼儿对观察对象的认识等。如观察完昆虫的特点后，幼儿可以学昆虫的样子飞一飞、跳一跳、爬一爬、蹦一蹦等。总之，教师可以遵循动静结合的方式，灵活安排，依据观察内容和任务的不同而采取不同的结束方式。

　　总的来说，观察认知型科学教育活动设计与实施的基本结构包括四个环节，同时，在活动过程中还要注意设计内容的安排、教师的关键提问、幼儿的表达交流以及教师总结。

☞ 实训任务
提示

实训任务

扫描二维码，对中班科学教育活动"蜗牛的秘密"加以分析：

　　1. 活动的"初步感知观察"和"深入探索观察"环节都分别从哪个方面引导幼儿进行观察？

　　2. 教师的关键提问都有哪些？

　　3. 幼儿在观察蜗牛时都运用了什么样的表达交流方式？

☞ "蜗牛的秘密"活动设计

课后习题

1. 单项选择题

（1）能够有顺序地观察事物的特征，并比较各个观察对象的不同与相同，至少是（　　）年龄阶段的目标。

   A. 2—3 岁　　　B. 3—4 岁　　　C. 4—5 岁　　　D. 5—6 岁

（2）在观察的过程中能够用完整语言讲述并交流自己的发现，可用多种方式记录自己的观察结果，从（　　）年龄阶段开始就可以获得这样的能力。

   A. 2—3 岁　　　B. 3—4 岁　　　C. 4—5 岁　　　D. 5—6 岁

（3）能够在观察中发现事物和现象之间的内在联系，并能够探寻观察对象的变化规律属于（　　）年龄阶段的目标。

   A. 2—3 岁　　　B. 3—4 岁　　　C. 4—5 岁　　　D. 5—6 岁

2. 材料解析题

下面哪个主题内容活动属于观察认知型科学教育活动？说说你的理由。

主题内容 1：恐龙消失的秘密（主要对恐龙消失的原因进行猜测和讨论）

主题内容 2：神奇的海洋动物（主要对海洋动物进行不同的分类，如鱼类、软体动物、甲壳动物等）

主题内容 3：糖果的世界（主要调动多种感官了解糖果）

主题内容 4：声音真奇妙（探索声音的产生及传播方式）

3. 活动设计题

请参考活动背景，设计中班观察认知型科学教育活动"蒜头发芽了"，写出活动目标和活动过程。

活动背景：午餐时，许多小朋友都不吃蒜苗，将蒜苗挑出或剩下。教师在开展"多样的种子"主题活动时，设计了科学教育活动"蒜头发芽了"，将大蒜和蒜苗进行比较，了解大蒜和蒜苗的作用。

☞ 参考答案

第三节　实验操作型科学教育活动设计与实施

本节主要引导学习者了解实验操作型科学教育活动的含义，明确不同年龄阶段实验操作型科学教育活动的目标，以此为基础，掌握此类型科学教育活动设计与实施的基本结构，从而学会设计与实施实验操作型科学教育活动。

一、实验操作型科学教育活动的概念

在科学教育活动中，幼儿主要通过操作验证其发现、推论或预测是否正确。操作是幼儿获得经验最直接的途径之一。实验操作型科学教育活动是指教师将幼儿感兴趣的科学现象或问题设计成有趣的科学实验，并在实验中提供适当的材料，引导幼儿操作材料进行实验探究，观察和发现客观事物和现象的变化，理解简单的科学现象和原理。

幼儿不能在逻辑的基础上理解事物之间的因果关系，因此幼儿的科学实验对变量的控制比较简单，揭示的也是事物之间明显的、可见的、表面的因果联系。

二、实验操作型科学教育活动目标

（一）总目标

实验操作型科学教育活动的核心是探究，其总目标为：幼儿亲自动手操作，凭借科学的思维，通过观察、操作、假设、验证等方法，发现规律，自主探寻答案，解决科学问题，形成科学态度。实验操作型科学教育活动的目标在于激发幼儿的科学好奇心和培养科学探究能力。

（二）年龄阶段目标

不同年龄阶段幼儿实验操作活动的目标有所不同，在设计实验操作型科学教育活动目标时可参考表 5-3。

表 5-3　实验操作型科学教育活动年龄阶段目标

维度	3—4 岁	4—5 岁	5—6 岁
好奇心	注意到新异事物或现象	愿意探究新异事物和现象	对新异事物或现象提出问题并进行研究
思维能力	能通过自己的观察，积极思考、操作	1. 能对问题做出假设并用自己的经验来加以验证 2. 能根据已经获得的资料进行合理推断，得出结论	能根据过去的经验或逻辑推断，对现象进行解释和预测
表达能力	运用语言大胆讲述并交流自己在实验中的发现	运用完整的语言讲述并交流自己在实验中的发现	用准确、有效的语言表达和交流自己在实验中的做法和发现

从年龄阶段目标分目标的关系看，3—4 岁、4—5 岁和 5—6 岁的目标体现出层级递进的关系，且在不同的年龄阶段各自有所侧重。例如：

好奇心：注意事物（3—4 岁）—愿意探究（4—5 岁）—提出问题（5—6 岁）。

思维能力：思考（3—4岁）—做出假设，合理推断（4—5岁）—解释和预测（5—6岁）。

表达能力：大胆讲述（3—4岁）—完整讲述（4—5岁）—准确讲述（5—6岁）。

三、实验操作型科学教育活动基本特征

（一）筛选科学原理，设计实验内容

实验内容的选择不仅要考虑幼儿的认知发展水平，贴近幼儿生活，还要以科学原理和因果关系比较简单明了、幼儿易操作、易于被幼儿观察的活动为主。实验内容只需重复前人的实验即可，不要求有新的发现。实验内容和操作方法以及对变量的操纵和控制比较简单，幼儿在短时间内就能看到实验结果。

（二）激发探究兴趣，体验探究过程

在实验活动中，幼儿通过尝试操纵或改变物体，可以满足好奇心和探究欲望，充分体验发现问题、提出问题、解决问题的探究过程。幼儿自己去探索，自己去实验，自己去验证，最后得到自己认同又符合科学事实的答案。

（三）理解科学现象，培养多种能力

实验操作能够使幼儿获取第一手感性材料，对科学现象有直观的了解，有助于幼儿理解科学现象。同时实验也可以培养幼儿的观察能力、分析能力和动手操作能力。

四、实验操作型科学教育活动设计与实施的基本结构

根据幼儿年龄特点及实验内容的差异，实验操作型科学教育活动主要包括"自由－引导式"和"猜想－验证式"两种。"自由－引导式"活动，主要由教师引导幼儿先自由探索，然后与同伴交流讨论各自的发现，再由教师进一步引导幼儿进行探索，最后教师和幼儿共同交流发现的问题或现象。"猜想－验证式"活动，教师选择幼儿具备相关生活经验的内容作为探究问题，教师先让幼儿猜测实验可能获得的结果，再通过实验来验证自己的猜想是否正确。"猜想－验证式"活动在一定程度上能够激发幼儿的探究欲望，提升探究能力，能够充分体现"提出问题—作出假设—验证假设—交流讨论—形成结论"这种相对完整的科学探究过程，因此，这里的实验操作型科学教育活动主要介绍"猜想－验证式"活动的基本结构。

"猜想－验证式"活动的基本结构主要包括"激发幼儿兴趣—初步实验探究—深入实验探究—结束实验"四个环节。

（一）激发幼儿兴趣

这个环节为活动的导入，实验探究型科学教育活动有其特有的导入方式，主要有以下几种：一是将实验直接呈现给幼儿；二是让幼儿观察面前摆放的材料，提出问题；三是以幼儿感兴趣的问题和现象导入。

无论以哪种方式导入活动，最终的目的还是通过实验情境先"提出问题"，以激发幼儿实验探究的兴趣。

（二）初步实验探究

1. 具体操作步骤

此环节包括一个相对完整的实验探究流程，具体的操作步骤为：

（1）提出假设或猜想：根据已有经验推测实验的结果，分享实验方法。

（2）幼儿操作实验：给幼儿充足的时间进行自主操作，教师指导。

（3）记录实验结果：将实验操作中的发现或观察到的现象以图画、图表等方式记录下来。

（4）交流讨论：根据实验操作和实验的记录结果，幼儿讨论实验结果，说出自己的发现和想法。

（5）教师小结：教师先以幼儿的讨论结果为主，抓住幼儿表达的关键性词语，结合实验内容用简单、通俗易懂的话做总结，体现和概括实验的目的。

2. 注意事项

为了保证操作步骤的有效实施，我们需要注意以下几个方面：

（1）教师的预备实验。在活动前，为了使实验能够达到预期的效果，教师应对整个实验过程进行多遍的完整操作。预备实验主要包括对实验材料、操作步骤、时间安排的检验等；同时教师在预备实验过程中需要思考实验成功需要注意哪些问题，实验的关键点在哪里，幼儿在操作中会遇到哪些困难，教师能给予什么样的支持和帮助，什么样的问题可以引发幼儿进一步的探究等。

（2）体现幼儿的自主性。幼儿的自主性主要体现在其自主动手进行实验操作，在安全的前提下，教师要给予幼儿更多自主探究的空间，鼓励幼儿运用如观察、记录、测量、分类等方法，促进幼儿在实验中发现事物的变化、现象和结果；鼓励幼儿用语言或非语言的形式表达他们的探索和发现，以及情绪体验等。

（3）为实验提供充足的用具和材料。教师要根据实验的内容为幼儿准备相应数量的用具和材料，幼儿实验的用具和材料一般选择比较简单，使用方便的。

（4）明确活动目标，进行有效提问。教师的提问尽量简洁、明确，有一定的启发性；多提开放问题；问题紧密联系实际，步步深入。

（三）深入实验探究

仅凭一次实验往往不能够很好地实现活动目标。因此，教师可将活动内容根据幼儿的认知，设计成两个或多个小实验，每一个小实验达到一个小目标，循序渐进，使幼儿逐层深入地理解和探究，获取科学知识经验。

此部分实验探究的内容，不是初步实验探究的重复，主要是增加探究新任务，提出新问题，提供新材料。新任务主要提出新的实验内容，引发幼儿进行新的探索；新问题围绕新任务再次提出引发幼儿思考和探究的问题；新材料需要根据新的问题情境投放相关用具和材料，用具和材料的投放需要分层投放而不是一次性投放。

此环节的具体操作步骤同初步实验探究环节的步骤，即提出新问题—提出假设或猜想—幼儿操作实验—记录实验结果—交流讨论—教师小结。

（四）结束实验

结束实验通常有几种形式：一是总结与交流，教师帮助幼儿梳理、分析实验过程，加强幼儿的理解和记忆。二是实验结束时继续提出引发幼儿思考和探究的问题，根据活动内容和已有知识经验，引发幼儿再次探究的欲望。三是游戏，教师设计与活动内容相关的游戏，帮助幼儿再次巩固知识经验。

以上为"猜想－验证式"活动的基础结构，能够清晰体现科学探究的完整过程，教师根据活动的内容以及教学经验的不同，在设计时可适当调整方法。

☞ 实训任务
提示

实训任务

扫描二维码，说一说"快递鸡蛋"活动设计的四个环节是什么？环节与环节之间的关系是怎样的？试写活动目标和"猜想－验证式"活动过程。

☞ "快递鸡蛋"
活动设计

课后习题

1. 单项选择题

（1）"猜想－验证式"活动的过程能够提升幼儿的探究能力，能够充分体现（   ）相对完整的科学探究过程。

      A. 提出问题—验证假设—形成结论

      B. 作出假设—验证假设—形成结论

      C. 提出问题—作出假设—验证假设—交流讨论—形成结论

      D. 提出问题—作出假设—交流讨论—形成结论

（2）在活动中能够注意到新异事物或现象，能运用语言讲述自己的发现，能够积极思考和操作，属于（　　　）年龄阶段的目标。

　　　　A. 2—3 岁　　　B. 3—4 岁　　　C. 4—5 岁　　　D. 5—6 岁

2. 材料分析题

下面是大班科学教育活动"磁铁的秘密"简要的活动过程，请说说活动过程设计存在的问题。

活动过程：

一、激发幼儿兴趣

教师出示磁铁。

二、猜想与验证，感知磁铁吸铁的特性

1. 猜想：哪些物品能被磁铁吸住，哪些不能？进行分类记录。

2. 操作验证。

3. 结果：铁盒大小不一，需要磁铁的大小不一样。

三、感受磁铁的穿透性

1. 猜想：有什么办法可以让不能被吸住的物品被磁铁吸住？

2. 幼儿操作验证。

3. 结果：磁铁有一定的穿透性。

四、活动结束

3. 活动设计题

请参考活动背景，设计大班实验探究型科学教育活动"制造彩虹"，写出活动目标和活动过程。

活动背景：雨过天晴，天空中出现了美丽的彩虹。孩子们大声惊呼："快看，彩虹！"有的孩子说："彩虹真美，它要是能一直留在空中就好了！"孩子们都为不能再次看见美丽的彩虹而感到遗憾。教师以此为契机，满足孩子们的愿望，尝试用生活中一些常见的物品来"制造彩虹"。

☞ 参考答案

第四节　交流讨论型科学教育活动设计与实施

本节主要引导学习者了解交流讨论型活动的含义和特点，明确不同年龄阶段交流讨论型科学教育活动的目标，以此为基础，掌握此类型科学教育活动设计与实施的基本结构，从而学会设计与实施交流讨论型科学教育活动。

一、交流讨论型科学教育活动的概念

交流讨论型科学教育活动主要是指在收集、整理资料的基础上，幼儿围绕某一活动主题，通过集体交流、讨论等手段，获取科学知识经验的活动。

交流讨论型科学教育活动一般具有信息量大，内容丰富，不适合幼儿直接观察或操作的特点。如神秘的恐龙、小动物怎样过冬等。此类型活动的开展有两个先决条件：

第一，资料的搜集和整理。活动开展前教师和幼儿需要提前做好相关资料的搜集和整理，资料可以来源于幼儿日常生活的积累、网络、书籍、调查访问、实地观察、观摩影像等，或者是活动前组织过的观察认知型科学教育活动、实验操作型科学教育活动等，从多方面、多角度了解所要讨论的话题。

第二，幼儿具有一定的语言表达能力，能够根据自己对资料的分析和理解，用语言表达自己的想法，倾听同伴的观点，和大家一起讨论并得出问题的答案，因此，交流讨论型科学教育活动适合中班、大班的幼儿。

二、交流讨论型科学教育活动目标

（一）总目标

交流讨论型科学教育活动的主要目的是采用讨论交流的间接学习方式，培养幼儿资料搜集和整理能力、表达交流能力、思维能力，获取科学知识经验。其总目标如下：

1. 幼儿愿意表达自己的观点，提高交流能力的相关技能。

2. 在交流讨论后，通过分类、概括、推论和预测等方式获取科学知识经验。

（二）年龄阶段目标

根据不同年龄阶段的发展特点，设计交流讨论型科学教育活动目标时可参考表5-4。

表5-4　交流讨论型科学教育活动年龄阶段目标

维度		3—4 岁	4—5 岁	5—6 岁
资料搜集和整理能力		1. 调查访问、查阅书籍、网络搜集的方法 2. 照片、影像、图画等资料的整理		
表达交流能力	语言表达	1. 用描述性的词汇对其观察经验进行讨论 2. 提取已有经验进行描述和表达 3. 运用语言大胆讲述自己的发现	1. 概括性描述 2. 对现象进行直观、简单的解释 3. 运用完整的语言讲述并交流自己的发现	1. 可描述事物前后变化 2. 用叙述的语言传达信息、提出问题和提供解释 3. 对事物和现象进行更多的概括 4. 用准确、有效的语言表达和交流自己的做法、想法和发现

续表

维度		3—4 岁	4—5 岁	5—6 岁
表达交流能力	非语言表达		用图画或其他符号进行记录	用数字、图画、图表或其他符号进行记录
	倾听分享	能够分享自己的发现	1. 愿意分享自己的发现 2. 愿意倾听他人的观点	1. 在探究中与他人合作交流 2. 倾听、理解与评价他人的观点
思维能力		简单的分类	分类、概括、推论和预测	
知识经验		知道事物和现象的特征	丰富有关主题的知识经验	建构自己的科学知识

从年龄阶段目标分目标的关系看，3—4 岁、4—5 岁和 5—6 岁的目标体现出层级递进的关系，且在不同的年龄阶段各自有所侧重。例如，表达交流能力的要求。

（1）描述：词汇描述（3—4 岁）—概括描述—（4—5 岁）—叙述（5—6 岁）。

（2）解释：提取经验（3—4 岁）—简单解释（4—5 岁）—提问并解释（5—6 岁）。

（3）发现：大胆表达（3—4 岁）—完整表达（4—5 岁）—准确表达（5—6 岁）。

（4）记录：简单记录（4—5 岁）—多样记录（5—6 岁）。

（5）倾听分享：分享（3—4 岁）—倾听分享（4—5 岁）—合作、理解与评价（5—6 岁）。

三、交流讨论型科学教育活动基本特征

（一）讨论话题的预设性

交流讨论型科学教育活动一般讨论的话题信息量较大，幼儿不能直接通过观察或操作进行，也不能通过经验直接获取，幼儿在讨论之前，需要利用各种手段和方法收集相关的资料，为将要进行讨论的话题做好经验准备。

（二）科学经验的强化性

交流讨论有利于幼儿加深、巩固、拓展已有的知识，帮助幼儿明晰所研究的事物特征及关系。同时，幼儿在交流和讨论的过程中需要对探究的过程和结果进行解释、论证、分析、分类、概括、预测，以及对自己的发现进行总结，这一过程本身就是对幼儿科学发现的强化，是对科学经验的概括和提升。

（三）探究方法的丰富性

除了口头语言描述，教师还可以引导幼儿将探究的过程和结果用身体动作、图画符号等多种方式进行表达，鼓励幼儿用自己的方式进行记录，丰富幼儿对科学探究的认识。

（四）思维的整合性

交流讨论对幼儿来说是一种重要的思维过程，能够促进幼儿的思维发展。有效的交流使幼儿原本零碎、模糊的经验变得完整、清晰，在交流中尝试整理和概括自己探究的结果；讨论则给幼儿一个理解别人思路、理解别人想法的机会，使幼儿学会更有逻辑、更为严密地思考问题。

四、交流讨论型科学教育活动设计与实施的基本结构

这里我们所说的交流讨论型科学教育活动是集体教育活动，设计与实施的基本结构主要包括：激发幼儿兴趣—初步讨论话题—深入讨论话题—结束讨论四个环节。

（一）激发幼儿兴趣

这个环节中，教师可以选择多样化的导入方式，如呈现图片、故事、游戏、猜谜、谈话、动作等，使幼儿迅速地了解讨论的话题。

重要的是，无论教师以何种方式导入话题，始终要围绕一个话题进行讨论，因此，在设计本环节时要"提出问题"，为后面话题的讨论做好铺垫。

（二）初步讨论话题

这个环节主要借助资料的呈现，以问题为导向，引发幼儿的思考和讨论。

在这个环节中需要注意以下三个方面的问题：

第一，资料的呈现形式可以是多样的，如影像、图片、故事等。这些资料是引发幼儿思考与讨论的媒介，讨论的目的不是要提高语言表达能力，概括资料所呈现的主要内容，而是在教师的引导下，侧重对科学概念的建构和科学思维的发展。

第二，教师的提问要有针对性，运用多样的提问方式。教师的语言可以引发幼儿思考，引领幼儿抓住问题的本质。通过教师有层次的、有针对性的提问，幼儿会逐渐有效整合、建构自己的知识经验。除此之外，教师应通过提问引导幼儿关注学习方法的运用，如"你是怎么知道这个答案的？""你是用什么方法发现这个现象的呢？"强化幼儿对间接学习方法的认识；同时还可以适当运用反问、追问等方式引导幼儿进一步思考。教师的提问要有开放性，不要提出"是不是"或"对不对"这样封闭性的问题。

第三，给予幼儿自由讨论的时间。讨论是以分享经验为目的的，教师要

给予幼儿充分的时间，以小组讨论、全班交流的形式进行讨论；也可以创设情境，或以辩论的形式进行讨论，引导幼儿大胆表达自己的想法，学会倾听别人的意见。

需要注意的是，在交流分享中教师要多给予幼儿肯定性的评价，认真倾听幼儿的观点，给予真诚的回应。

（三）深入讨论话题

这个环节，讨论通常以语言、非语言相结合的方式呈现，除了口头表达之外，还可以运用表演、动作演示、图表记录、操作卡等交流方式，将已讨论的内容进行分类、概括、推论，将繁多的信息进行整合，建构科学概念，并用有趣的方式展现出来，感受沟通的乐趣。

☞ 实训任务
提示

（四）结束讨论

结束讨论环节，教师可以对活动进行全面的总结，也可以抛出相关能引发幼儿思考的问题，也可以以游戏的形式巩固讨论的内容。

实训任务

扫描二维码，阅读科学教育活动"汽车的利与弊"活动设计，说说幼儿的经验准备是什么？如果你要开展这个活动，你会让幼儿提前准备什么？并结合活动过程，谈一谈活动目标是否达成。

☞ "汽车的利
与弊" 活动
设计

课后习题

1. 单项选择题

（1）交流讨论型科学教育活动主要开展的班型是（　　）

    A. 小班　　　　　　　　　　B. 小、中、大班均可

    C. 中班和大班　　　　　　　D. 只能在大班

（2）下列说法正确的是（　　）

    A. 交流讨论型科学教育活动仅是围绕一个话题来讨论，是随机产生，不需要做任何准备。

    B. 交流讨论型科学教育活动的开展需要幼儿具有一定的语言表达能力，能够完整表达观点，因此小班还不是很适合。

    C. 在交流讨论型科学教育活动中引导幼儿自由表达，讨论的话题不需要再次引导做分类、概括或推论。

    D. 幼儿通过搜集资料、图片和视频，自然而然就会明白讨论的内容，不需要太多的讨论交流。

（3）交流讨论型科学教育活动的目标中，表达能力目标包括语言表达与非语言表达，还包括（　　）。

A. 倾听分享　　　　　　　B. 图画或符号

C. 知识经验的获取　　　　D. 动作表演

2. 材料分析题

请分析下面的题目，说说它们分别适合开展哪种类型的科学教育活动，说明原因。

题目1：动物的保护色

题目2：神秘的恐龙

题目3：好吃的糖果

题目4：会飞的气球

3. 活动设计题

请参考活动背景，设计中班交流讨论型科学教育活动"动物的尾巴"，并写出活动目标和活动过程。

活动背景：幼儿都很喜欢小动物。在阅读区阅读绘本时，幼儿经常会选择一本猜动物尾巴的绘本，他们都能说出尾巴是谁的，但对这些动物的尾巴有什么作用却不知晓。

☞ 参考答案

第五节　技术制作型科学教育活动设计与实施

本节主要引导学习者了解技术制作型科学教育活动的含义和类型，明确不同年龄阶段技术制作型科学教育活动的目标，以此为基础，掌握此类型科学教育活动设计与实施的基本结构，从而学会设计与实施技术制作型科学教育活动。

一、技术制作型科学教育活动的概念

科学技术的发展给社会生活带来深刻影响。幼儿在日常生活中无时无刻不在接受着科技带来的影响，享受着科技带来的便利。

技术制作型科学教育活动是指在教师的引导下，幼儿学习材料或工具的操作方法，运用一定的科学原理学习制作和使用产品的活动。

技术制作型科学教育活动主要包括三个方面内容：一是材料或工具的使用方法，如能干的手电筒、有用的剪刀等；二是按规范的程序制作，如制作豆制品、造纸、制香水；三是设计和制作产品，如制作风筝、风车、电话、万花筒、降落伞、小船、不倒翁等。技术制作型科学教育活动有助于提高幼儿动手能力和创作能力，初步了解技术、体验技术，初步理解技术的本质和科学技术在生活中的运用。

二、技术制作型科学教育活动目标

（一）总目标

技术制作类科学教育活动以培养幼儿的技术素养和提高幼儿的设计制作能力为目标。其总目标如下：

（1）幼儿在亲自设计、制作的过程中掌握科技产品的用途。

（2）感知制作材料的特性。

（3）熟悉产品制作的过程及步骤。

（4）探究制作产品所蕴含的科学原理。

（5）在设计、制作过程中动手动脑，逐步形成尊重事实的科学态度和探究欲望，以及实践操作能力。

总的来说，技术制作型科学教育活动的总目标体现在工具或技术产品的使用能力、设计能力和制作能力三个方面。

（二）年龄阶段目标

根据不同年龄阶段的发展特点，设计技术制作型科学教育活动目标时可参考表5-5。

表5-5 技术制作型科学教育活动年龄阶段目标

维度	3—4岁	4—5岁	5—6岁
工具或技术产品的使用能力	1. 了解生活中常用的工具 2. 尝试使用简单的工具 3. 探索结构性材料 4. 根据自己的目的选择和使用不同的工具和材料	1. 安全地使用简单工具 2. 利用各种材料，有目的地建构	正确、适当地使用简单的工具
设计能力	根据材料简单表达自己的设计想法	表达与目标相适宜的相关设计想法	1. 能用多种方式表达自己的设计方案并说明依据 2. 选择需要的工具、技术对已有的材料进行设计和操作 3. 为制作的物品设计简单的外观造型
制作能力		1. 利用各种材料，制作简单物品 2. 理解设计要求，按顺序操作和制作	选择合适的工具和材料，运用多种物体进行建造和建构

从年龄阶段目标分目标的关系看，3—4岁、4—5岁和5—6岁的目标体现出层级递进的关系，且在不同的年龄阶段各自有所侧重。例如：

1. 工具或技术产品的使用能力

（1）工具的使用：了解、简单使用工具（3—4岁）—安全使用工具（4—5岁）—正确地使用工具（5—6岁）。

（2）材料的使用：了解、使用材料（3—4岁）—各种材料的建构（4—5岁）—正确地使用材料（5—6岁）。

2. 设计能力

（1）表达：简单表达（3—4岁）—与目标相适宜的表达（4—5岁）—多种方式表达并说明（5—6岁）。

（2）设计：选材设计和设计外形（5—6岁）。

3. 制作能力

（1）按程序制作：理解要求，按程序制作（4—5岁、5—6岁）。

（2）自主设计制作：制作简单物品（4—5岁）—建造和建构（5—6岁）。

三、技术制作型科学教育活动基本特征

（一）丰富材料认知和科学现象的理解

技术制作科学教育活动以幼儿的知识经验为基础，选择贴近幼儿生活的材料或工具，使幼儿在操作中进一步了解常见材料的特性，掌握常见工具的操作方法；幼儿通过认识和使用科技产品，逐渐获得关于科技的基础认识，了解科技对人类、对社会的促进作用。

幼儿在操作中进一步丰富对周围常见事物的认识，如探索"不倒翁"不倒的原理，陀螺的旋转受哪些因素影响等问题，可以丰富和加深幼儿对有关科学现象的理解。

（二）提升探究能力和思维能力

技术制作型科学教育活动，能够有效地激发和增强幼儿的科学探究能力。幼儿作为研究者和探索者，需要亲自动手使用工具、制作物品；需要发挥想象设计产品；需要设计制作的步骤。幼儿在实践中不断尝试，积极思考，统整各项分工；在交流讨论及不断尝试中完善自己的想法。这样的探究过程可以培养幼儿的科学思维能力，体现探究的意义，实现幼儿的自我价值。

（三）体现自创能力和造型构想

设计制作是一种创造性的活动。设计制作科学教育活动强调幼儿在已有经验基础上的创新。幼儿通过制作，探索多种可能，教师鼓励幼儿根据自己的想法，自主设计，动手制作富有个性的产品，实现自己的造型构想。

四、技术制作型科学教育活动设计与实施的基本结构

技术制作型科学教育活动主要包括材料和工具的使用方法、按程序制作产品、设计和制作产品三类内容，因此活动设计与实施的基本结构也各不相同。

（一）以材料和工具的使用方法为主要内容

材料或工具的使用主要指幼儿掌握某种操作技巧、使用某种科技产品或工具。掌握工具的使用方法是科学制作的基础，其活动设计流程分为导入—观察工具—使用工具—拓展—结束活动。

1. 导入

导入的方法和途径多种多样，能够与活动内容紧密相关、激发幼儿兴趣的方式都是可以的。

2. 观察工具

此环节主要运用观察法和讨论法初步了解工具的基本特征。如教师首先让幼儿从材质、大小、形状、结构等外形特征方面对工具进行观察，接着交流和讨论"这样的结构或材质有什么作用"等问题。

例如，观察和使用手电筒，先让幼儿观察手电筒的材质、大小、形状；它的外表都有什么，如按钮、灯泡、玻璃罩等；通过观察幼儿会发现有些手电筒不仅大小不同、形状不同，且它们的电源来源也不同，比如有充电的、有安装电池的、有手动发电的等等。紧接着教师可以让幼儿想一想、猜一猜，说一说手电筒有什么特点，为什么会这样设计。

3. 使用工具

此环节目的是探究工具正确的使用方法。教师一般不做演示操作，让幼儿在动手操作后了解工具应该如何正确使用，引导幼儿分析错误操作的原因，总结和归纳正确的使用方法，体现幼儿的探究性学习。

4. 拓展

此环节教师可以自由设计，主要对使用的工具在内容方面进行深度的拓展。如利用搜集的视频或图片，让幼儿了解该工具的发展史、在日常生活中的多种用途，或该工具未来的发展等。幼儿从整体上对使用的工具有更广阔的认知，激发其继续探究的欲望。

5. 结束活动

教师可以运用语言或游戏的形式对整个活动进行简单的总结。

（二）以按程序制作产品为主要内容

此类型活动有一定的制作流程或步骤要求，因此对于幼儿来说有些难度。活动流程可以参照导入—分步骤制作—回忆流程—结束活动四个环节来

设计。

1. 导入

此环节教师可采用谈话的方式，让幼儿说一说关于制作活动的经验，可以是自己的亲身经历或看过的、了解过的。如制作豆浆，家里爸爸妈妈用的什么材料，怎样准备的，以及制作的过程等。这里幼儿可能说得不够细致，但通过他们的生活观察对此活动有一定的了解。除此之外，教师还可以呈现不同的制作材料，让幼儿猜猜今天会做些什么等。导入的方式可以灵活选择。

2. 分步骤制作

此环节需要教师将制作的步骤进行分解，一边讲解一边演示，保证幼儿能按正确的制作程序和方法完成产品制作。

3. 回忆流程

此环节是对整个分步骤制作过程的梳理，教师可将制作步骤设计成卡片，并将顺序打乱，让幼儿根据制作过程重新排列卡片，并根据自己的理解大胆地讲述制作的过程。

4. 结束活动

活动结束时教师可以将制作成果进行展览、品尝等，如让幼儿品尝煮熟的豆浆，让幼儿互相闻闻香水的味道等。除此之外，幼儿还可以与同伴分享制作的感受、收获，丰富和拓展幼儿的感性知识经验。

（三）以设计和制作产品为主要内容

此类型活动不仅需要幼儿动手制作产品，同时还需凭借已有知识经验设计产品，如"我想选择什么样的材料""它应该是什么形状的""安装的位置应该是在哪"等，因此，活动流程可结合实验操作型科学教育活动流程来设计。一般来说包括导入—材料的选择（设计猜想）—制作产品（验证设计）—拓展—活动结束

1. 导入

此环节通常分两步走：第一步，初步感知产品的特征，教师先出示即将制作的产品，让幼儿在玩的过程中观察产品；第二步，让幼儿说一说产品的玩法和构成，如"陀螺是怎么玩的？""用什么办法让它旋转的呢？""陀螺是用什么材料做成的？"

这样的导入方式更加直观、具体，直接切入主题，为后面的设计环节做好充分的准备。

2. 材料的选择

材料的选择，其实是对所要设计产品的一个猜想，即"我想它应该是什么样的""我觉得它可以用什么来制作"等。有了对产品的直接感知经验，

幼儿可以对制作的产品进行自由设计。这时，教师可给幼儿提供一个记录表，将自己的设想记录下来。同时，教师在活动中提供必要的引导，如制作风筝，教师要在制作前对风筝的造型、色彩、质地等方面进行引导，提出"这些风筝是什么样子的？有什么图案？风筝上有什么颜色？为什么要用鲜艳的颜色？为什么要做成对称的？"等问题，为随后的制作奠定认知基础。

3. 制作产品

此环节教师要引导幼儿利用材料制作产品，验证自己的猜想，从而探究科学的原理，如不倒翁不倒的原因，影响陀螺旋转的原因等。

4. 拓展

此环节主要围绕制作的产品进行知识深度和广度的拓展。如制作降落伞，幼儿可以在此基础上了解现实生活中真实降落伞的主要构造、作用，以及根据降落伞的原理还设计出了哪些相关的产品等。

☞ 实训任务
提示

5. 活动结束

教师语言总结或设计小游戏结束活动。

实训任务

扫描二维码，说说"神奇造纸术"活动设计是否符合大班幼儿的年龄特征。参照活动设计与实施的基本结构，提出你的修改建议。

☞ "神奇造纸术"活动设计

课后习题

1. 单项选择题

（1）能够用多种方式表达自己的设计方案并说明依据，属于（　　）年龄阶段的目标。

    A. 2—3 岁　　　B. 3—4 岁　　　C. 4—5 岁　　　D. 5—6 岁

（2）（　　）年龄阶段可以利用各种材料，制作简单的物品。

    A. 2—3 岁　　　B. 3—4 岁　　　C. 4—5 岁　　　D. 5—6 岁

2. 材料分析题

请根据下面的题目，说说它们分别适合开展哪种类型的技术制作科学教育活动，并说明原因。

题目 1：神奇的不倒翁

题目 2：厨房小用具

题目 3：我会制香水

3. 活动设计题

请参考活动背景，设计小班技术制作型科学教育活动"电池宝宝"，并写出活动目标和活动过程。

活动背景：区角中有很多玩具，很多幼儿喜欢电动玩具，一按开关，有的玩具会灯光闪烁，有的玩具能够自己活动。有的幼儿坐在那里摆弄电动玩具，想知道它是怎么动的，灯为什么会一闪一闪的。

☞ 参考答案

第六节　数的意义教育活动设计与实施

数的意义教育活动是根据幼儿关于数的意义的学习特点，帮助幼儿明确数字的含义，促进幼儿思维逻辑能力、认知能力发展而开展的一系列活动。数的意义教育活动包括集合的分类与对应活动、感数和计数活动、基数意义活动、序数意义活动和数的表征系统活动。

一、数的相关概念

（一）集合分类与对应的概念

1. 集合分类的概念

对于幼儿来说，集合主要包括两个概念：首先，"1"是自然数的基本单位，也是表示集合中元素数量的基本单位；其次，"许多"是一个笼统的词语，它代表含有两个以上元素的集合。分类就是把具有相同特征的事物归并在一起。幼儿把具有相同特征的物体放在一起归为一类的过程，正是幼儿将元素构成集合或者将某个集合分成若干个子集的过程，既为学习逐一计数和形成数概念奠定基础，又能有效地促进其思维的发展。

2. 对应的概念

对应是指在两个集合的元素之间建立关系。幼儿学习对应的内容主要包括两个方面：一是指教师引导幼儿感知和体验某个物体与另一个或另几个物体之间的相互关系并学习将相关的物体进行匹配。二是指教师引导幼儿用一一对应的比较方法来确定两组物体的数量是否相等。

（二）感数和计数的概念

1. 感数的概念

幼儿在未学会计数之前，具有对小集合数量物体直接感知（也称作整体知觉）的能力。整体知觉是认识数量的第一个途径，此后便发展出感数能力（即不用计数快速感知并说出小集合数量的能力）。

2. 计数的概念

计数（数数）是一种有目的、有手段、有结果的活动。幼儿计数能力发展顺序是：口头数数、按物计数、说出总数、按数取物。

（三）基数的概念

一个数被用来表示集合中元素的个数时叫作基数。基数体现的是自然数量的抽象意义。

（四）序数的概念

序数是表示集合中元素次序的数，回答"第几"的问题，对序数意义的认识是幼儿数概念发展的重要部分。

（五）数的表征系统的概念

数的表征系统即数系统的符号表征形式。研究表明，对数的符号系统的掌握是幼儿从具体的数学思维向抽象的数学思维转化的标志。

二、数的意义教育活动目标

（一）总目标

1. 初步感知和理解"量"的特征以及有关数的相关概念。
2. 通过对应或数数等不同方式比较事物的多少。
3. 利用生活和游戏中的实际情境，使幼儿理解数概念，喜欢数学活动。

（二）年龄阶段目标

年龄阶段目标如表 5-6 所示。

表 5-6　数的意义教育活动的年龄阶段目标

维度	3—4 岁	4—5 岁	5—6 岁
物体分类	在动作的基础上，理解"1"和"许多"之间的关系；按物体的一种外部特征（颜色、形状、大小、高矮、长短等）进行简单的分类；根据物体的特点、关系寻找相关物体，将相关的物体相匹配；根据物体的特点、关系寻找相关物体，将相关的物体相匹配；用一一对应的方法做等量集合	按物体的内部特征（性质、功能、用途等）进行分类；按物体间的数量关系进行分类；初步学习对物体进行多重角度分类	学习对物体进行多重角度分类、层级分类以及同时按物体的两种以上特征进行分类
计数方式	进行 20 以内的唱数；学习手、口一致地点数五以内的物体，并说出总数；通过直接感知，说出 3 以内物体的数量	进行 50 以内的唱数；用点数的方法对 10 以内数量的物体进行准确计数	进行 100 以内的唱数；学习运用接数、按群计数、目测数群等多种方法计数

续表

维度	3—4 岁	4—5 岁	5—6 岁
感知数量集合	感知 5 以内数量,学习给 5 以内的点子卡片匹配等量的实物,在说出总数的基础上,与数量相等的卡片进行一一对应;按照实物范例的数目或指定数目取出相应 5 以内数量的物体	感知 10 以内数量,发现物体的数量不会因其排列方式的改变而变化,从而进行等量判断,理解数的实际意义,发展数量守恒概念	感知 20 以内数量,理解物体的数量不会因其排列方式的改变而变化,从而进行等量判断,真正理解数的实际意义,形成数量守恒概念
区分基数与序数		学习 10 以内的序数,能从不同的方向正确指出某一物体在序列中的位置	在同时用到基数和序数的情境中能区分并正确使用
不同方式感知不同数量	用点子等非正式方法表示 5 以内的数量	将数字与相应数量的集合匹配;认识 10 以内的数字,并理解数字的抽象意义,能正确使用数字作为多个具有相同数量特征的集合的标记	借助百数表初步感知 100 以内数的系统,初步理解数系统的排列规律,以及初步理解位值的意义

从年龄阶段目标的分目标关系看,3—4 岁、4—5 岁和 5—6 岁幼儿数的意义教育活动目标呈现出层级递进关系且在不同的年龄阶段各自有所侧重。例如,在 3—4 岁,目标侧重理解"1"和"许多"之间的关系以及按物体的一种外部特征进行简单的分类等;4—5 岁侧重按物体的内部特征进行分类,按物体间的数量关系进行分类,初步学习对物体进行多重角度分类。5—6 岁则侧重学习对物体进行多重角度分类、层级分类以及同时按物体的两种以上特征进行分类。

三、幼儿关于数的学习特点

了解幼儿对数的学习特点,能使教师更准确地了解每个年龄阶段幼儿的发展特点和能力,从而更准确、更科学地设计有关教育活动。

（一）幼儿关于集合分类与对应的学习特点

3—4 岁幼儿能在感知的基础上进行简单的分类活动,但是他们的思维中,整体与部分之间没有形成包含关系,而是并列的两个部分的关系。

4—5 岁幼儿逐渐能依据物体的内在、本质属性进行分类。

5—6 岁幼儿开始考虑物体的多种特征,分类时能综合考虑两种以上特征。总体上看,3—6 岁幼儿的逻辑观念非常依赖具体的动作和形象。

（二）幼儿关于感数和计数的学习特点

3—4 岁幼儿在"按物点数"中不理解数词的实际意义，点数物体时往往手口不一致。能够正确点数完物体，但不能正确地说出总数。

4—5 岁幼儿大多数能够说出数量在 10 以内物体的总数，而且能按指定的数取出 10 以内数量的物体。但幼儿能说出所数的最后一个数，并不意味着他们理解这个数对这一集合的意义。

5 岁以上的幼儿基本上都具有手口一致地点数 20 个左右物体的能力。

（三）幼儿关于基数意义（理解数的抽象意义）的学习特点

幼儿对基数意义的理解是从具体到抽象一步步发展起来的。幼儿对数的认识仍是具体形象成分占主要地位，因此，学习具体的数经验，均要从直观向抽象形式过渡。

（四）幼儿关于序数意义的学习特点

3—4 岁幼儿一般还没有次序概念，不能区分基数和序数。3 岁幼儿不会回答"这是第几个"的问题，往往以基数作答。

4—5 岁幼儿序数概念有了较大的发展，但不能完全区分自然数的基数意义与序数意义，4—5 岁幼儿末期能回答 10 以内"第几个"的问题或完成拿出第几个东西的任务，但对数的基数意义与序数意义的转换难以理解。

5—6 岁幼儿序数概念发展逐渐成熟。能够较好地区分自然数的基数意义与序数意义。对数的基数意义与序数意义的转换也较之前更为灵活。

（五）幼儿关于数的表征系统的学习特点

用点子卡片等非正式方法表征数量是幼儿在学习正式的数的符号系统之前就发展起来的能力。数量表征是对集合数量特征的再现和表达，其中蕴含了幼儿对数量抽象意义的理解，这是学习运用数的符号表征数量的基础。

幼儿通过数字与数量的匹配活动，在数字和数量之间建立对应关系，只有当幼儿知道某数字表示所有数量为该数字所对应的物体时，才是对数字抽象意义的真正理解。

四、数的意义教育活动设计与实施要点

（一）集合分类与对应活动设计与实施要点

1. 理解"1"和"许多"的关系

（1）区分"1"和"许多"。首先，教师可以选用数量分别为 1 个和多个的实物教具引导幼儿观察比较并用"1"和"许多"进行数量表达；其次，教师对数量为"许多"的实物教具，要特别注意发挥"文氏图"的表示功用（即在实物教具的外围画一个圈）；最后，适时适当地引导幼儿运用记忆表象加深对"1"和"许多"的区分与理解。

（2）理解"1"和"许多"的关系。在幼儿能区分"1"和"许多"的基础上，教师提供材料，让幼儿将"许多"的物体分成"1个、1个……"，再把"1个、1个……"的物体拢在一起合成"许多"，使幼儿在动手操作的过程中感知与理解"1"与"许多"的关系。同时，教师要引导幼儿对"1"和"许多"的关系进行概括和表达。

（3）采用多种形式强化幼儿对"1"和"许多"的认识。第一，教师可专门创设环境、组织教学活动，也可利用自由活动、散步、参观等各种时机与幼儿交谈，引导幼儿寻找生活中数量为"1"和"许多"的物体。

2. 集合分类活动设计与实施

在设计与实施集合分类活动时，首先，教师应注意材料的投放，材料的种类、数量、整体结构满足幼儿思维和操作的需要；其次，在活动的过程中，教师引导幼儿思考并交流按什么条件分、怎么分，从而形成类概念，感知理解集合中的包含关系。

3. 集合对应活动设计与实施

在设计与实施集合对应活动时，首先，教师应从幼儿的生活经验出发，选择幼儿熟悉的材料作为活动的内容。其次，教师在挑选材料时，应考虑以下方面：一是用于匹配的物品的数量适中，二是具体形象。在设计此类活动时，教师可结合幼儿的生活需要和游戏活动设计各种问题情境，并且在活动过程中应允许幼儿"多余"动作的出现。

（二）感数与计数活动设计与实施要点

根据幼儿计数能力的发展特点，设计和实施计数活动的一般思路如下：

1. 巩固幼儿口头数数的经验

口头数数是指凭着记忆背诵自然数的名称和顺序，包括顺数、倒数、接数、跳数。这一类活动不需要专门组织教学活动，适合在正式的数学教学活动开始之前作为热身活动。

2. 按物点数，感知和体验数词与物体数量的对应关系

按物点数要求幼儿在口头数数的基础上，将数词与客观事物联系起来，建立一一对应关系，能够手口一致地点数并说出总数。对于小班幼儿，教师可适当演示，帮助幼儿在计数活动与数的基数意义之间建立联系，适当变换点数的方式。中班幼儿在熟练掌握手口一致的点数技能之后，教师可进一步要求幼儿只用眼睛点数物体个数。大班幼儿可增加点数的难度，从而使幼儿能更好地探索学习正确的点数方法。

3. 通过多种形式的活动，强化数词与物体数量之间的联系

（1）接数。接数作为一种计数方法，需要将总数看作两部分。中班幼儿在口头数数时可以做到从任意数开始接数。中班下学期或大班上学期的幼

儿，开始有可能学习接数的方法。在感知 5 以上的数量时，教师可有意识地将数量在空间排列形式上呈现明显的两部分，以便幼儿将数量分为两部分，同时引导幼儿用不同方法进行计数。

（2）按群计数。按群计数是以数群为单位进行计数，以数群概念为前提。如以 2 个为单位或 5 个为单位进行计数，或者将总数分为两个数群分别计数，再通过两数相加得出总数。

（3）概念性感数（目测数群）。感数是儿童先天的数量感知能力。概念性感数是一种先感知，再通过空间模式进一步计算的快速计数方式。这类活动实施的关键在于材料的排列方式要有规则，便于幼儿感数。教师可带领幼儿先进行小数量感数的准备活动，再引导幼儿观察发现要计数的操作材料。概念性感数活动可安排在大班上学期，通过竞赛游戏的方式进行。

（三）认识基数活动设计与实施

帮助幼儿理解基数的实际意义，可通过以下三种活动进行：

1. 等量集合活动

等量集合是指集合内元素数量相等的集合。等量集合活动要求根据集合数量属性进行匹配和操作，即将集合按照数量求同。等量集合活动可分为物群匹配、点物匹配和按数量取物活动。在做等量集合活动时，幼儿先从小数量的物群匹配开始，通过一一对应的方法匹配两个等量集合。等量集合活动设计需要把握的一个关键就是"按照数量求同"，教师应引导幼儿关注不同集合在数量上的相同点。

2. 按数量分类

按数量分类即依据集合的数量特征，将数量相同的集合分为一类。教师在实施这一类活动时要注意引导幼儿关注集合的数量特征，强调"数量一样多的放在一起"的规则，抽象出数的概念。设计这一类活动的关键是在材料中体现集合"数"的属性。教师要注意材料在颜色、形状、大小等属性上的一致性，这样才能将幼儿的注意力引向外部特征和内部属性以外的数量关系，实现从数的角度来表征物体，形成数概念。

3. 等量判断

等量判断即要求幼儿能排除物体排列形式的干扰，从多个集合中找出数量相等的集合，了解集合的数量特征与空间排列形式无关。活动过程中教师可组织幼儿讨论，用什么样的方法能够更准确地找出数量一样的集合，然后再操作体验，在活动的交流环节，教师可引导幼儿说一说自己用了什么样的方法，最后教师进行总结。

（四）认识序数活动设计与实施要点

在设计与实施认识序数活动时，教师应考虑以下几点：首先，使幼儿明确开始数的方向，可以是横向、纵向的单排，也可以是矩阵式排列。多样的排列方式使得排列位置可因起始方向的不同而不同，教师可以用语言提示，也可采用标记提示。其次，教师引导幼儿在日常生活中学习序数，这是巩固幼儿的序数概念的最佳途径。最后，帮助幼儿区分基数与序数。

（五）数的表征系统活动设计与实施要点

1. 认识数字

（1）数字认读。教师可以运用一些形象化的方法帮助幼儿记住数字，例如，将数字形状比喻为幼儿熟悉的具体形象，如2像小鸭子等。

（2）体验数字与物体数量间的关系——数物匹配。数物匹配是指将每个数字与相应数量的集合匹配，或将集合与相应的数字匹配，可分为"按物取数"和"按数取物"两种方式。按数取物是对数概念的实际应用。

（3）体验数字表示的基数意义，并用数字来表征数量。教师应结合日常生活，启发幼儿了解数字代表的意义，在幼儿了解数的实际意义后，教师要为他们提供使用数字的时机，加深幼儿对数字表示的实际意义的理解。

2. 感知数的表征系统

表征即幼儿能运用多种表现手段来表达数学的概念，能运用数的表征方式来解决问题，演示、解释各种现象。教师可引导幼儿运用如手势动作、实物、绘画、口头语言和书面语言来表征对数的理解。例如，教师可引导幼儿先观察百数表，说一说这些数字排列存在什么规律，也可利用百数表与幼儿一起做猜数字游戏等。

☞ 实训任务提示

实训任务

请扫描二维码，分析"走进小兔子的家"为什么这样设计。

☞ "走进小兔子的家"活动设计

课后习题

1. 单项选择题

（1）小班幼儿关于感数和计数的学习目标，以下不正确的是（　　）

　　A. 进行20以内的唱数

　　B. 学习手、口一致地点数5以内的物体，并说出总数

　　C. 通过直接感知，说出3以内物体的数量

　　D. 进行50以内的唱数

（2）以下幼儿关于数的表征系统的学习目标，（　　）目标适宜小班幼儿。

　　A. 用点子等非正式方法表示5以内的数量

　　B. 将数字与相应数量的集合匹配

C. 认识 10 以内的数字，并理解数字的抽象意义，能正确使用数字作为多个具有相同数量特征的集合标记

D. 借助百数表初步感知 100 以内数的系统，初步理解数系统的排列规律，以及初步理解位值的意义

2. 材料分析题

请问王老师设计的目标合理吗？如果有不合理的地方，怎样完善？

王老师为大班数学教育活动"旅游列车"制订的活动目标：

（1）区分数字的基数意义和序数意义。

（2）能用数字正确表示物体的个数和次序，并能用"第几节车厢有几个××"进行表达。

（3）产生对数学游戏的兴趣，愿意探索数学的奥秘。

3. 活动设计题

请为中班幼儿数学教育活动"数量密码锁"设计活动目标和活动环节。

活动准备：（1）准备数量为多少以内的物群卡（画有数量对应的萝卜）；（2）准备数量为多少以内的点子卡；（3）透明盒子；（4）锁类玩具（锁可以与钥匙分离）；（5）教师将物群卡分别放入透明的盒子中，保证幼儿能从盒子外面辨别物群的数量。然后上锁，在钥匙上配上相应数量的点子卡，作为锁的密码。最后将钥匙打乱放置在一边。幼儿选出携带的点子数量与萝卜数量一致的钥匙，打开盒子去取物群卡。

☞ 参考答案

第七节　数量关系教育活动设计与实施

数量关系反映了数学知识之间的内在联系及其规律性。幼儿对数量关系的初步理解，是幼儿早期数学学习的第一步，促进了幼儿逻辑思维能力和推理能力的发展。

数量关系教育活动是根据幼儿数量关系发展的年龄阶段特点，旨在发展幼儿思维，促使幼儿了解数学知识之间的内在联系及其规律性而开展的活动。数量关系教育活动主要包括数量的比较活动、序数活动、连续量的比较和排序活动以及估数的活动。

一、数量关系的相关概念

（一）数量比较的概念

数量比较包括两个方面，即具体的量的"多少"比较与抽象的数的"大小"比较。幼儿在具体的量的水平上进行"多少"比较，感受量的差异，是

理解数的大小关系的基础。

（二）数序的概念

数序即自然数的排列顺序，每个自然数在自然数列中的排列，就数的正向排列顺序而言，数与数之间是按"多1个"的数量等差关系进行排列；就数的逆向排列顺序而言，数与数之间是按"少1个"的数量等差关系进行排列。教师引导幼儿掌握数序，最重要的是要让幼儿认识数与数之间的这种数量等差关系。

（三）连续量的比较与排序的概念

量可以分为不连续量（分离量）和连续量（相关量）两种。连续量是表示物体属性的量，幼儿初步认识的是生活中的一些常见量。连续量物体排序是将两个以上物体按照某种量的差异排列成序，如根据物体的大小、高矮、长短、厚薄等进行排序。排序是一种复杂的比较（连续的比较），它是幼儿比较能力的一种体现。

（四）估数的概念

估数是指在不数数的情况下依据某种线索对所呈现的集合给出一个近似基数值的能力，意思是"大概有几个"，而非准确计数。

二、数量关系教育活动目标

（一）总目标

1. 初步理解事物的大小、多少、高矮、粗细等量的含义及特征。

2. 能够体会生活中很多事情都有一定顺序和规律，学习使用相应的词汇描述这些特征。

3. 体会数的排列特点与规律，并尝试自己创造出新的排列规律，提高数感。

（二）年龄阶段目标

年龄阶段目标如表5-7所示。

表5-7　数量关系教育活动年龄阶段目标

维度	3—4岁	4—5岁	5—6岁
数量多少的比较	用一一对应的方法比较5以内数量的多少，在已有数量比较经验的基础上总结出比5少的数量有哪些，体验这些数量是怎么比5少的	用计数的方法比较10以内数量的多少	比较不相邻的2个数或3个数的大小关系，幼儿感知10以内相邻两数的数差关系时，不仅要能够比较数的大小，而且要知道一个数比另一个数大"多少"

维度	3—4 岁	4—5 岁	5—6 岁
数量关系的感知与理解	在感知的基础上将数量为 5 以内的集合按多少排序,在全范例的支持下将数量为 5 以内的实物集合排序,体验数量"从少到多"的变化关系	在数量比较的基础上将数量为 7 以内的集合按多少排序;认识 10 以内数序,感知 10 以内相邻数的数差关系	理解 10 以内数量关系的传递性、可逆性
数量关系的排序	按大小、长短的差异对 5 个以内物体进行排序,通过视觉观察、比较物体的长短、大小特征,在全范例的基础上,运用重叠、并置的方法对数量为 5 的物体进行正向排序,体验"序"的意义	按大小、长短、高矮、粗细的差异对 7 个以内物体进行排序,能在半范例的基础上尝试对 7 个以内物体进行排序,丰富对"序"概念的认识	按大小、长短、高矮、粗细、厚薄、宽窄的差异对 10 个以内物体进行正向排序和逆向排序,幼儿能基于以往的排序操作经验,以及对量的序列关系中的传递性、可逆性的理解,独立地对多个物体进行正向、逆向排序
估数的理解与数感的培养			理解估数的意义,对物体数量有初步的数感并且根据已知线索,推断未知物群的数量

从年龄阶段目标的分目标关系看,3—4 岁、4—5 岁和 5—6 岁幼儿数量关系教育活动目标呈现出层级递进关系,且在不同的年龄阶段各自有所侧重。例如,3—4 岁目标侧重感知理解 5 以内的数,4—5 岁侧重感知理解并运用 10 以内的数,5—6 岁则侧重比较理解 10 以内数的关系。

三、幼儿关于数量关系的学习特点

(一)幼儿关于数量比较的学习特点

幼儿学习数量比较,必须首先借助具体的物体进行量的比较。

小班幼儿通过一一比较的方法,对两组物体进行数量比较,能够说出两组物体分别是几个,哪一组多,哪一组少,理解"多""少""一样多"的数量比较含义。

中班幼儿对数量的比较已经积累了一定的经验,已能初步理解数量之间的次序,已具备运用计数的方法、比较级和数量的能力的基础。

大班幼儿已经开始理解物体的大小、长短、高矮的相对性。

(二)幼儿关于排序的学习特点

幼儿掌握排序比掌握计数和数量都要晚。小班幼儿只能看着实物,在一一对应的基础上，依靠数数来比较数量的多少。4 岁以下的幼儿大都没有排序能力，中班幼儿排序能力明显提高，6 岁以后，幼儿一般都能按照数的顺序比较顺利地排出 20 以内数的顺序关系。

（三）幼儿关于连续量的比较与排序的学习特点

小班幼儿只能对数量在 3 以内的物体进行排序，还不能完成逆向排序任务。

中班幼儿能对数量在 5 以内的物体排序，逆向排序能力迅速发展。

大班幼儿能完成数量在 10 以内的物体排序。

（四）幼儿关于估数的学习特点

幼儿已经具备一定的数量估算能力，但其合理估算的水平较低，且数量估算水平受所估算的数量大小的影响比较大。不同年龄段幼儿的数量估算能力，在估算总数以及策略使用上，均存在显著的年龄差异。特别是小班幼儿对数量的估算大多还处于大胆猜测的阶段，中班幼儿已经能够有依据地进行估算。

四、数量关系教育活动设计与实施要点

（一）数量比较活动设计与实施要点

在进行比较之前，幼儿首先应学会基本的比较用语，例如多少、大小、长短等。大多数幼儿都是通过正式的和非正式的活动来学习比较的概念，教师也可设计专门的教学活动。数量比较活动的设计思路一般是先从感知 10 以内的数量的"多少"关系开始，初步理解 10 以内的数量差别，为学习数量的"大小"和"多少"比较积累感性经验，而后进行数量比较活动。

1. 感知数量的"多少"关系

教师首先提供一个数量的范例作为参照。以 5 为例，让幼儿在操作中找出比 5 少的数量。教师可鼓励幼儿相互交流，总结比 5 少的数量有哪些。随着数量的增多，教师可引导幼儿在找出比一个数少的所有数量时能够按照顺序来找，体验相邻数之间多 1 个、少 1 个的关系，为理解相邻数以及数序积累经验。

☞ 实训任务提示

实训任务

请扫描二维码，分析"比多少"为什么这样设计。

2. 进行数量"多少"比较

教师可以先排出数量相等的两组物体，引导幼儿通过对应比较，确认两排物体数量是相等的，然后在下一排物体的末端添上一个同样的物体，并启发幼儿观察现在的两组物体谁多，多多少。此外，在组织小班幼儿数量比较活动时，教师需要注意帮助幼儿排除视觉干扰，运用一一对应的方法比较两

☞ "比多少"活动设计

组物体数量的多少，启发幼儿理解两组数的大小关系。而到中班则需要鼓励幼儿运用计数的方法比较两组物体的多少。

3. 进行 10 以内数的"大小"比较

进行数的"大小"比较要求幼儿已能理解数的基数意义，知道数代表的是所有相应数量的实物。教师可向幼儿介绍符号大于（＞）、小于（＜）、等于（＝），通过用数字表示数量，引导幼儿理解数字的大小，明白符号只能用在数字中间，表示数字的大小关系。教师还可组织游戏活动巩固幼儿对数的大小关系的理解。

（二）数序活动设计与实施要点

帮助幼儿感知 10 以内数的排序，实质上就是引导幼儿感知、理解 10 以内数量依次多"1"的关系，认识自然数排列的规律及其实际意义。数序活动设计的思路是先从认识具体数量排序活动开始，让幼儿初步体验数量依次增加"1"的关系，而后进行抽象的数序感知活动，按照数量递增的顺序匹配数字，进一步理解数量依次增多的关系以及数字顺序表示的抽象意义。

1. 体验数量依次递增的关系

小班幼儿开始并不能理解数量多少与序列的关系，因此，教师需要提供一个数量从 1 到 5 依次递增的全范例序列给幼儿做参照，让他们依据全范例将实物从少到多（或从多到少）依次排列。此外，教师还可组织多种形式的排序活动，进一步丰富幼儿对数量依次递增关系的体验。

2. 感知数序与数差

教师在引导幼儿感知数序时，需要把幼儿的注意引向抽象的数序中依次多 1 的排列规律。教师提出"有顺序地排列 1—10 的数量"这一要求，可以是从多到少，也可以是从少到多，从而帮助幼儿理解数量关系的可逆性；允许幼儿自定顺序，重点关注幼儿能否自主排序，能否意识到 1—10 数量依次差 1 的关系；交流时教师可引导幼儿关注数量关系的可逆性与可传递性；当幼儿呈现排列结果时，引导幼儿发现等差关系。

3. 认识相邻数

幼儿在数量比较等一系列的活动中已经积累了一定的关于相邻数的经验。认识相邻数的活动安排可以与感知数序活动平行进行，认识相邻数活动进度安排的一般思路是先认识 5 以内的相邻数，在此基础上让幼儿自主学习 6—10 的相邻数，一般先进行相邻 2 个数的比较，再进行相邻 3 个数的比较。

（三）连续量的比较和排序活动设计与实施要点

1. 感知量的特征

幼儿对物体量的认识，主要是通过各种感官的感知。因此，教师首先应注重材料的选择，为幼儿提供感知和比较量的特征的机会；其次，教师应注意利用实物比较以及活动设计的层次性。

2. 连续量的排序

连续量的排序活动设计的思路一般是从全范例排序到半范例排序，再到无范例自主排序；排序数量依次增多；排序量的内容从大小、长短等幼儿容易感知的量开始，逐步扩充到高矮、宽窄、厚薄等。

（四）估数活动设计与实施要点

幼儿园中可进行的估数活动主要有两种：一是感知、估计实物集合的数量；二是依据已知条件推断集合的数量。在实施感知、估计实物集合数量的活动时，教师可提供一些大小不同、便于幼儿抓取的实物，让幼儿体验材料的大小与其在一定空间内数量的关系。在实施依据已知条件推断集合的数量的活动时，小物群是已知条件，教师可先让幼儿数一数，作为参照量，大、小物群之间的关系可以是各自占据的平面面积，也可以是空间体积，教师引导幼儿依据参照量与空间线索来推断未知物群的数量。

课后习题

1. 单项选择题

下列关于幼儿数序的学习目标为大班幼儿学习目标的是（　　　）

A. 在感知的基础上将数量在 5 以内的集合按多少排序，在全范例的支持下将数量在 5 以内的实物集合排序，体验数量"从少到多"的变化关系

B. 在数量比较的基础上将数量在 7 以内的集合按多少排序

C. 认识 10 以内数序，感知 10 以内相邻数的数差关系

D. 理解 10 以内数量关系的传递性、可逆性

2. 材料分析题

阅读下面的案例，分析活动设计是否合理。

游玩排排队

活动目标：

1. 初步理解物体从矮到高的顺序关系。

2. 能根据基线和半范例的提示，按高矮顺序给 7 个物体排序。

活动准备：

7 个高矮不一的人物图片，（在底板上从高到矮排列好 3 个人物作为范例），幼儿人手一份。

活动过程：

1. 引出问题

（1）教师出示范例底板，提问：春天到了，小朋友们都来故宫游玩了。

他们来到检票口，检票员要求他们排队检票，现在有三位小朋友已经站好了，那剩下的几位小朋友应该怎么站呢？

（2）教师引导幼儿观察范例的排列规律。

（3）教师：我们先来看看这三位小朋友是怎么排的？（从矮到高排、每个小朋友排的时候都要靠近底下这条直线。）

2. 交代操作规则

教师：现在前面三个小朋友已经排好了，后面的要请小朋友们有顺序地接着往下排。

3. 幼儿操作

教师巡视，观察幼儿是否理解"排队"的规则，了解幼儿的操作策略。如果幼儿不理解活动规则，不顾小朋友的高矮顺序随意排列，教师可以先引导幼儿观察半范例的排列规律，然后再接下去排。如果幼儿对按高矮排序仍有困难，教师可专门提供全范例，让他用重叠对应的方式排，感知排序中的长短关系。如果幼儿在排序中没有关注基线，教师可提示幼儿先把人物图片的一端都靠紧基线对齐，然后再观察这些人物图片是不是一个比一个高。

3. 活动设计题

请为小班幼儿数学教育活动"松鼠家族大聚餐"设计活动目标和活动环节。

活动准备：准备松鼠物群卡和"大聚餐"底板。每个物群卡上都有对应数量的松鼠（每个物群卡上的松鼠数量是依次多1的递增），"大聚餐"底板上有不同的画面（找坚果、装坚果、抬坚果、分坚果、端坚果等）。教师可以根据"大聚餐"上的画面和对应数量的松鼠物群卡教幼儿数量关系的排序。

☞ 参考答案

第八节　数的运算教育活动设计与实施

数的运算能力是幼儿数学认知能力的重要组成部分，也是幼儿深入理解数学知识体系以及解决日常问题情境的基础能力之一，主要反映的是幼儿在数概念学习的基础上对数和数之间组合与分解以及数量变化的理解。

数的运算教育活动是根据幼儿关于数的运算的年龄阶段特点，帮助幼儿学习加减运算，理解加减的实际意义，提高幼儿运用多种方法解决具体情境中加减问题的能力而开展的活动。数的运算活动主要包括数量的分合活动、数的加减运算活动。

一、数的运算的相关概念

（一）数量的分合概念

数量的分合包括具体的量的分合与抽象的数的分合两部分。幼儿对数的分合的理解建立在量的分合的基础之上，在积累了一定的量的分合经验后，他们逐步理解抽象的数的分解与组合，并理解分合过程中的数群之间等量、互补、互换关系。

（二）数的加减运算概念

教师在教幼儿加减运算时，一般只要使幼儿知道把一个数与另一个数合并起来，求一共是多少用加法计算；从一个数里去掉一个数，求还剩多少用减法计算。

二、数的运算教育活动目标

（一）总目标

1. 掌握和理解数量的分合的意义，生活中事物的简单数量关系，加深对加减运算的理解。

2. 通过实物操作理解数与数之间的关系，并用"加"或"减"的办法来解决问题。

3. 在操作过程中感受数与数之间关系的奥秘，对数的运算产生兴趣。

（二）年龄阶段目标

年龄阶段目标如表 5-8 所示。

表 5-8　数的运算教育活动年龄阶段目标

维度	4—5 岁	5—6 岁
数量的分解与组合	进行 5 以内数量的分解与组合体验。一个量可以分成两个部分的量，两个部分量合起来就是原来的量	理解 10 以内数量的分解与组合、分合中的互换互补关系；体验数量的多种分合方法；能对一定数量的物体进行等分，如二等分和四等分
数量的变化与运算	借助实物或情境,理解 10 以内集合的数量变化	借助动作表象进行十以内的加减运算,理解加减的实际意义；认识"+""−""="符号和加减算式,初步理解算式表示的意义

从年龄阶段目标分目标的关系看，4—5 岁和 5—6 岁幼儿数的运算教育活动目标呈现出层级递进关系，且在不同的年龄阶段各自有所侧重。例如，4—5 岁侧重对 5 以内的数字进行分解与组合体验，同时感受 10 以内的数量变化；5—6 岁则侧重比较理解 10 以内数的变化和组合关系以及初步理解算

式表示的意义。

三、幼儿关于数的运算的学习特点

（一）幼儿关于数量的分合的学习特点

幼儿对数的分合的理解是建立在量的分合的基础之上，在积累了一定量的分合经验后，他们逐步理解抽象的数的分解与组合，并理解分合过程中的数群之间等量互补互换关系。幼儿从 5 岁开始，逐渐开始理解数量的分合，但这种理解尚不完全，不稳定，直觉作用明显。6 岁幼儿基本理解数量的分合的人数达到 40%；65%~85% 6.5—7.5 岁幼儿已能掌握 8 的分解和组成。

（二）幼儿关于加减运算的学习特点

幼儿加减运算概念的发展表现为三种发展水平：动作水平的加减、表象水平的加减、概念水平的加减。

3 岁半以前的幼儿不知道运用实物进行加减运算。他们不理解加减的含义，不认识加减运算的符号，数的运算对这个年龄的幼儿来说是很困难的。

4 岁幼儿一般会自己运用实物进行加减运算，但在进行运算时，需要将表示加数和被加数的实物合并，再逐一点数，说出总数。值得注意的是，4 岁以后的幼儿已经表现出具有初步的运用表象进行加减运算的能力。

5 岁以后，幼儿能够将顺接数和倒着数数的经验运用到加减运算中，5 岁半以后的幼儿在教师引导下，开始运用数的分合进行加减运算，但这中间存在着一定的个体差异。

四、数的运算教育活动设计与实施要点

（一）数量分合活动设计与实施要点

数量分合教学绝不能采用死记硬背和机械训练的方法。教师可以分阶段进行：第一阶段一般安排在大班初期，学习 1—5 的分合，逐步理解抽象的数的分合概念和实际意义；第二阶段安排在大班中后期，学习 6—10 的分合，领会数的分合规律和其中所蕴含的各种数量关系。

1. 感知部分与整体的关系

引导幼儿感知部分与整体的关系，是为学习数量的分合做准备。教师可选择幼儿熟悉的东西，同时引入分、合符号"∧""∨"，向幼儿介绍符号意义，即"表示两个部分合在一起构成整体""整体可以分为两个部分"。

2. 积累数量分合的经验

积累数量分合的经验的目的是让幼儿体验一个量可以分成两个量、两个部分量合起来就是原来的总量；一个量有多种分法，分合的结果不同，但是合起来都跟总量一样。教师可设计多种样式、多种层次的分合操作活动或游

戏帮助幼儿获得数量分合经验，还可组织幼儿进行记录并分享记录结果，帮助幼儿概括所获得的经验。

3. 领会数的分解规律、掌握数的分合关系

在幼儿学习 5 以内数的分合经验的基础上，从学习 6 的分合开始，教师就应解决以下几个问题：

（1）每个数的分合顺序是怎样的？

（2）每个数的分合方法各有几种？

（3）2、3、4、5 四个数分合方法的递增规律是什么？

为解决这些问题，教师需要在逐步引导幼儿探索同一个数的不同分法的基础上，鼓励幼儿穷尽所有分法，并引导幼儿记录结果。

☞ 实训任务提示

实训任务

请扫描二维码，分析"分苹果"这样设计是否合理。

☞ "分苹果"活动设计

4. 拓展分合思路，体验多种分合方式

幼儿在常规的学习中已对"把一个数分为两个数、两个数合起来是一个数"相当熟悉，但在解决问题时思维容易受到局限。所以，在活动过程中，教师在让幼儿体验数的多种分法时要注意设置问题情境。

（二）加减运算活动设计与实施要点

10 以内加减运算教学活动可以分为两个阶段：第一阶段，教师主要指导幼儿学习 5 以内加法和减法。第二阶段，教师主要指导幼儿学习 10 以内加法和减法。

1. 感知、体验加减的含义

教师可运用生活实例，向幼儿提出解答加减运算的问题，让幼儿感知、体验数量变化，还可让幼儿在游戏过程中体验数量变化，积累关于加减含义的经验。

2. 学习列加减算式，理解算式意义

幼儿初步掌握实物加减运算后，教师可引导幼儿学习用数字、符号将运算过程记录下来。开始幼儿还不能脱离具体的实物操作和情境，教师应通过实物教具的演示，帮助幼儿认识加号、减号、等号以及每个数在算式中的意思，引导幼儿结合操作过程或者具体情境感知算式的结构，了解算式的抽象意义。

3. 学习自编应用题

当幼儿已会解答简单的加、减法应用题，并初步了解应用题的结构后，教师可以教幼儿学习自编简单的应用题。教师可采用以下策略：观察三幅情

境图，学习自编应用题；引导幼儿根据生活经验自由编题。教师在引导幼儿观察三幅情境图时，教师应指出三幅图讲的是一件事，引导幼儿通过自己的讲述，理解应用题中所表达的数量关系，最后，引导幼儿用数字、符号列出算式，表达三幅图中的数量关系。

　　4. 运用多种形式练习加减运算

　　教师需要组织多样化的游戏活动，帮助幼儿提升加减运算能力。第一，运用多种感官练习；第二，在游戏中练习。此外，在日常生活中运用加减运算解决一些简单的问题，也是巩固幼儿加减运算能力的方式。

课后习题

1. 单项选择题

（1）下列关于幼儿数量分合的学习目标中适合中班幼儿学习目标的是（　　）

　　　　A. 能够进行 5 以内数量的分解与组合体验

　　　　B. 理解 10 以内数的分解与组合、分合中的互换互补关系

　　　　C. 体验数量的多种分合方法

　　　　D. 能对一定数量的物体进行等分，如二等分和四等分

（2）幼儿实物加减运算的能力是（　　）出现的。

　　　　A. 2 岁　　　　　　B. 3 岁　　　　　　C. 4 岁　　　　　　D. 5 岁

2. 材料分析题

你认为这两个阶段的设计是否合理？

　　赵老师把幼儿的加减运算学习分为两个阶段：第一阶段，帮助幼儿理解加减的实际意义；第二阶段，学习 10 以内加法和减法。

3. 活动设计题

请为大班幼儿数学教育活动"骰子塔"设计活动目标和活动环节。

　　要求：骰子有六面，每一面都有 1 到 6 的点数，让幼儿通过一定数量的骰子来搭建一座宝塔，在搭建塔的过程中通过骰子上面的点数进行数的分合计算。

☞ 参考答案

第九节　几何图形教育活动设计与实施

　　几何图形是对实际物体的形状特征的抽象，幼儿对几何图形的认识，从感知物体的形状开始，并逐步抽象出对几何图形的理解，从而建立物体和几何图形之间的关系。

　　几何图形教育活动是根据幼儿各年龄阶段的发展特点，提高幼儿对几何

图形的认识，促进幼儿在理解和感受几何图形特点等方面均衡发展而开展的活动。几何图形教育活动主要包括几何图形特征教育活动、几何图形分解与组合教育活动。

一、几何图形的相关概念

（一）几何图形的概念

几何图形一般也称为几何形体，是对客观物体形状的抽象和概括，具有普遍性和典型性。它来源于物体却高于物体。幼儿认识的几何图形包括平面图形和立体图形两大类。其中平面图形是由同一平面内的点、线、面所构成的图形，如圆形、正方形、三角形、长方形、椭圆形、梯形等。立体图形则是由空间非同一平面内点、线、面及其组合所构成的图形，如球体、圆柱体、长方体、正方体等。

（二）几何图形分解与组合的概念

几何形体组合是指把多个图形组合起来，形成一个更大的图形或者形成一个几何图案。主要表现为：使用图形进行自由组合创造、用图形填充图案拼图以及图形组合的心理表征等。

二、几何图形教育活动目标

（一）总目标

1. 能感知物体基本的空间位置与方位，理解上下、前后、里外等方位词。
2. 提高初步感受并能尝试识别和描述生活中各种物品形状特征的能力。
3. 能体会几何图形变换的有趣，对探索图形关系产生兴趣。

（二）年龄阶段目标

年龄阶段目标如表 5-9 所示。

表 5-9　几何图形教育活动年龄阶段目标

维度	3—4 岁	4—5 岁	5—6 岁
几何图形特征的认知	探索物体较明显的形状特征，并用自己的语言描述	感知和发现常见几何图形的基本特征，并进行分类；认识并命名立体图形上的平面图形；认识平面图形（如三角形）的各种变式	认识并命名球体、长方体、正方体、圆柱体，认识长方体、正方体的面；理解图形的对称性并学习等分图形
几何图形的组合与分解	借助分割线的提示进行简单的图形组合	不用借助分割线的提示进行简单的几何图形组合与分解	用图形及图形组合进行较为复杂的组合与分解，理解其中的组合替代关系

从年龄阶段目标分目标的关系看，3—4岁、4—5岁和5—6岁幼儿几何图形教育活动目标呈现出层级递进关系，且在不同的年龄阶段各自有所侧重。在3—4岁，目标侧重对几何图形形状的探索，借助分割线的提示进行简单的图形组合；4—5岁侧重感知和发现几何图形的基本特征并且要求幼儿不借助提示对简单的几何图形进行组合和分解；5—6岁则侧重对几何图形的命名以及能够对复杂的几何图形进行组合和分解，并且要求幼儿理解其中的组合替代关系。

三、幼儿关于几何图形的学习特点

（一）幼儿关于几何图形特征的学习特点

3岁以前的幼儿能够区分封闭图形和开放图形，却不能很好地区分圆形、正方形和三角形等几何图形。

小班幼儿识别几何图形的能力处于视觉水平（或称笼统感知水平）。这时，幼儿已形成了图形类别的图式（或心理模式），但是整体的、而且是视觉的，并没有产生对几何图形整体和部分的认识。

中班幼儿识别几何图形的能力处于描述分析水平。幼儿能够观察并描述图形，并能根据这些特征来判断图形，但还不能将构成图形的部分与整体很好地协调起来，往往只是关注其部分特征。

大班幼儿识别几何图形的能力处于几何图形概念初步形成的水平。幼儿逐步认识图形各部分之间的关系，开始将图形整体与构成图形的部分联系起来考虑，能较为完整和系统地认识图形的特征。

（二）幼儿关于几何图形分解与组合的学习特点

小班幼儿的图形组合常常是通过尝试错误的方法完成简单的轮廓拼图游戏，他们的图形组合完全是一种在动作中的思考，还不具备在头脑中思考图形之间关系的能力。

中班幼儿已经有了对图形的整体与部分的初步认识，知道可以通过拼搭几个图形来构成一个完整的图形，还能主动地对图形进行旋转或翻转，以满足自己的需要。

大班幼儿已经具有心理旋转能力，能在心中形成图形组合的表象。他们在拼图时不仅仅是依靠已经拼好的部分来寻找可以继续拼的图形，还能思考如何用两个图形组合成一个新的图形来填补空白的区域。

四、几何图形教育活动设计与实施要点

（一）几何图形特征教育活动设计与实施要点

几何知识的掌握不单靠个体成熟，也靠经验和教育。教师在设计与实施

认识几何图形特征的活动时,应注意给幼儿提供尽可能多样化的图形经验。

1. 感知图形特征

在小班,教师应主要运用感知图形特征这种方式让幼儿认识新的图形。教师可以让幼儿用手充分地触摸、摆弄几何图形,感知立体图形的特征。在中班,教师可逐步引导幼儿感知平面图形的边、角特征和数量特征,发展系统的图形概念。

2. 图形归类与分类

图形归类与分类都是让幼儿通过对图形的观察比较,区分不同图形的特征,从而认识一种图形的固有属性。在小班一般只进行图形归类活动,教师先为幼儿提供能体现图形特征的标志物,让幼儿根据标志物的提示将图形分类。图形分类的内容与要求应视不同年龄班和幼儿已有的知识水平有所区别,并逐步增加难度,提高要求。

3. 制作图形

制作图形分为制作平面图形和制作立体图形。制作图形是对图形的表征再现。制作立体图形能够让幼儿更加具体形象地感知和探索立体图形的特点,再用语言概括地表达出来,获得形象而深刻的认识。

(二)图形分解与组合教育活动设计与实施要点

1. 图形的分割与拼合

图形的分割与拼合,内容上应从简单到复杂,先等分、后不等分;先二等分、再四等分;步骤上应先分后合。一般先由教师讲解演示,后让幼儿操作练习;也可先启发幼儿自己探索如何分合图形,教师再做出必要的解释和示范。但不论采用何种方法,均应通过分合的操作活动,让幼儿知道整体与部分的逻辑关系。

2. 轮廓拼图

教师提供图形拼合出的图案轮廓线,让幼儿采用对应、覆盖的方法填充图案轮廓。教师应观察幼儿解决问题的能力水平,据此为其提供能完成、有挑战的轮廓拼图任务,从而促进其思维水平的发展。

3. 创意拼图

创意拼图是指用模式积木、七巧板或更为复杂的图形创造性地组合图形,创作图画。教师可提供一些生活中比较常见的材料,鼓励幼儿大胆想象,用图形拼搭出自己想要的图案,然后展开讨论。

4. 造型建构

教师可在建构区提供各种形状的积木,依据班级进行的主题活动引导幼儿进行创意造型建构。

实训任务

请扫描二维码，分析"图形拼拼乐"为什么这样设计。

☞ "图形拼拼乐"活动设计

☞ 实训任务提示

课后习题

1. 单项选择题

（1）幼儿对不同几何图形辨别有程度上的差异，当教师把圆形、三角形、长方形、菱形这四种图形摆在幼儿面前时，一般来说，幼儿对它们的辨别程度由易到难的顺序是（　　　）

　　A. 菱形—长方形—三角形—圆形

　　B. 菱形—三角形—圆形—长方形

　　C. 圆形—菱形—长方形—三角形

　　D. 圆形—长方形—三角形—菱形

（2）下列几何图形对幼儿来说最难辨别的是（　　　）

　　A. 圆形　　　　B. 半圆形　　　　C. 正方形　　　　D. 三角形

2. 材料分析题

阅读下面案例，这位教师的活动过程设计合理吗？

送图形宝宝回家

活动目标：

1. 知道按收纳篮上的形状标志匹配相应形状的图形卡片。

2. 学习按形状标记进行分类，能边操作边讲述"××宝宝，我送你回家"。

3. 体验根据不同形状特征分类的乐趣。

活动准备：

1. 自制圆形、正方形、正三角形卡片若干，每种卡片数量多于幼儿人数；收纳篮 3 个，上面贴有圆形、正方形、正三角形标志。

2. 收纳篮 3 个，分别贴有圆形、正方形、正三角形标志。

3. 教师事先布置"超市"场景。

活动过程：

1. 让幼儿观察收纳篮，引起幼儿活动的兴趣

教师：猜猜这些收纳篮是装什么的？鼓励幼儿大胆猜测。

2. 装卡片

（1）教师：老师做了许多图形卡片，我们一起把图形宝宝装进这些收纳篮里。

（2）教师：这些图形宝宝有什么不一样的地方？都有什么形状？（引导

幼儿观察并说出图形的形状。)

（3）教师：这个收纳篮应该装什么形状的图形呢？你是怎么知道的？（鼓励幼儿发现收纳篮上的形状标志，并知道按标志送相应的图形卡片。）

（4）教师：现在，我们一起来帮老师装图形宝宝吧，记住，一定要先看看收纳篮上是什么标志，然后才能把跟它一样形状的图形宝宝装进去哦！

（5）幼儿自由地装图形卡片，教师鼓励幼儿边装边讲述，如"圆形宝宝，送你回圆形的家"。

（6）教师：你装的是什么形状的图形宝宝？请部分幼儿介绍自己装的图形，并观察是否按形状标志装入收纳篮。

3. 送图形宝宝回家

（1）教师出示有形状标志的三个收纳篮，提问：图形宝宝都装进了收纳篮里，现在我们把这些图形宝宝装进箱子运到超市吧。这个箱子是什么形状的图形宝宝的家呢？

（2）幼儿说出正确答案后，教师引导幼儿将图形卡片装到相应的箱子里，再送到"小超市"。

3. 活动设计题

请为大班几何图形教育活动"做盒子"设计活动目标和活动环节。

要求：教师通过长方体盒子和正方体盒子的展开图，让幼儿自己做成一个相对应的立体盒子形状，通过幼儿动手操作来加深对正方体和长方体特征的认识，认识立体图形和展开图之间的空间对应关系。

☞ 参考答案

第十节 空间关系教育活动设计与实施

对空间关系的理解与运用是几何学习的基础。空间关系教育活动是根据幼儿空间关系发展的年龄特点，让幼儿对物体能形成一种空间抽象的图像而开展的活动。空间关系教育活动主要包括空间方位教育活动、空间视觉化教育活动。

一、空间关系的相关概念

（一）空间方位的概念

任何客观物体在空间中均占有一定的位置，并且同周围的物体存在着空间上的相互位置关系，这就是物体的空间方位，空间方位用上下、前后、左右等空间方位词汇表示。

（二）空间视觉化的概念

空间视觉化是空间表象的一种。空间表象是对物体内在的、整体的表征，空间视觉化是指理解和想象假想的二维和三维物体的运动，是将视觉感知到的空间形象、空间关系在头脑中进行再现和操作，并将这种操作的结果表现出来。

二、空间关系教育活动目标

（一）总目标

1. 感知并能简单描述物体空间方位和运动方向。

2. 能用常见的几何图形有创意地拼搭和画出物体的造型。

3. 幼儿基本获得空间方位识别的经验，可以运用空间方位经验解决问题，对空间关系的探索充满兴趣。

（二）年龄阶段目标

年龄阶段目标如表 5-10 所示。

表 5-10　空间关系教育活动年龄阶段目标

维度	3—4 岁	4—5 岁	5—6 岁
物体位置关系	用上下、前后、里外等方位词描述物体的位置	用上下、前后、里外、中间、旁边等方位词描述物体的位置和运动方向	学习辨别自己和他人的左右；学习用符号表示物体在二维空间中的位置和运动方向
物体空间关系	尝试运用平移、旋转进行图形拼搭	有意识地运用平移、旋转和翻转进行图形拼搭；探索图形常见物体中简单的镜像对称关系	进行图形拼搭时，有意识地预期旋转和翻转的结果；理解简单示意图中的空间关系；理解并重现观察三维物体的不同视角

从年龄阶段目标分目标的关系看，3—4 岁、4—5 岁和 5—6 岁的幼儿空间关系教育活动目标呈现出层级递进关系，且在不同的年龄阶段各自有所侧重。在 3—4 岁，目标侧重简单描述物体的位置，尝试运用平移、旋转进行图形拼搭、4—5 岁侧重描述物体的位置和运动方向以及有意识地运用平移、旋转和翻转进行图形拼搭，探索图形常见物体中简单的镜像对称关系；5—6 岁则侧重学习辨别自己和他人的左右，学习用符号表示物体在二维空间中的位置和运动方向以及理解并重现观察三维物体的不同视角。

三、幼儿关于空间关系的学习特点

（一）幼儿关于空间方位的学习特点

幼儿认识空间方位的发展顺序，是先上下，再前后，最后是左右。

3 岁幼儿有上下的方位概念，4 岁幼儿知道前、后，直到 5 岁，幼儿开始发展左右的概念。幼儿先能以自身为中心确定左右，然后发展到能以客体为中心确定左右。6 岁幼儿能完全正确地辨别上、下、前、后四个方位，但以客体为中心的左右方位辨别能力尚未发展完善。

（二）幼儿关于空间视觉化的学习特点

在拼搭图形或搭积木中，小班幼儿还不能在脑中预测图形运动的结果，也不能将图形运动的结果与拼图联系在一起。一般只是通过尝试错误的方法平移或旋转图形来完成拼图，这时幼儿平移、旋转图形都是无意识的。

中班幼儿知道遇到拼不上的情况时，可以采用转一转等方法，但这时，还不能准确地预期旋转和翻转的结果。但是，他们已经能将图形运动后的结果与拼图联系在一起。

大班幼儿能对图形运动的结果形成较为精确的表征，能准确地预期图形运动的结果。

四、空间关系教育活动设计与实施要点

（一）空间方位教育活动设计与实施要点

1. 感知、认识空间方位

教师要明确感知、认识空间方位的主要目的是帮助幼儿理解方位词。当幼儿对自己身体部位所处的空间位置熟悉后，教师就可以运用观察法引导幼儿将视野扩大到周围的环境，让他们发现身体的前方、后方、旁边（左、右概念的替代词）各有什么物体。当幼儿掌握了以自我为中心辨别方位后，教师可再进行以客体为中心辨别方位的活动。另外，教师还要引导幼儿理解一些方位相对性的问题。

2. 描述空间方位

空间方位的描述应当是描述两个物体的相对位置。幼儿最初可能做不到完整描述，教师在活动中需要有意识地引导幼儿观察物体的方位，关注物体的参照物，学习完整描述。

3. 表征空间方位

表征空间方位的方式有两个：方向标志和二维坐标图。首先，运用方向标志来表征方位要建立在幼儿了解方向标志的意义的基础上。其次，学习

二维坐标图的目的在于体验坐标图对精确定位的作用。教师要鼓励幼儿采用行、列坐标来表述目标位置，帮助幼儿熟悉一般地图定位的法则。

4. 手眼协调活动与视觉分辨练习

手眼协调需要将眼球活动与手的活动相匹配，视觉分辨需要对前景与背景做出区分，还要能发现物体间的相似与相异，上述这一切有赖于个体的独自运作，其能力无法通过模仿或他人的"告诉"而具备，因此，教师可以采用幼儿个别操作的方式，把几个这种类型的活动安排在一个单位时间内供幼儿自选。

（二）空间视觉化活动设计与实施要点

1. 补图与拼图

首先，在补图活动中，教师可以通过减少或增加补块的数量或补块的规则程度来控制活动的难易程度，且每个补块还可以再进行分割。其次，拼图活动适宜放在区域活动中，教师投放拼图材料，供幼儿进行个别化操作、探索，拼图材料的难度层次设计可以从图片切分的数量、切分的规则、提供范例的层次三个方面来考虑。

2. 认识对称图形

教师可以先通过用半个图案构造出完整对称图案的活动，帮助幼儿体验对称的意义，再引导幼儿判断对称图形，教师需要通过提问引发幼儿思考，了解幼儿对"对称"概念的理解程度，以巩固幼儿对"对称"意义的理解。

3. 空间表征

空间表征分为两个方面：认识平面示意图和从不同角度辨认、表征物体。首先，教师为幼儿提供一张实景平面图，同时利用实景或提供有关场景的模型，让幼儿分析实景中物体与物体之间的空间关系。其次，教师引导幼儿关注同一物体在不同视角下的特征，对其今后学习三维空间中的立体图形和它的面（平面图形）有所帮助。

课后习题

1. 单项选择题

（1）幼儿空间方位知觉发展的顺序是（   ）

      A. 上下、前后、左右　　　　　B. 前后、上下、左右

      C. 上下、左右、前后　　　　　D. 前后、左右、上下

（2）幼儿最初是以自我为中心辨别方向的，教师在动作示范时应该（   ）

      A. 背对幼儿，采用镜面示范　　B. 面对幼儿，采用镜面示范

　　C. 面对幼儿，采用正面示范　　D. 背对幼儿，采用正面示范

2. 材料分析题

阅读"听声音，辨方位"活动设计，分析活动为什么这样设计。

听声音，辨方位

（感知方位）

适合年龄班：小班上学期

活动形式：集体

活动目标：

（1）能根据听到的声音辨别其方位，并能用相应的符号在图板上表示出来。

（2）知道在活动中不干扰别人。

（3）愿意参与游戏活动，体验记录的乐趣。

活动准备：

（1）事先找一处能够听到各种声音的地方，但不要太嘈杂；如果找不到合适的声音环境，可请其他教师协助制造一些声音，供幼儿聆听并记录。

（2）记录纸、笔，人手1份。

活动过程：

● 介绍活动的名称与规则

教师告诉幼儿活动的名字叫"听声音，辨方位"，然后发给每个幼儿一张卡纸，让他们自己在卡纸中间画上一个"0"，表示他们所在的位置。当他们听到某种声音时，就用恰当的简单符号把它标记在卡片上。如一阵风就画两道斜线。符号的位置应尽量精确地显示出声音的方向和远近（教师可做一次示范，让幼儿理解）。

● 幼儿自选活动地点完成作业

（1）教师让幼儿快速地在1分钟内找到自己的倾听地点，分散坐下，并且要求幼儿一旦选定了地方，就不要再随便移动。

（2）在记录声音前，教师可给幼儿一个信号，如学一声牛叫或猫叫，以增加活动的趣味性。（活动持续时间可视幼儿专注程度和当时环境的声音状况而定，一般5~10分钟。）

● 幼儿自行结伴交流记录

（1）在结束活动时，幼儿自行找一个好朋友，交流彼此的声音记录。

（2）教师提问：你听到几种不同的声音？你是用什么符号来表示它们的？你最喜欢哪种声音？你最不喜欢哪种声音？你知道声音是从哪儿发出来的吗？

3. 活动设计题

请为中班空间关系教育活动"有趣的对称"设计活动目标和活动环节。

要求：教师准备对称和不对称的图片，让幼儿能够区分对称和不对称物品，并通过对折的方法寻找到对称的图形，了解对称图形的特点。

第十一节　空间测量教育活动设计与实施

测量不同于直接的比较，它是以单位为中介的比较，因而涉及比较复杂的数量关系的理解。幼儿首先接触的测量内容是具体形象的空间量，也称为空间测量。

空间测量教育活动是根据幼儿在不同年龄段的空间测量经验，通过对量的感知和比较，发现相等或者不等，提高幼儿空间测量能力而设计的活动。空间测量教育活动主要包括长度测量教育活动、面积和体积测量教育活动。

一、空间测量的相关概念

（一）长度测量的概念

构成幼儿理解长度测量的基础有八个概念：理解长度的特征、长度守恒、传递性、均分、单位的重复、长度的累积和可加性、原点、测量单位与量数的关系。

（二）面积与体积的概念

面积是表示一个曲面或平面图形所占范围的量。体积是表示物质或物体所占空间的大小的量。

二、空间测量教育活动目标

（一）总目标

1. 认识简单的测量工具，明白物体的大小、高矮等可以用工具进行测量。

2. 能够基本正确地使用测量工具，理解并能够描绘测量的数据和测量物体之间的关系。

3. 对空间测量产生探究的兴趣，并能通过测量解决生活中简单的数学问题。

（二）年龄阶段目标

年龄阶段目标如表 5-11 所示。

表 5-11　空间测量教育活动年龄阶段目标

维度	4—5 岁	5—6 岁
长度的测量	用首尾相接摆放单位量的方式,进行长度的自然测量	重复使用一个单位量进行长度的自然测量;知道测量同一长度时,单位长度的长短和所需单位数量之间的相反关系
面积和体积的测量	通过用单位面积方块覆盖的方式体验面积和体积测量的意义	通过用单位体积立方块填充的方式,体验体积和体积测量的意义

　　从年龄阶段目标分目标的关系看,4—5 岁和 5—6 岁幼儿空间测量教育活动目标呈现出层级递进关系,且在不同的年龄阶段各自有所侧重。4—5 岁侧重学习长度、面积、体积测量,5—6 岁则侧重用不同的方式进行测量。

三、幼儿关于空间测量的学习特点

(一)幼儿关于长度测量的学习特点

　　第一阶段,幼儿只能进行长度的视觉比较。第二阶段,幼儿开始使用工具进行长度的简单比较,但运用得不正确。第三阶段,幼儿能够用任意长的物体作为普通的测量工具。第四阶段,幼儿萌发使用标准的单位进行长度测量的实际需要。

　　幼儿在五岁左右开始理解量的分割,知道长度可以分割为若干份,能用计量数加测量单位的方式来描述物体的长度,但还不能建立表象中的测量单位,需要借助首尾相连,摆放单位量的方式完成物体的长度测量,理解测量结果的意义。

　　大班初期,幼儿开始理解长度可以分割为若干个单位量,可重复使用一个单位量进行长度的自然测量,能在头脑中建构单位量与长度之间的等量替换关系。

　　大班后期,幼儿在学习活动和生活情境中已积累了一定的测量经验,并且尝试使用不同的单位量测量同一长度,对测量单位和测量结果之间的关系有所思考。

(二)幼儿关于面积和体积测量的学习特点

1. 面积测量的学习特点

　　第一阶段,幼儿能进行面积的简单比较,将两个长方形中间的一条边放在一起比较,或者将长与宽加起来估测一下进行比较。幼儿被提示可以使用重叠的方法比较时,会将一张纸放在另一张纸上进行比较。

　　第二阶段,边对边的面积测量。这时幼儿能用一些小卡片覆盖一块儿长方形的区域,但是在没有视觉提示的情况下,不能组织协调建构出一个二维的平面,只是用一些接近矩形的图形,一个挨着一个摆出一行一列,构建出主要结构。

第三阶段，原始覆盖。幼儿知道要将一块区域全部覆盖，还不能完全排列正确，不理解单元内部行与列排列的系统性，会出现重复数和漏数。

第四阶段，面积单元相连并重复。幼儿知道覆盖排列的每行面积单元是重复的、相连的，每行所需要的数量是一样的，能够逐行计数单元。

2. 体积测量的学习特点

第一阶段，直接比较。幼儿将一个容器的东西倒到另一个容器中，从而判断哪一个容器容积比较大。

第二阶段，使用参照间接比较。幼儿借助第三个容器，将第三个容器中的东西分别倒入两个容器中，来判断两个容器的容积大小。

第三阶段，使用单元测量工具。幼儿有意识地用立方体填充容积，每次只铺一层。

四、空间测量教育活动设计与实施要点

（一）长度测量教育活动设计与实施要点

1. 长度的自然测量

长度的自然测量分为使用同一测量单位测量长度和使用不同测量单位测量同一长度。使用同一测量单位测量长度分为两个层次，一是用多个测量单位首尾相接的方法测量长度；二是重复摆放一个测量单位，通过一个单位的位移来完成测量活动。

测量时教师需要特别强调测量的操作规则，引导幼儿通过操作理解测量就是用小的单位组合在一起，等量地替换或表示测量的对象；使用不同的测量单位测量同一长度，其结果是不同的。

2. 初步学习使用标准化测量工具——厘米尺测量长度

教师在帮助幼儿理解测量意义的基础上，给幼儿示范厘米尺使用方法并认识厘米尺上刻度的含义，初步学会使用厘米尺测量生活中物体的长度，体验标准化测量工具在测量中的重要作用。

（二）面积与体积测量教育活动设计与实施要点

1. 面积测量

面积测量教育活动的要点与长度测量教育活动类似，即通过测量面积、比较大小的活动，理解面积测量就是用多个单位量的组合"表示"（等量替换）被测面积，并根据测量结果比较面积大小。不同之处是：面积测量的操作规则要点在于用测量单位不重、不漏地覆盖被测面积。

2. 体积测量

体积测量对于幼儿来说比较复杂，且幼儿生活中常见的物体体积大多是

不规则的。但是，幼儿对生活中容器的容量大小并不陌生。教师可以让幼儿通过装单位容积的液体的方式，比较两个容器的大小。另外，教师也可以在生活中跟幼儿玩"数一数有多少个组块"的游戏，将组块插成一个长方体形状，让幼儿数一数，一共用了多少个组块，通过这样的经验发展其对体积的理解。

☞ 实训任务提示

实训任务

请扫描二维码，分析"花圃有多大"为什么这样设计。

☞ "花圃有多大"活动设计

课后习题

1. 单项选择题

构成幼儿理解长度测量的基础有几个概念（　　　）

A. 6　　　　　　　　B. 7　　　　　　　　C. 8　　　　　　　　D. 9

2. 材料分析题

分析"量量有多长"为什么这样设计。

量量有多长

适合年龄班：中班

活动形式：个别

设计意图：利用长条纸作为测量工具测量物体的长度。

活动准备：长条纸若干、玩具若干、测量记录纸。

操作方法：利用长条纸一个接着一个连接在一起，测量玩具的长度。

指导要点：

（1）引导幼儿关注测量物体的起点，如测量洋娃娃的高度要从洋娃娃的脚开始到头顶。

（2）测量时需要把玩具摆直。

3. 活动设计题

请为大班空间测量教育活动"量一量"设计活动目标和活动环节。

要求：通过测量物体让幼儿认识测量的工具，并知道测量工具的用途和刻度的意义，能正确使用测量工具并能独立完成物品的测量操作。

☞ 参考答案

第六章　幼儿园艺术教育活动设计与实施

【本章导读】

　　艺术是人们感受美、欣赏美、表现美和创造美的重要形式，艺术教育可以帮助幼儿积累审美经验，丰富审美情趣。幼儿园艺术教育活动是根据幼儿身心发展的特点，以注重幼儿对艺术审美的感受与欣赏、表现与创造能力，促进幼儿对艺术和生活的热爱为目的开展的一系列教育活动。幼儿园艺术教育活动包括音乐教育活动与美术教育活动两大类，其中音乐教育活动包括歌唱活动、韵律活动、打击乐器演奏活动、音乐欣赏活动，美术教育活动包括绘画活动、手工活动、美术欣赏活动。幼儿园艺术教育活动的实施途径主要有三个：一是专门性的集体艺术教育活动，二是日常生活中的随机艺术教育活动，三是渗透在日常生活和其他领域的艺术教育活动。本章主要探讨的是专门性的集体艺术教育活动。

【学习目标】

1. 理解幼儿园艺术教育活动目标，能根据幼儿年龄特点设计适宜的活动目标。
2. 熟悉幼儿园艺术教育活动类型，能根据不同活动类型选择恰当的活动内容。
3. 掌握各类艺术教育活动的特征，能根据各类活动特征设计有针对性的艺术教育活动。
4. 掌握艺术教育活动设计与实施的基本结构。

第一节　幼儿园艺术教育活动目标与设计

本节主要引导学习者了解幼儿园艺术教育目标的概念，了解幼儿园艺术教育目标的纵向与横向结构。通过解析《指南》中的艺术教育目标，了解不同年龄段幼儿艺术教育活动的教育内容与侧重点。在此基础上，设计出适宜的幼儿园艺术教育活动目标。

一、幼儿园艺术教育目标概述

幼儿园艺术教育目标是通过艺术教育活动要达到的幼儿艺术发展的要求或效果，它决定了艺术教育内容和过程的选择，以及对教育效果的评价。幼儿园艺术教育目标按照结构进行划分，可以分为纵向结构和横向结构。

（一）幼儿园艺术教育目标的纵向结构

幼儿园艺术教育目标按照纵向维度，可以划分为总目标、年龄阶段目标、活动目标。

1. 总目标

幼儿园艺术教育总目标是幼儿园艺术教育总的任务要求，是对幼儿三年在幼儿园艺术发展的任务要求。

在《纲要》中，幼儿园艺术教育总目标是这样表述的：

（1）能初步感受并喜爱环境、生活和艺术中的美；

（2）喜欢参加艺术活动，并能大胆地表现自己的情感和体验；

（3）能用自己喜欢的方式进行艺术表现活动。

在《指南》中，幼儿园艺术教育总目标是这样表述的：

（1）感受与欣赏：喜欢自然界与生活中美的事物；喜欢欣赏多种多样的艺术形式和作品。

（2）表现与创造：喜欢进行艺术活动并大胆表现；具有初步的艺术表现与创造能力。

2. 年龄阶段目标

年龄阶段目标是依据幼儿的年龄阶段划分的艺术教育目标。将艺术教育目标转化为对每一年龄阶段幼儿逐步提高要求的具体目标，是年龄阶段目标的一大特点。年龄阶段目标的另一大特点是幼儿艺术发展指标与艺术学科知识的融合，体现了某个年龄阶段幼儿在艺术方面应达到的能力。

3. 活动目标

活动目标是在某一具体的艺术教育活动中要达到的目标，一般由教师自己制订。活动目标为总目标、年龄阶段目标服务。具体来说，为了使艺术教育活动目标能够符合幼儿发展要求，教师在制订活动目标时应该遵循以下原则：一是目标应以幼儿为本。以幼儿为本包含两层意思：（1）目标的制订注重幼儿兴趣、情感体验和个性化发展需要；（2）目标的制订应促进幼儿主体"学"的主动性。教师在设计艺术教育活动时，要从作为行为主体的幼儿角度来表述目标，充分体现幼儿在艺术教育活动中的主体地位。二是活动的目标在方向上应与总目标、年龄阶段目标相一致。三是从认知、情感态度和能力技能三个维度设计活动目标。

实训任务

请你根据"喂鸡"歌唱活动目标，说出此活动的 3 个目标分别指向的维度。

活动目标：

1. 熟悉歌曲旋律，了解歌词内容。

2. 能用自然的声音歌唱，尝试在图片提示下，替换歌词演唱。

3. 喜欢歌唱活动，愿意与同伴一起歌唱。

☞ 实训任务提示

（二）幼儿园艺术教育目标的横向结构

在横向维度上，根据《指南》，幼儿园艺术教育目标可以分成感受与欣赏、表现与创造两个方面，其中感受与欣赏侧重让幼儿喜欢自然界与生活中美的事物，喜欢欣赏多种多样的艺术形式和作品；表现与创造侧重让幼儿喜欢进行艺术活动并大胆表现和具有初步的艺术表现与创造能力。这两个方面和《纲要》"艺术领域"目标所蕴含的内容是一致的。结合两个文件的内容，我们从培养幼儿的审美感知能力、培养幼儿艺术表现力和创造力的角度进行横向分类，把幼儿园艺术教育目标分为以下两类：

1. 审美感知能力的培养

幼儿审美感知能力的培养是培养丰富的审美想象力、透彻的审美理解力和活泼的审美创造力的根基，是积累丰富的内在情感的重要手段。幼儿审美感知能力的培养主要表现在以下方面：

（1）自然环境与生活中美好事物审美情趣的培养。大自然的美无时不在、无处不在。同时，日常生活中的美是幼儿最易接近、最熟悉和最容易感知的。《指南》依据幼儿的年龄特点，从自然中美的事物、声音，生活环境中美的事物、声音等方面列举了各年龄段幼儿在自然环境与生活中美好事物审美情趣培养方面的发展目标。

（2）艺术作品欣赏能力的培养。艺术作品欣赏可以培养幼儿敏锐的审美感知能力和丰富的审美情感，激发他们的表现力和创造力。《指南》也特别强调了这部分内容，鼓励幼儿观看表演、绘画等，有模仿与参与的愿望，能够用表情、动作、语言等方式表达自己对艺术作品的理解，并愿意和别人分享、交流自己对艺术作品的美感体验。

2. 艺术表现能力和创造力的培养

从人的发展角度来看，幼儿阶段是培养艺术表现能力和创造力的最佳时期。幼儿园应根据幼儿身心发展的特点，对幼儿进行音乐、美术等艺术熏陶，帮助幼儿在艺术活动中建立起以艺术创造为核心的审美心理结构，促进其人格完善和社会化的发展，培养其对美的表现力和创造力。幼儿艺术表现能力和创造力的培养主要表现在以下方面：

（1）音乐表现能力和创造力的培养。音乐能满足幼儿好动、好奇、好表现、好创造等身心发展的需求，从而有利于创造力的培养。《指南》依据幼儿的年龄特点，从唱歌、节奏感、自编自演等方面指出了各年龄段幼儿音乐表现能力和创造力方面的发展目标。

（2）美术表现能力和创造力的培养。幼儿园美术教育的目标之一就是通过幼儿对多种美术工具和材料的操作，培养其审美表现能力和审美创造能力。《指南》结合幼儿的年龄特点，从线条与色彩绘画、手工制作、创作美术作品布置环境、美化生活等方面指出了各年龄段幼儿美术表现能力和创造力方面的发展目标。

二、幼儿园艺术教育活动目标设计

上面的论述对设计幼儿园艺术教育活动目标提供了理论支撑，下面从活动目标设计的依据、活动目标设计的要求和活动目标的达成三个方面对幼儿园艺术教育活动目标设计进行阐释。

（一）活动目标设计的依据

幼儿园艺术教育活动目标定位直接影响幼儿园艺术教育活动的内容构建以及方法运用，因此，应依据幼儿的年龄特点与美术、音乐能力的发展水平，以及总目标与年龄段目标，在《指南》中艺术领域目标的指导下，正确定位幼儿园艺术教育活动目标，使活动目标更具适宜性与可行性。

（二）活动目标设计的要求

幼儿园艺术教育活动目标的设计要求，主要体现在以下几个方面：

第一，活动目标设计要明确具体，具有操作性。第二，凸显不同类型艺术教育活动的核心目标，让目标回归艺术领域，体现艺术教育的价值，不能与其他领域的目标相混淆。第三，依据不同年龄段幼儿的发展特点设计目标。不同年龄段幼儿发展特点不同，所以同样的艺术活动内容在不同年龄段的目标是不同的。第四，幼儿在艺术教育活动中的表现表达需要一定的技能支持，所以教师在设计活动目标时要适当考虑具体活动中幼儿必备的艺术技能。

（三）活动目标的达成

1. 围绕活动目标选择艺术教育活动内容

幼儿园艺术教育目标决定了艺术教育活动的出发点和归属，决定了艺术教育活动应达到的结果。艺术教育活动的内容选择必须以幼儿园艺术教育目标为根本依据，教师应深刻领会《指南》中关于艺术教育目标的精神，结合幼儿年龄特点和实际水平选择艺术教育活动内容。

2. 围绕活动目标确定艺术教育活动类型

教师应依据幼儿的年龄特点和活动目标，有针对性地选择适合他们的艺术教育活动类型。例如，小班幼儿喜欢参加艺术活动，体验艺术活动带来的乐趣，可以开展蜡笔画、彩笔画类的美术活动；中班幼儿能运用艺术语言表达自己的想法和感受，可以开展线描装饰画、自然写生等美术活动；大班幼儿能运用多种艺术方式创造性地表达自己的想法和感受，可以开展综合材料创作、水粉画创作等美术活动。

3. 围绕活动目标设计艺术教育活动环节

教学中每一个环节的安排都是围绕着教学目标展开设计的。用目标作为导向可以避免活动的盲目性、随意性。活动应是目标指导下的活动，活动的目的是达成教学目标。教师应在艺术教育活动的各环节中贯彻活动目标。

实训任务

分析大班绘画活动"安全标志我设计"的活动目标设计得是否合理，并对不合理的地方进行修改。

活动目标：

1. 认识各种安全标志，感知标志的特征。

2. 尝试设计标志，体验创作的乐趣。

3. 进一步巩固安全意识。

🖙 实训任务
提示

课后习题

1. 单项选择题

（1）幼儿通过认识和感受生活中的声音、色彩、符号、标志以及学习音乐、美术等，运用多种方式，富有个性地、创造性地表达自己所获得的情感和体验的能力是（　　）

A. 感受能力　　B. 欣赏能力　　C. 表现能力　　D. 创造能力

（2）大班幼儿能用基本准确的节奏和音调唱歌，能用自己制作的美术作品布置环境、美化生活，说明幼儿具有（　　　）的能力。

  A. 感受自然界与生活中美的事物

  B. 欣赏多种多样的艺术形式和作品

  C. 进行艺术活动并大胆表现

  D. 艺术表现欲和艺术创造

2. 材料分析题

请分析以下目标属于幼儿园艺术教育横向目标里的哪一类，并阐述该目标的意义。

李老师准备开展主题为"向日葵的遐想"的大班美术教育活动，她设计的 3 个活动目标为：

（1）认识印象派大师凡·高的代表作。

（2）欣赏《向日葵》中鲜明亮丽的色彩和极富特色的线条，并能大胆用语言等方式表达对作品的感受，尝试用点和线来表现向日葵。

（3）体会大师作画的态度。

3. 活动设计题

请为小班音乐教育活动"我爱我的小动物"设计活动目标。

要求：

（1）活动目标要包含认知目标、情感态度目标、能力技能目标三个维度。

（2）活动目标的设计要具体，难度要适宜。

我爱我的小动物

1=C 4/4   佚名 词曲

<u>5 6</u>　<u>5 4</u>　3　1　｜　<u>2 1</u>　<u>2 3</u>　5　－　｜

我爱　我的　小　羊，　小羊　怎么　叫？

我爱　我的　小　猫，　小猫　怎么　叫？

我爱　我的　小　鸡，　小鸡　怎么　叫？

我爱　我的　小　鸭，　小鸭　怎么　叫？

<u>3 3</u>　3　<u>5 5</u>　5　｜　<u>3 3</u>　<u>2 2</u>　1　－　‖

咩咩　咩　咩咩　咩，　咩咩　咩咩　咩。

喵喵　喵　喵喵　喵，　喵喵　喵喵　喵。

叽叽　叽　叽叽　叽，　叽叽　叽叽　叽。

嘎嘎　嘎　嘎嘎　嘎，　嘎嘎　嘎嘎　嘎。

☞ 参考答案

第二节　歌唱活动设计与实施

本节主要引导学习者从幼儿本体出发熟悉歌唱活动的目标，即小中大班幼儿在歌唱活动中应获取的认知、能力、情感经验；在此基础上把握歌唱活动的基本特征，理解歌唱活动设计与实施的基本结构，从而更好地设计与实施歌唱活动。

一、歌唱活动的概念

歌唱活动是幼儿借助嗓音表达情绪、交流情感的一种艺术活动形式，是幼儿园音乐教育活动的重要组成部分。幼儿在歌唱时可以通过嗓音表达对音乐的感受和内心的情绪情感，他们的音乐感受力和表现力也在这个过程中得到发展。

二、歌唱活动目标

幼儿歌唱活动目标包括总目标和年龄阶段目标。在教育教学实践中，在《纲要》和《指南》中规定的艺术领域目标的基础上，歌唱活动目标因歌唱活动本身的特点而有所拓展和深入。

1. 总目标

歌唱作为幼儿最直接表达艺术的方式，其活动总目标是：

（1）理解和感知歌曲中歌词、曲调所表达的内容及情感，知道用自然美好的声音歌唱。

（2）能够正确地咬字、吐字和呼吸，能够自然地运用声音和动作表情，能够在集体歌唱活动中控制和调节自己的声音与集体协调一致。

（3）喜欢唱歌，愿意用歌唱的方式与他人交往，积极体验参与歌唱活动的快乐。

2. 年龄阶段目标

幼儿歌唱能力是随着年龄的增长逐步提高的，教师在熟悉总目标的基础上应掌握幼儿在不同年龄阶段需要达成的目标（表6-1）。

表6-1 歌唱活动的年龄阶段目标

维度	3—4岁	4—5岁	5—6岁
歌唱基础	1. 学习基本姿势、自然声音的歌唱知识 2. 吐字基本清楚、节奏基本准确，逐步做到唱准曲调	1. 进一步学习正确姿势、自然声音的歌唱知识 2. 吐字清楚、节奏准确，在有伴奏的情况下独立唱准曲调	1. 熟练掌握正确的姿势、自然美好声音的歌唱知识 2. 在无伴奏的情况下独立唱准曲调，正确地表现熟悉歌曲的节奏、旋律和歌词

续表

维度	3—4 岁	4—5 岁	5—6 岁
情感表现	喜欢自己歌唱,也喜欢与同伴一起歌唱	喜欢自己歌唱,也喜欢在集体中歌唱,能大胆地、独立地在集体面前歌唱	喜欢自己歌唱,也喜欢在集体中尝试不同的合作表演形式,能大胆地、独立地在集体面前歌唱
歌唱表达	1. 能初步理解和表现歌曲的形象、内容和情感 2. 能感受歌唱的力度、速度、音色的不同 3. 能为短小、工整、多重复的简单歌曲增编新的歌词。能够即兴编唱无意义的小节或歌词 4. 能注意使自己的歌声与集体相一致	1. 能用不同力度、速度和音色表现歌曲形象、内容和情感 2. 在有伴奏的情况下能独立而完整地演唱,初步学会接唱和对唱 3. 能为熟悉、短小、工整、多重复的简单歌曲增编新歌词。能独立地将新编的歌词填入曲调中并唱出来 4. 集体歌唱活动中能注意控制自己的音色,使自己的歌声与集体的声音协调一致	1. 能用不同速度、力度和音色变化表现歌曲形象、内容和情感 2. 能独立完整演出,初步学会领唱、齐唱、轮唱和简单两声部合唱 3. 能为熟悉的多重复歌曲增编新歌词。能即兴、独立地将新编歌词填入曲调中并唱出来 4. 能注意到歌曲字词及乐句变化,恰当表现不同性质、风格歌曲的意境

　　从年龄阶段目标分目标的关系看,3—4 岁、4—5 岁和 5—6 岁的歌唱活动目标体现出能力深度与广度的关系,且在不同的年龄阶段各自有所侧重。如 3—4 岁,歌唱活动目标侧重发展幼儿的感知与感受,逐步形成歌唱习惯;4—5 岁,侧重发展幼儿歌唱能力的表现,巩固歌唱习惯;5—6 岁,侧重发展幼儿在歌唱中的创造力。

三、歌唱活动的基本特征

　　传统的歌唱活动通常是教师范唱,幼儿学唱,比较枯燥乏味,幼儿学习效果差。让幼儿愉快地感受歌唱带来的快乐,教师要了解歌唱活动的基本特征。

(一)以歌词内容为载体

　　在歌唱活动中,幼儿往往通过对歌词的理解和表达,完成对整个歌唱作品的初步认知。需要注意的是,教师在为幼儿选择合适的歌唱作品时,歌词内容要符合幼儿的年龄特点,只有不脱离幼儿实际生活,贴近幼儿生活经验的歌词才会引起幼儿的兴趣。歌词内容应生动有趣、结构简单、以形象化的重复性语言为主。如幼儿的身体部位、水果、交通工具、动植物、自然现象、诙谐夸张的语句等,这类歌词不但易于记忆和理解,还为幼儿自由创编新歌词等提供了条件。

在歌唱活动中，歌词内容主要通过以下几个方面体现：

第一，无伴奏范唱，目的是让幼儿听清歌词内容。第二，按歌曲节奏朗诵歌词，帮助幼儿记忆歌词。第三，借助图谱，选用与歌词内容相关的图片，帮助幼儿记忆和理解歌词。第四，选择合适的歌曲片段，让幼儿尝试仿编或创编歌词，发挥创造力和想象力。

（二）以嗓音造型与音乐元素为表现手段

1. 嗓音造型的表现

嗓音造型是指喉咙发出的声音所塑造出的物体特有的形象。嗓音造型的目的在于帮助幼儿树立良好的声音形象，培养其初步的听辨意识。

在歌唱活动中，嗓音造型的表现主要通过以下两个方面体现：第一，节奏朗诵。利用一些与新学歌曲相关联的幼儿熟悉的儿歌、童谣、谚语等，利用嗓音发声把与歌曲一致的节奏朗诵出来，可整体朗诵，也可分组或分声部朗诵；第二，旋律轮廓线歌唱。借助嗓音，将歌曲旋律用起伏轮廓线条表达出来，可以控制嗓音的声音力度及改变演唱形式（齐唱或分组演唱），或用无意义音节、象声词等为歌曲伴奏。

2. 音乐元素的表现

音乐元素包含节奏、旋律、力度、速度、音色等，也就是我们经常说的音的长短、高低、强弱、快慢等，幼儿在歌唱活动中会利用听觉、视觉去了解和感受不同的音乐元素。

在歌唱活动中，音乐元素的表现主要通过以下几个方面体现：第一，用动作表达，如在学习歌曲《大鼓小鼓》时，教师在帮助幼儿理解音的强弱时，可以通过动作的幅度大小，表现大鼓、小鼓的鼓声强弱对比。第二，幼儿用语言把身体动作与音乐元素相关联的音乐内容表达出来，如敲大鼓时动作是轻的还是重的，是快的还是慢的。用语言反映动作特征，其实这些表达都是围绕音乐元素所展开的。第三，在表现音乐元素时可借助游戏化情境对歌曲内容进行完整的动作表演。

四、歌唱活动设计与实施的基本结构

歌唱活动设计与实施的基本结构为：导入新课歌曲—初步感知歌曲—深入学唱歌曲—巩固与挑战。

（一）导入新课歌曲

导入新课歌曲可以采用多种方式，如故事讲述导入、动作导入、情境表演导入、实物教具导入、创编歌词导入等。教师要根据歌曲的内容选择合适的方式，需要注意的是无论选择哪种方式进行新课歌曲的导入，都要围绕新

☞ 案例：大班
歌唱活动——
月亮去哪里

课歌曲展开，在幼儿理解新歌歌词和旋律等方面起到积极作用。下面重点介绍故事讲述导入和情境表演导入新课歌曲。

1. 故事讲述导入

故事讲述导入适用于歌词内容稍复杂、包含完整故事情节的歌曲。故事讲述的方法有对话式讲故事、图谱式讲故事等。需要注意的是，故事讲述是以让幼儿理解和记忆歌词，掌握歌词的逻辑顺序为目的的，教师不要过多注重情节或花过长时间在故事讲述上。

2. 情境表演导入

情境表演导入适用于歌词内容较简单、幼儿可以表现出情境的歌曲。情境表演的方法有木偶表演、歌舞表演、哑剧表演等。需要注意的是，情境表演要根据歌词内容进行有序表演，突出歌词重点，清晰易懂，用动作象征性表演全部歌词，避免冗长繁杂、让幼儿找不到头绪的表演。

（二）初步感知歌曲

在导入环节引出歌词整体之后，教师要引导幼儿初步感知歌曲。这个环节的目的是通过反复倾听和模仿学唱，让幼儿初步感知歌词内容和歌曲节奏等，运用已有经验感受音乐的魅力。这个环节可以通过以下两种方式实现。

1. 倾听歌曲，理解歌词内容

倾听歌曲主要采取两种形式：一是倾听教师范唱，这就要求教师在范唱时不仅要具备正确的歌唱技巧、自然优美的声音，也要有正确的歌唱姿势、清晰的咬字吐字和音准节奏等，还要富有感情地歌唱，让幼儿从教师的表情及歌唱表演中感受到歌唱的快乐。二是倾听录音范唱，在倾听的过程中幼儿可以辅以自由动作，这有利于调动幼儿的积极性，提升他们倾听的兴趣。需要注意的是，不管采用哪种形式，在进行多次范唱时，要循序渐进，同时要有变化，以理解歌词内容为目的，避免因重复倾听导致幼儿注意力不集中。另外，在几次倾听后，如果有幼儿轻声跟唱，教师不用阻止；如果有大声喊唱的幼儿，教师需要提醒幼儿注意活动秩序。

2. 节奏朗诵，熟悉歌曲节奏

节奏朗诵主要采取两种形式：一是按照歌曲节奏进行歌词朗诵，二是按照歌曲节奏边朗诵边合拍做动作，配合点头、拍肩、拍手、踏脚等动作，目的在于帮助幼儿加深记忆歌词，熟悉歌曲节奏。第二种形式是在第一种形式的基础上建立起来的，也是第一种形式的巩固。需要注意的是，合拍做动作时教师要多留意动作的难易程度是否适合幼儿的学习，尽量不要安排过多的动作，以免本末倒置，给幼儿熟悉歌曲节奏带来困扰。

（三）深入学唱歌曲

初步感知歌曲之后，幼儿便跟随教师自然地进入深入学唱歌曲的环节。

学唱歌曲可以采取整体学唱与分句学唱相结合的形式。无论是整体学唱还是分句学唱，都要避免机械的重复和枯燥的练习。

1. 整体学唱，把握歌曲旋律

幼儿歌曲一般都结构工整短小、节奏旋律较简单，采用整体学唱的方法，有利于幼儿完整地跟唱，把握整个歌曲的旋律，充分感受歌曲完整的艺术形象。

2. 分句学唱，掌握重点乐句

分句学唱是将歌曲中不容易记忆或重点的乐句挑选出来单独学唱，教师可以范唱一句，幼儿跟唱一句，充分发挥幼儿善于倾听和模仿的特点；也可以采取分句接唱的形式，不但让幼儿理解每一乐句，还能将这些分句有序地连接起来，有助于幼儿对歌曲的整体把握。

（四）巩固与挑战

巩固与挑战环节为检验歌唱活动效果，发展幼儿的创造力提供了有力支撑。

1. 转换演唱形式

转换演唱形式是指巩固歌曲时，可以采用不同的歌唱组织形式，如全班齐唱转换成小组演唱、个别幼儿演唱等；也可以采用歌表演、对唱、接唱等形式，目的是检验幼儿对歌曲的掌握程度，同时也不会使幼儿感觉简单重复。

2. 创编歌词

创编歌词部分适用于简单、多重复的歌曲。创编歌词有利于调动每个幼儿参与歌唱活动的积极性和主动性。创编歌词可以结合歌词图谱，也可以从仿编开始，将歌词部分进行替换。教师应根据幼儿的年龄特点确定创编的难度，既提升幼儿的字词运用能力，又开拓幼儿的思维，培养幼儿的创造性。

3. 创编表演动作

创编表演动作适用于富于动作表现的歌曲。创编表演动作有利于幼儿在歌唱活动中动静结合，放松身心。创编表演动作可以结合小组合作、展示交流的形式丰富幼儿的创作思路，鼓励幼儿用动作表演的方式表达对歌词内容的理解和对歌曲情绪情感的体会。

实训任务

请你利用故事讲述或情境表演的方式，为歌唱活动"谁饿了"设计活动导入环节。

谁　饿　了

1=C 2/4　　　　　　　　　　　　　　　　佚名　词曲

3 3　1 3　| 5 5 5　| 3 3 3 3　1 3 | 2 - |

一只　大猫　出来　了，　肚子饿得　咕咕　叫，

6　4 2 | 5 5 3 | 2 4·　7 2· | 1 1 1 ‖

看　见了　小老　鼠，　啊呜　啊呜　吃完　了。

☞ 实训任务
提示

课后习题

1. 单项选择题

（1）歌唱活动是幼儿借助（　　）表达情绪、交流情感的一种艺术活动形式。

A. 图谱　　　B. 表情　　　C. 乐器　　　D. 嗓音

（2）能在有伴奏的情况下独立唱准曲调的年龄段是（　　）

A. 0—3 岁　　B. 3—4 岁　　C. 4—5 岁　　D. 5—6 岁

2. 材料分析题

请问以下活动目标设计是否合理？如果不合理，请修改目标不合理的地方。

小班歌唱活动"小鸡小鸡在哪里"的活动目标为：

（1）学习唱准曲调。

（2）让幼儿整体地开始。

小鸡小鸡在哪里

1=C 4/4　　　　　　　　　　　　　　　　佚名　词曲

1 1 3 3 | 2 2 1 - | 3 3 5 5 | 4 4 3 - |

小　鸡 小　鸡，在 哪 里？叽 叽 叽 叽，在 这 里。

6 6 5 3 | 4 5 3 - | 6 6 5 3 | 2 2 1 - ‖

小　鸡 小　鸡，在 哪 里？叽 叽 叽 叽，在 这 里。

3. 活动设计题

请根据给定的活动背景，为小班歌唱活动"小小蛋儿把门开"设计活动目标和活动环节。

活动背景：本月小班是"蛋宝宝"的主题活动周，在幼儿对鸡蛋的兴趣浓厚，以及对小鸡出壳时的样子感到好奇的基础上，结合音乐《小小蛋儿把门开》，设计一个满足幼儿探索欲望的歌唱活动。

小小蛋儿把门开

1=C 2/4　　　　　　　　　　　　　　　　佚名　词曲

1　3 | 1　3 | 1 5 5 | 5 — | 3　5 | 3　5 |
小　小　蛋　儿　把　门　开，　　开　出　一　只

3 2 2 | 2 — | 1　3 | 1　3 | 5 4 4 | 4 — |
小　　鸡　来，　　毛　茸　茸　呀　胖　乎　乎，

5 5 4 4 | 3 3 2 2 | 7 5 6 7 | 1 — ‖
叽叽　叽叽　叽叽　叽叽　唱　起　　来。

☞ 参考答案

第三节　韵律活动设计与实施

本节主要引导学习者从幼儿本体出发熟悉韵律活动的目标，即小中大班幼儿在韵律活动中获取的认知、能力、情感经验；在此基础上把握韵律活动的基本特征，理解韵律活动设计与实施的基本结构，从而更好地设计与实施韵律活动。

一、韵律活动的概念

韵律活动是幼儿借助身体动作与音乐的和谐关系，表达和再现音乐的一种艺术表现形式，是幼儿体验和表达情感最直接、最自然的一种方式。韵律活动的达成与幼儿的身体运动能力和协调性有一定关系。

二、韵律活动目标

韵律活动目标包括总目标和年龄阶段目标。在教育教学实践中，在《纲要》和《指南》中规定的艺术领域目标的基础上，韵律活动目标因韵律活动本身的特点而有所拓展和深入。

1. 总目标

韵律活动作为幼儿最直接、最自然表达情感的艺术形式，其活动总目标是：

（1）理解和感知韵律动作所表达的内容及情感，知道用创造性的动作进行表现。

（2）能够有效地控制协调自己的身体动作，并进行再现性和创造性动作表现；能够较熟练地运用简单的空间知识、技能进行动作表现；能够自然地运用动作、表情与他人合作；能够在韵律活动中创造性地选择、制作和使用道具。

（3）喜欢参与韵律活动，喜欢探索和创造性地运用空间、道具，努力追求在与他人合作的动作表演中获得交往、合作的快乐。

2. 年龄阶段目标

幼儿韵律能力是随着年龄的增长逐步提高的，教师在熟悉总目标的基础上应掌握幼儿在不同年龄阶段需要达成的目标（表6-2）。

表6-2　韵律活动的年龄阶段目标

维度	3—4岁	4—5岁	5—6岁
韵律基础	1. 初步学习用手、脚的简单身体动作(包括韵律动作和指挥动作)表现歌曲或乐曲的前奏,乐段的开始和结束,以及有关的形象、内容、情感 2. 学习一些由二分音符、四分音符、八分音符构成的简单节奏型,并学习用自己想出的简单动作带有创造性地表现这些节奏型 3. 积累一些简单的模仿动作和基本动作,学会一些简单的集体舞 4. 初步了解道具在韵律动作表演中的作用,喜欢在动作表演中使用简单的道具	1. 学习用手、脚的简单身体动作(包括韵律动作和指挥动作)表现歌曲或乐曲的前奏、间奏、尾奏,乐段、乐句的开始和结束,以及有关的形象、内容、情感 2. 学习一些创造性地改变熟悉节奏型的方法,并学会用自己想出的简单动作创造性地表现这些节奏型 3. 进一步积累一些稍复杂的模仿动作,学会一些基本的舞蹈动作和集体舞,初步了解一些创编韵律动作组合的规律 4. 进一步了解各种不同道具的特点,能够比较熟练地在动作表演中使用一些简单的道具	1. 进一步学习用各种简单的身体动作组合表现歌曲或乐曲的前奏、间奏、尾奏,乐段、乐句的起止和反复变化,以及有关的形象、内容、情感 2. 学习一些由二分音符、四分音符、八分音符为主构成的稍复杂的节奏型,并学会创造性地表现熟悉节奏型的方法 3. 进一步丰富舞蹈动作词汇,了解创编韵律动作组合的规律,学会跳一些具有创造性的稍复杂的集体舞 4. 了解更多的不同道具在不同动作表演中的作用,喜欢创造性地为不同的韵律活动选择不同的道具,并能较熟练地使用这些道具
情感表现	1. 愿意参加由教师发起的韵律活动 2. 初步尝试指挥的乐趣,初步体验用表情、动作、姿态与人沟通的乐趣	1. 喜欢自发地随歌曲、乐曲自由舞蹈,也喜欢参加由教师发起的各种韵律活动 2. 进一步体验指挥的乐趣,进一步提高进行指挥活动的自信心,进一步增强运用表情、动作、姿态与人沟通的能力	1. 喜欢自发地随歌曲、乐曲自由舞蹈,积极参加由教师或同伴发起的创造性韵律活动 2. 更有自信,独立和富有创造性地从事指挥活动,更积极、熟练地运用表情、动作、姿态与人沟通

续表

维度	3—4 岁	4—5 岁	5—6 岁
动作表达	1. 基本能按照音乐的节奏做上肢或下肢的简单基本动作、模仿动作 2. 基本能随音乐变化改变动作，包括变换曲调或在曲调不变的情况下明显地改变力度、速度等 3. 在没有队形规定的情况下能够自己选择便于活动的空间，在空间中移动时能够不与他人发生碰撞	1. 能够按音乐的节奏做简单的上肢、下肢联合的基本动作、模仿动作和舞蹈动作 2. 能随音乐变化改变动作，包括变换曲调或在曲调不变的情况下改变力度、速度、音区和节拍等 3. 在没有合作要求的情况下能够根据现有空间情况随时调节自己的活动，在有合作要求的情况下能够同时兼顾合作伙伴和其他人的状况调节自己的活动	1. 能够比较准确地按音乐的节奏做各种稍复杂的基本动作、模仿动作和舞蹈动作组合 2. 能随音乐变化较迅速地改变动作，包括变换曲调或在曲调不变的情况下改变其力度、速度、音区、节拍、节奏型等 3. 能够使用已掌握的空间知识创造性地进行动作表演，在有更多人参加的合作表演中较好地解决空间分配问题

从年龄阶段目标分目标看，3—4 岁、4—5 岁和 5—6 岁的韵律活动目标在不同的年龄阶段各自有所侧重。如 3—4 岁，韵律活动侧重发展幼儿的基本动作和模仿动作；4—5 岁，韵律活动侧重发展幼儿联合的基本动作、模仿动作和舞蹈动作；5—6 岁，韵律活动侧重发展幼儿稍复杂的基本动作、模仿动作和舞蹈动作组合。

三、韵律活动的基本特征

在幼儿园中，韵律活动通常是指随乐律动，幼儿可以用动作来表达音乐、感受音乐，但对随乐动作没有太多要求。在韵律活动中教师重点关注的是幼儿动作的协调性、音乐性和社会性，这也是韵律活动的基本特征。为让幼儿充分体验和感受韵律活动带来的快乐，教师要了解在韵律活动中如何结合基本特征促进幼儿发展。

（一）协调性：动作的空间适应与协调

动作的空间适应与协调是幼儿进行韵律活动涉及的最基础的特征，它直接影响韵律活动中幼儿的秩序感和完成度。韵律活动一般包括两种形式：一是幼儿跟随音乐自由做动作，二是整齐划一做集体韵律动作。两种形式都可能会出现幼儿由于动作方向不一致或距离、力度把握不好而导致动作互相干扰的情况，影响活动的正常进行。这时教师需要特别关注幼儿对自己空间范围的界定，无论是原地动作还是移动动作，都需要幼儿的动作与空间相适应和协调。

在幼儿韵律活动中，动作的空间适应与协调主要通过以下几个方面体现：

第一，动作移动的方向，帮助幼儿在做移动动作时有明确的方向感，如前后左右上下等；第二，动作移动的距离，帮助幼儿把握原地动作的幅度和移动动作的远近距离，避免在动作过程中发生碰撞；第三，动作移动的力度，不管是基本动作、模仿动作还是舞蹈动作，都需要幼儿把握或控制好力度，以保证韵律活动的顺利开展。

（二）音乐性：动作的随乐与即兴

韵律活动的音乐性之一，动作的随乐是指幼儿在个人空间范围内或在队形变化过程中能够跟随音乐有序开展原地动作、移动动作、交换伙伴等活动。不管是哪一种随乐动作，都标志着幼儿获得感受音乐、表现音乐的关键经验。随乐的目的在于帮助幼儿独立地合拍做动作，能够随乐集体合作做动作。

幼儿韵律活动的特点在于音乐结构和节奏多重复，动作也是循环重复的，基于此，动作的即兴就成为韵律活动创新变化的另一个特征之一。动作的即兴是指在音乐进行中幼儿个体进行的即兴动作表演，有利于幼儿创造力的发展。

（三）社会性：动作的合作与交流

在韵律活动中，幼儿在随乐合拍做动作时，用肢体和眼神等进行情感与美的传递，这就是社会性的体现。这种合作与交流包括肢体性动作，如拥抱、握手等；也包括礼仪性动作，如邀请、行礼、微笑等。幼儿在轻松愉悦的氛围中与同伴进行情感交流，从而促进幼儿社会性发展。

四、韵律活动设计与实施的基本结构

韵律活动设计与实施的基本结构为：欣赏音乐—初步感知动作—随乐动作—巩固与挑战。

（一）欣赏音乐

韵律活动伴随着音乐和动作开展，幼儿首先要熟悉音乐，才能使音乐和动作的联系保持紧密。教师可以通过引导幼儿倾听音乐的方式，帮助幼儿理解音乐的形象、情绪和结构等；也可以通过音乐转化过来的故事，结合故事情境，利用配合的移动动作，生动形象地引导幼儿感受音乐的形象、情绪和风格特点等，值得注意的是设计的移动动作一定要符合故事情境，并适合音乐描述特点。

☞ 案例：中班韵律活动——舞林大会

（二）初步感知动作

欣赏音乐结束后，便进入具体操作层面，即通过动作将音乐故事形象化，用动作表征故事内容。教师的动作设计力求简单、不复杂，够用即可。幼儿感知动作的过程可以是观察教师的示范动作，然后全体幼儿将动作与音

乐保持协调一致；可以是观察个别幼儿的动作，其他幼儿进行动作模仿；也可以是全体幼儿自由动作。教师在幼儿做动作的同时可以给予语言指导。

（三）随乐动作

将音乐与动作建立紧密联系，首先要熟悉音乐，之后将动作设计与音乐巧妙结合，使幼儿随乐而动，需要教师做好音乐与动作的有效衔接。

初步感知动作之后，幼儿便跟随教师自然地进入随乐动作的环节。教师可以采取整体练习与分解动作相结合的形式，帮助幼儿进一步理解动作和音乐。无论是整体练习还是分解动作，都不要过分强调动作的技能，而是要挖掘幼儿自身潜能，发挥他们的想象力与创造力。教师可以根据幼儿的年龄特点综合安排，小班多以基本动作为主，模仿动作为辅，加上少量小碎步和小跑步的学习；中班多以有一定难度的身体动作和模仿动作组合为主，加上一些舞步动作的学习；大班以模仿动作和舞蹈动作为主。

（四）巩固与挑战

在韵律活动的巩固与挑战环节中，可以增加新任务，如安排游戏、创编动作、变换队形等，不仅可以检验幼儿的学习情况，还提高了幼儿参与活动的乐趣，发展创造能力、合作能力和解决问题的能力。

1. 游戏巩固

巩固动作时，教师可以采取游戏形式，如表演游戏，幼儿可根据故事情节进行创造性的动作表演；也可采取合作模仿游戏，两个幼儿或一组幼儿合作，同伴之间的动作相互配合，模仿某一特定事物动态的动作。

2. 动作挑战

韵律活动可以通过即兴动作创编进行随乐表演，可以完整表现整段音乐，也可以创编部分片段。教师引导幼儿创编的动作要简单、多重复，适合幼儿年龄特点，创编动作时能够激起每一个幼儿参与韵律活动的积极性。在韵律活动中创编时间和动作数量应适度，保证幼儿在韵律活动中不会感到疲劳和厌倦，从中获得愉悦的学习体验。

3. 队形变化

在韵律活动中，集体移动动作有着特有的方式，如在走动中变换队形，单圈走圆、双圈队形等，让幼儿学会自我控制和跟随。再如在走动中交换伙伴，这不仅是动作交流、目光交流，更是人与人之间的交流，为幼儿创造与同伴交往的机会，发展幼儿与同伴共享空间的意识。

☞ 实训任务
提示

实训任务

请你结合韵律活动设计与实施基本结构中的随乐动作相关内容，自选音乐，设计韵律活动的动作流程。

课后习题

1. 单项选择题

（1）（　　）幼儿能按照音乐节奏做上肢或下肢的基本动作和模仿动作。

    A. 0—3 岁　　　B. 3—4 岁　　　C. 4—5 岁　　　D. 5—6 岁

（2）（　　）是幼儿体验和表达情感最直接最自然的一种方式。

    A. 歌唱活动　　　　　　　　B. 韵律活动

    C. 打击乐器演奏活动　　　　D. 音乐欣赏活动

2. 材料分析题

请你分析王老师这样的安排是否妥当，为什么？

王老师为了提高小班幼儿参与韵律活动的兴趣，在韵律活动中安排了带舞蹈动作组合的合作表演环节。

3. 活动设计题

请为儿歌《我爱我的幼儿园》设计小班幼儿随乐动作，并写出动作说明。

我爱我的幼儿园

1=C 2/4　　　　　　　　　　　　　　佚名 词曲

1 2　3 4　| 5 5　5　| 5 5　3 1　| 2 3　2　|

我爱　我的　幼儿　园，　幼儿　园里　朋友　多，

1 2　3 4　| 5 5　5　| 5 5　3 1　| 2 3　1　||

又唱　歌来　又跳　舞，　大家　一起　真快　乐。

☞ 参考答案

第四节　打击乐器演奏活动设计与实施

本节主要引导学习者从幼儿本体出发熟悉打击乐器演奏活动的目标，即小中大班幼儿在打击乐器演奏活动中获取的认知、能力、情感经验；在此基础上把握打击乐器演奏活动的基本特征，理解打击乐器演奏活动设计与实施的基本结构，从而更好地设计与实施打击乐器演奏活动。

一、打击乐器演奏活动的概念

打击乐器演奏活动一般是指幼儿运用大肌肉动作进行多声部合作演奏乐器的活动。打击乐器演奏活动可以发展幼儿的乐器操作能力及随乐能力，培养良好的合作意识。

二、打击乐器演奏活动目标

打击乐器演奏活动目标包括总目标和年龄阶段目标。在教育教学实践中，在《纲要》和《指南》中规定的艺术领域目标的基础上，打击乐器演奏活动目标因打击乐器演奏活动本身的特点而有所拓展和深入。

1. 总目标

打击乐器演奏活动总目标是：

（1）初步辨别常见打击乐器的音色，知道用适度、美好的音色演奏，掌握常见的简单节奏型，并知道如何运用节奏型的简单变化规律进行创造性表现，知道保护乐器的简单知识。

（2）能够比较自如地演奏常见的打击乐器，并熟练地运用乐器进行再现性和创造性表现，能够比较迅速、准确地根据指挥手势进行演奏，使演奏与集体相协调。

（3）喜欢参与打击乐器演奏活动，喜欢探索乐器的演奏方法和音色变化，进行创造性的表现，努力追求集体演奏活动中的声音和谐与情感默契，愿意自觉遵守有关保护乐器的要求。

2. 年龄阶段目标

幼儿打击乐器演奏能力是随着年龄的增长逐步提高的，教师在熟悉总目标的基础上应掌握幼儿在不同年龄阶段需要达成的目标（表6-3）。

表6-3　打击乐器演奏活动的年龄阶段目标

维度	3—4岁	4—5岁	5—6岁
乐器基本常识	1. 学习打击乐器基本奏法 2. 了解乐器的名称并初步学习辨别其音色特征 3. 了解爱护乐器的一般知识	1. 进一步学习打击乐器的基本奏法 2. 学习探索常用乐器的不同奏法 3. 了解乐器的名称并基本学会辨别其音色特征 4. 初步体会音色配置的对比性规律 5. 初步尝试集体设计演奏方案	1. 进一步学习更多种类打击乐器的基本奏法 2. 探索同一种乐器的不同奏法，追求音色、音量的表现力 3. 学习探索音色的分类并学习制作简单打击乐器 4. 体会各种演奏方案中音色、音量和节奏型配置的表现规律 5. 初步学会独立地设计演奏方案

维度	3—4 岁	4—5 岁	5—6 岁
情感表现	喜欢玩弄打击乐器，喜欢参与集体的演奏活动	1. 喜欢随音乐演奏打击乐器 2. 初步养成集中注意力看指挥和对指挥的要求做出积极反应的意识 3. 养成爱护乐器的态度和习惯	1. 喜欢随音乐演奏打击乐器，积极展示自己设计的演奏方案 2. 形成积极追求和维护有秩序的集体演奏活动的意识，并能从中获得愉快的体验 3. 养成对集体和乐器负责的积极态度
乐器演奏与常规	1. 能独立地随熟悉的歌曲或乐曲有节奏地演奏 2. 能在集体中合拍地随简单歌曲或乐曲齐奏 3. 初步学会看指挥开始和结束演奏 4. 在指导下集体发放、收取和分类收藏乐器	1. 能独立使用某种固定节奏型，随熟悉的歌曲或乐曲演奏 2. 能保持自己的演奏速度和节奏型 3. 进一步学会看指挥开始、结束和变化演奏 4. 能较熟练地按照已有规则发放、收取和分类收藏乐器	1. 能独立使用一种以上固定节奏型，随熟悉的歌曲或乐曲演奏 2. 能在集体齐奏或合奏中始终保持自己的声部，努力与集体形成默契 3. 能按指挥的手势比较迅速、正确地做出反应 4. 熟悉乐器发放、收取、分类收藏的值日生制度

从年龄阶段目标分目标看，3—4 岁、4—5 岁和 5—6 岁的打击乐器演奏活动目标在不同的年龄阶段各自有所侧重。如 3—4 岁，打击乐器演奏活动侧重发展幼儿乐器基本操作与养成整理习惯；4—5 岁，打击乐器演奏活动侧重发展幼儿的演奏方法、熟悉乐器的协调与合作表现；5—6 岁，打击乐器演奏活动侧重发展幼儿的独立创造性以及积极情感的培养。

三、打击乐器演奏活动的基本特征

打击乐器演奏活动是指以音乐作品为基础，幼儿表达感受和表现身体动作，用打击乐器演奏的形式促进幼儿能力发展的一种艺术实践活动。打击乐器是幼儿最易掌握的探究音乐表现的乐器，幼儿可以通过摆弄和演奏乐器来感受音乐、表达音乐。但有些教师采用传统的教学形式，即准备好现成的节奏谱，让幼儿从认识节奏谱到掌握节奏谱，再到演奏节奏谱，这种只呈现结果的机械化的演奏训练对幼儿感知、理解和创造力的发展都是无益的。在开展打击乐器演奏活动时，教师要把握打击乐器演奏活动的基本特征，充分鼓励幼儿通过敲敲打打的探索过程去体验和感受打击乐器演奏活动的奇妙乐趣。

（一）重视音色的探究

音色的探究不局限于乐器，在接触乐器之前，幼儿对日常生活中的声音的探究是无处不在的，通过摆弄发出声音的材料很多，如拍打身体部位的声音、锅碗瓢盆碰撞的声音、自然环境中的各种声音等。在此基础上，教师可以让幼儿接触乐器，辨别声音，探究不同乐器的音色等。

（二）声音造型的体验

声音造型本质是一种探究与体验活动。当幼儿通过敲打乐器来刻画不同的音乐形象时，当幼儿运用乐器进行合乐演奏时，就是在进行一种音乐感知和体验活动。

1. 注重音乐形象的刻画

幼儿可以为熟悉的音乐形象选择适合的打击乐器，如打击乐器演奏活动"切分的时钟"里，幼儿可以选择双响筒演奏钟摆摆动的声音，也可以选择铃鼓或串铃演奏闹钟响铃的声音。乐器的演奏刻画出生动的音乐形象，使幼儿在乐器表演的同时，对音乐作品的理解更加深刻。

2. 拓展整体音响的探究

整体音响的探究追求的是整体的音响效果与和谐的音色之间的探究过程。整体音响的探究基于幼儿熟悉音乐作品，理解音乐情绪的前提，从最初的徒手练习开始，再进入乐器演奏的叠加，最后探究和谐的声音与合作的协调性。

四、打击乐器演奏活动设计与实施的基本结构

打击乐器演奏活动设计与实施的基本结构为：欣赏音乐—徒手合乐—感知乐器—乐器演奏—巩固与挑战。

（一）欣赏音乐

打击乐器演奏活动一般在开始环节是感受和欣赏音乐作品，包括音乐的内容、性质等。欣赏音乐的方式可以多样化，如情境表演、韵律动作、图谱欣赏等。

（二）徒手合乐

徒手合乐是指幼儿不拿乐器，用拍手或其他的拍击方法练习各声部节奏，熟练后可空手做出手持乐器的姿势模仿乐器动作。徒手合乐环节有助于打击乐器演奏活动的递进展开，帮助幼儿使用乐器前熟练掌握节奏，提升打击乐器演奏的效果。徒手合乐也可以借助在打击乐器演奏活动中很重要的一个工具——图谱，图谱包括语音总谱、动作总谱、图形总谱，教师根据不同音乐作品的需要选择合适的图谱形式，可以帮助幼儿理解音乐内容和结构。

☞ 案例：大班打击乐器演奏活动——佩奇做饼干

（三）感知乐器

感知乐器包括记住乐器的名称，认识乐器的特征，辨别乐器的音色等。感知方式包括集体讨论、小组合作等。通过感知乐器，幼儿可以用身体动作表现或用语言描述音乐作品中的音乐形象，并为每个音乐形象选择合适的乐器，尝试用适宜的方法演奏乐器。

（四）乐器演奏

徒手合乐练习熟练后，幼儿就可以用合适的乐器对应完成徒手练习的内容，进行乐器演奏。通常教师会根据音乐作品的需要来选择合适的乐器，一般选择音色有差异的不同种类乐器，让幼儿聆听自己敲击的音色是否合适，感受乐器的音响特点。一般来说，小班幼儿可以选用铃鼓、串铃、碰铃、圆弧响板和沙球，这些乐器以大肌肉动作为主，演奏方法相对单一。中班幼儿可以增加小钹、小锣、木鱼、蛙鸣筒、铃鼓（摇奏）等，这些乐器需要一定的手眼协调能力。大班幼儿可以增加三角铁和双响筒，这些乐器对用力均匀、保持平衡和手脚协调等能力有较高要求。演奏形式包括分乐器练习、分段练习、整体练习等，在练习中教师的指挥也同样起到至关重要的作用，幼儿学习看教师的指挥手势，在提升幼儿演奏能力的同时，其专注力也大大提高。

（五）巩固与挑战

打击乐器演奏活动的巩固与挑战环节可以增加新任务，如交换乐器、创编节奏、评价建议等，幼儿还可以积极讨论配器方案，主动探索利用废旧物品制作属于自己的打击乐器等。巩固与挑战环节不仅检验幼儿的学习情况，还可以提高幼儿的自主性和创造力，养成有秩序、守规则的意识。

课后习题

1. 单项选择题

（1）打击乐器演奏活动是指以音乐作品为基础，幼儿表达感受和表现身体动作，用（　　）的形式促进幼儿能力发展的一种艺术实践活动。

　　A. 歌唱　　　　　　　　　　B. 韵律动作

　　C. 打击乐器演奏　　　　　　D. 音乐欣赏

（2）（　　）幼儿喜欢随音乐演奏打击乐器，并积极展示自己设计的演奏方案。

　　A. 0—3岁　　B. 3—4岁　　C. 4—5岁　　　D. 5—6岁

2. 材料分析题

请你分析王老师选择的乐器是否适合小班幼儿，为什么？

在打击乐器演奏活动中，王老师为小班幼儿选择了5种乐器：碰铃、串

铃、腕铃、单响筒、双响筒。

3. 活动设计题

幼儿在日常生活中都喜欢摆弄可以发出声响的东西，喜欢敲敲打打，请你自选音乐片段，为中班幼儿打击乐器演奏活动提出建议，包括徒手动作建议和打击乐器演奏建议。

☞ 参考答案

第五节　音乐欣赏活动设计与实施

本节主要引导学习者从幼儿本体出发熟悉音乐欣赏活动的目标，即小中大班幼儿在音乐欣赏活动中获取的认知、能力、情感经验；在此基础上把握音乐欣赏活动的基本特征，理解音乐欣赏活动设计与实施的基本结构，从而更好地设计与实施音乐欣赏活动。

一、音乐欣赏活动的概念

音乐欣赏活动是指以音乐作品为对象，通过倾听及其他辅助手段等帮助幼儿感受和理解音乐，从而愉悦幼儿身心的一种教育活动。幼儿在欣赏音乐作品时可以展开积极的联想与想象，自然而然地表达对音乐的感受。

二、音乐欣赏活动目标

音乐欣赏活动目标包括总目标和年龄阶段目标。在教育教学实践中，在《纲要》和《指南》中规定的艺术领域目标的基础上，音乐欣赏活动目标因音乐欣赏活动本身的特点而有所拓展和深入。

1. 总目标

音乐欣赏活动作为幼儿综合表达音乐情绪情感的艺术形式，其活动总目标是：

（1）有初步的音乐舞蹈概念，掌握简单的音乐舞蹈知识，知道如何运用各种概念、知识进行感知、理解和表现，初步了解应该如何从音乐、舞蹈活动中获取各种艺术和非艺术的经验，初步积累一定的音乐、舞蹈语汇。

（2）能够在欣赏音乐的过程中注意运用有关的概念深化自己的感知和理解；能够运用各种不同的艺术表现手段来表达自己对音乐、舞蹈作品的理解认识、想象联想和情感体验。

（3）喜欢音乐欣赏活动，初步养成有情感参与的安静倾听、观赏的意识，喜欢与他人分享、谈论音乐舞蹈表演，体验并努力追求倾听、观赏音乐和舞蹈作品的快乐。

2. 年龄阶段目标

幼儿音乐欣赏能力是随着年龄的增长逐步提高的，教师在熟悉总目标的基础上应掌握幼儿在不同年龄阶段需要达成的目标（表6-4）。

表6-4　音乐欣赏活动的年龄阶段目标

维度	3—4 岁	4—5 岁	5—6 岁
音乐欣赏感知	1. 初步感受歌曲、乐曲的形象、内容和情感 2. 初步了解进行曲、摇篮曲、舞曲和劳动音乐的特征	1. 进一步感受歌曲、乐曲的形象、内容和情感，产生一定的想象、联想和积极的外部反应 2. 了解进行曲、摇篮曲、舞曲、劳动音乐的名称并学会描述其特征	1. 较准确地感受稍复杂的艺术歌曲的形象、内容、情感，在感受过程中产生丰富而有个性的想象、联想 2. 丰富和深化对进行曲、摇篮曲、舞曲、劳动音乐的认识
情感表现	1. 喜欢倾听、观赏他人表演的音乐、舞蹈，并喜欢进行模仿 2. 喜欢用自己的体态、嗓音和动作来表现 3. 能够在短时间内集中注意力倾听音乐或观看舞蹈表演	1. 喜欢倾听、观赏他人的音乐、舞蹈，喜欢参与并注意吸收表演方式中自己感兴趣的部分 2. 喜欢用音乐、舞蹈表演的方式带有创造性地表现音乐 3. 能够在一定时间内集中注意力倾听音乐或观看舞蹈表演	1. 喜欢倾听、观赏他人的音乐、舞蹈，喜欢参与并注意吸收其中自己感兴趣的部分。喜欢与他人谈论自己的看法 2. 喜欢并自信地使用不同艺术手段表达欣赏音乐的感受 3. 初步养成有注意、情感参与的安静倾听音乐、观看舞蹈表演的习惯
欣赏能力表达	1. 能初步感受单纯、结构短小的歌曲和有标题的器乐曲的形象、内容、情感 2. 在有对比的情况下能分辨差别明显的高低、快慢、强弱，能分辨音乐中的拍子 3. 能听出歌曲、乐曲的前奏、开始和结束 4. 欣赏一定数量的音乐、舞蹈作品	1. 能在感受过程中产生一定的想象、联想和积极的外部反应 2. 在有对比的情况下能分辨差别较明显的高低、快慢、强弱，能正确区分 2/4 拍和 3/4 拍的音乐 3. 能够初步掌握前奏、间奏、尾奏、乐段、乐句的开始和结束 4. 欣赏一定数量的音乐、舞蹈作品，并能够在一定程度上再认欣赏过的作品	1. 能较准确地感受稍复杂的艺术歌曲的形象、内容、情感，能在感受过程中产生想象、联想 2. 能对歌曲、乐曲的音区、速度、力度、节拍等的性质和变化做出直接判断 3. 进一步掌握音乐的结构，理解乐段、乐句中明显的重复与变化关系 4. 欣赏一定数量的音乐、舞蹈作品，并能够在一定程度上再现欣赏过的作品片段

从年龄阶段目标分目标看，3—4 岁、4—5 岁和 5—6 岁的音乐欣赏活动目标在不同的年龄阶段各自有所侧重。如 3—4 岁，音乐欣赏活动侧重发展幼儿对音乐情绪性质的初步感受；4—5 岁，音乐欣赏活动侧重发展幼儿联想与想象的创造性表现；5—6 岁，音乐欣赏活动侧重发展幼儿的独立创造性以及积极情感的培养。

三、音乐欣赏活动的基本特征

音乐欣赏活动是依据欣赏经验，以音乐作品为基础，幼儿多感官通道表达感受和审美情趣的艺术实践活动，音乐欣赏过程是教师与幼儿共同探索音乐作品创造性表现的过程。在幼儿园艺术领域中，无论是歌唱活动、韵律活动还是打击乐器演奏活动，都包含音乐欣赏的元素，音乐欣赏活动也与其他活动领域相互渗透和融合，有着独有的特征。

（一）音乐欣赏内容的多元化

幼儿的音乐欣赏过程是一个比较自由和开放的过程，其内容也是多元化的，可以是音乐段落的结构分析、音乐风格的情绪分析，也可以是音乐听觉的感性分析。当然这些分析都是为幼儿对作品的深入理解做好准备。

（二）音乐欣赏作品的形象化

挖掘音乐作品的形象化特征能够更好地帮助幼儿表达音乐作品的内容与结构，生动的音乐形象可以引导幼儿根据音乐作品展开想象和联想。挖掘的音乐形象要符合幼儿的生活经验，能够被幼儿理解和接受。捕捉到音乐形象后，教师可以用感性的表演将音乐形象展示出来，也可以让幼儿用简单的身体动作与音乐形象自由匹配。教师应选择音乐形象易挖掘的音乐作品，如《动物狂欢节》《图画展览会》等。

四、音乐欣赏活动设计与实施的基本结构

音乐欣赏活动设计与实施的基本结构为：感受音乐内容—了解音乐结构或特点—诠释音乐作品—巩固与挑战。

（一）感受音乐内容

感受音乐内容一般采用故事情境导入的方式，因为只有生动形象的内容才会引起幼儿的兴趣，吸引他们的注意力。幼儿欣赏音乐是需要一定的生活经验的，教师还可以结合音乐作品的特点，结合相关情境和幼儿的生活经验，引导幼儿使用多种感官感受音乐内容。需要注意的是引导幼儿感受音乐内容的方式可以多样化，但这些方式都应该紧密结合音乐作品内容本身。

（二）了解音乐结构或特点

对于幼儿如何了解音乐结构或特点，我们也许会有这样的担心：幼儿

☞ 案例：大班音乐欣赏活动——春之声

能判断出音乐结构和特点这样抽象的内容吗？让幼儿完成这个环节会不会有些困难？其实幼儿在欣赏音乐作品的过程中是否理解每个音乐段落的结构，要看幼儿是否能够通过不同的动作或表演来分别表达出段落的变化，如果可以，就表示幼儿已经理解音乐是有段落的，即他们能够初步地判断出音乐的结构变化。判断音乐结构或特点除了用动作表现外，还可以进行对比和归类，就是把相同音乐元素的乐段归为一类，不一样的乐段进行对比分析判断；也可以借助图谱，帮助幼儿理解和判断复杂的音乐段落，再用语言总结音乐的特点。由于每首音乐作品的结构和侧重不同，此环节可以根据活动需要设计和调整。

（三）诠释音乐作品

诠释音乐作品是幼儿深入理解音乐作品的重要步骤，教师可以从音乐形象和音乐元素着手。音乐的性质与情绪可以用音乐形象刻画表现，如缓慢厚重的音乐比较接近大象走路的姿态，活泼轻快的音乐更容易想象成快乐的小鸟、顽皮的小猴子或者蹦跳的小兔子等。在诠释音乐作品时，幼儿主要通过简单的动作进行表达，诠释音乐作品也可以用语言进行表达，但由于幼儿语言能力发展的限制，也仅限于对自己动作特点的形容。

诠释音乐作品可以给幼儿自由发挥的空间，幼儿可以创造性地做动作，教师只需要观察幼儿的动作表现是否与音乐情绪保持一致，就能客观了解幼儿理解音乐作品的实际情况。

（四）巩固与挑战

巩固与挑战环节的目的是让幼儿全身心地关注音乐作品本身。教师可以通过熟悉的音乐形象进行角色游戏，每个幼儿在扮演某一音乐形象时，知道什么时候该出场，什么时候表演完毕。在挑战过程中，幼儿可以交换角色，一起讨论还会发生什么，如何能表演得更加完整，等等。

在音乐欣赏活动目标中，中大班幼儿应再认或再现欣赏过的音乐作品片段，教师可以让幼儿听类似风格的音乐作品，来检验幼儿音乐欣赏的迁移能力。

实训任务

请你搜集 3 首适合幼儿进行音乐欣赏活动的音乐作品，并说说选择这些作品的原因。

课后习题

1. 单项选择题

（1）（　　）幼儿能较准确地感受稍复杂的艺术歌曲的形象、内容、情

☞ 实训任务提示

感，能在感受过程中产生想象、联想。

　　　　A. 0—3 岁　　　B. 3—4 岁　　　C. 4—5 岁　　　D. 5—6 岁

（2）（　　）音乐欣赏活动侧重发展幼儿对音乐情绪、性质的初步感受。

　　　　A. 0—3 岁　　　B. 3—4 岁　　　C. 4—5 岁　　　D. 5—6 岁

2. 材料分析题

请你帮助辛老师分析一下他的问题出在哪里。

辛老师在设计音乐欣赏活动时，遇到了难题，他觉得幼儿欣赏音乐作品应该是多感官参与，这样更有利于幼儿对音乐作品的理解，于是他加入了很多环节，但是他设计完却又觉得这节课既像韵律活动，又像打击乐器活动，还像绘画活动。

3. 活动设计题

请为大班音乐欣赏活动《打字机》设计活动目标和简要活动环节。

活动背景介绍：《打字机》是一首极具节奏感、描绘性强的管弦乐作品，由美国作曲家、指挥家安德森于 1950 年创作。乐曲最大的特点是在快节奏的旋律中采用打字机作为打击乐器，诙谐有趣地呈现出人们忙碌、愉快工作的情景。

☞ 参考答案

第六节　绘画活动设计与实施

本节主要引导学习者从幼儿本体出发熟悉绘画活动的目标，即小中大班幼儿在绘画活动中获取的认知、能力、情感经验；在此基础上把握绘画活动的基本特征，理解绘画活动设计与实施的基本结构，从而更好地设计与实施绘画活动。

一、绘画活动的概念

幼儿绘画反映幼儿的天性，体现幼儿的思维活动，是幼儿用于表达情感的特殊语言，具有不可替代的重要作用。绘画活动是指幼儿在教师的教育和引导下，学习使用笔、纸、颜料等绘画工具和材料，运用线条、色彩、造型、构图等艺术语言，将其生活体验与思想情感通过加工和改造转化为具体、生动、可感的视觉形象，以发展审美创造能力的教育活动。

二、绘画活动目标

绘画活动目标包括总目标和年龄阶段目标。绘画活动目标以《纲要》和《指南》中规定的艺术领域目标为依据，并结合幼儿的实际发展水平、经验和需要来确定。

1. 总目标

绘画作为幼儿最喜爱的美术教育活动之一，其活动总目标是：

（1）知道各种绘画工具和材料的种类和基本用途，知道不同色彩、造型、构图的含义及其在实际绘画中的运用。

（2）能运用和利用各种工具和材料，用线条、色彩、图案和图形组合等方式创造性地表现自己的想法和感受。

（3）喜欢参加绘画活动，体验绘画活动带来的乐趣，能用自己的绘画语言表达自己的想法和感受。

2. 年龄阶段目标

幼儿绘画能力随着年龄的增长逐渐提升，教师在熟悉总目标的基础上应掌握幼儿在不同年龄阶段需要达成的目标（表 6-5）。

表 6-5 绘画活动的年龄阶段目标

维度	3—4 岁	4—5 岁	5—6 岁
工具与材料使用	认识绘画工具与材料,掌握绘画工具和材料的基本使用方法	在 3—4 岁的基础上进一步学习多种绘画类型	学习使用多种绘画工具和材料,运用不同的绘画工具和材料表现不同效果的作品
线条与图形绘画	学会辨别和感受线条的变化。能画出直线、曲线、折线,并能表现线条的方向、粗细、疏密。学会运用简单图形表现物体的轮廓特征,用简单线条和图形组合创造各种图形	能较为准确地在规则的纸和生活用品上用简单的花纹进行装饰,并能用对比色涂出鲜艳美丽的画面。在教师的引导下能围绕主题安排画面空间	能综合运用各种几何图形和生活用品图形,尝试用轮廓线创造出多种图画,形成属于自己的图式。能认识物体的整体结构和各种空间关系
色彩运用	能初步辨别红、黄、蓝、绿、红、橙等基本颜色,并能说出名称。学习区分并尝试画出主体色和背景色	认识常见的固有色并能说出它们的名称。学会选择与物体相似的颜色,初步有目的地设色及配色	能运用对比色、相似色、同种色等多种配色方法,初步学习根据画面的需要,恰当地使用颜色表现自己的情感
兴趣与综合运用	喜欢参与绘画活动,体验活动带来的快乐,对绘画感兴趣,能大胆愉快地作画	能用多种绘画方法作画,体验绘画的快乐	会利用多种绘画工具和材料,综合运用不同技法表现自己独特的思想和感受,体验创作的快乐

从年龄阶段目标分目标的关系看，3—4 岁、4—5 岁和 5—6 岁的绘画活动目标体现出与绘画能力发展阶段特点相对应的关系，且在不同的年龄阶段

各自有所侧重。3—4 岁，幼儿处于涂鸦期，侧重发展幼儿运用线条和图形简单绘画的能力；4—5 岁，幼儿的绘画能力进一步提高，同时又处在符号表征的发展期，侧重发展幼儿运用图形和色彩表达事物的能力；5—6 岁，幼儿绘画综合能力提高，侧重发展幼儿运用多种绘画手段表达复杂事物和情感的能力。

三、绘画活动的基本特征

绘画是幼儿生活中必不可少的一部分，其基本功能在于启迪幼儿的心智，激发幼儿的情感，其基本特征如下：

（一）绘画活动的本真性

绘画是幼儿对生活的自我表达，是一种兴趣的自然展示，同时也是一种游戏。幼儿使用的每一个符号、每一种颜色都反映了他们印象最深、最真的内心世界，绘画是幼儿情绪情感的自然流露。

（二）绘画活动的心理阶段性

不同年龄段的幼儿对世界的认识和理解是不同的，每个幼儿反映外部世界的方式也有所不同，这是他们独特个性的表现。绘画能反映幼儿认知、性格、情绪情感和适应性等方面的发展水平。幼儿绘画通常分为三个阶段：一是 0 至 3 岁的涂鸦期，二是 3 至 5 岁的象征期，三是 5 至 7 岁的图式期。

总的来说，幼儿阶段的绘画并非完全遵照事物的客观特征来表现，幼儿会对自己印象深刻的特征进行夸张、扩大。

（三）绘画活动评价的合理性

教师不能简单地以作品的好坏如作品像不像，是否漂亮、干净、整齐等对幼儿的绘画进行评价，而应该从幼儿的绘画创作过程中发现、了解幼儿的需要，正确地判断他们遇到的困难，寻找适宜的教育途径，促进幼儿绘画能力的发展。

四、绘画活动设计与实施的基本结构

绘画活动设计与实施的基本结构为：多种方式导入，激发绘画兴趣；熟悉绘画工具与材料，学习绘画技法；创作主题画，教师加以指导；欣赏、展示与评价。

（一）多种方式导入，激发绘画兴趣

绘画活动的导入主要是激起幼儿的兴趣，教师可运用多种方法如谈话法、观察法、情境法、游戏法等吸引幼儿的注意力，让幼儿进一步了解所画事物，拓展想象的空间，激发创作的灵感，进而积极主动、愉快地参与绘画活动。

☞ 案例：大班美术活动——动物主题版画

实训任务

利用谈话法、情境法、游戏法中的一种，为大班主题绘画活动"理发"设计导入部分。

☞ 实训任务
提示

（二）熟悉绘画工具与材料，学习绘画技法

教师应鼓励幼儿自主探索和发现绘画工具与材料的特点，在这个过程中，幼儿逐渐获得粗浅的绘画知识，了解一些绘画工具、材质的使用方法。在了解了绘画工具与材料的使用方法后，幼儿需要学习与之相对应的绘画技法，主要包括水粉画技法、油画棒技法、线描画技法、水彩画技法、水墨画技法等。

（三）创作主题画，教师加以指导

掌握绘画技法之后，就进入创作的阶段。创作是绘画活动的实践环节，创作一般是有主题的，创作的目的是让幼儿运用技法来表现主题。在创作的过程中，教师可以选择与绘画主题有关的音乐播放给幼儿听，使幼儿自始至终沉浸在温暖快乐的气氛中。另外，教师还可引导幼儿开展合作绘画，通过小组讨论确定绘画主题，构思画面的整体布局；通过分工让幼儿明确自己在合作绘画中所要承担的任务，学会合作、帮助、等待、思考，齐心协力完成一幅作品。

适合幼儿的绘画活动类型很多，从工具材料看，绘画活动可分为水粉画、油画棒画、线描画、水墨画、水彩画等。教师对不同类型的绘画要有不同的指导策略。对于水粉画，教师要鼓励幼儿尝试调和水粉颜料，鼓励幼儿感知并总结不同运笔速度和力量所产生的效果，鼓励幼儿使用多种颜色作画，帮助幼儿分辨同一色系内的色差，引导幼儿学习搭配颜色。对于油画棒画，教师要鼓励幼儿发现恰当的涂色顺序，避免涂色过厚，引导幼儿学习多层涂色的方法，深入刻画。对于线描画，教师要借助一些媒介引导幼儿欣赏线描作品，发现线描的表现力，指导幼儿选择大小适中的绘画工具与材料，引导幼儿比较不同画笔带来的不同效果。对于水墨画，教师要鼓励幼儿大胆表现，不要用技法限制幼儿，抓住时机，帮助幼儿体会写意，引导幼儿感知运笔力度不同的效果和墨汁浓淡的不同效果。

（四）欣赏、展示与评价

绘画活动的评价重点应放在欣赏作品和获得精神满足上，使幼儿获得创作的愉悦感，因此，教师不能以布局是否合理，线条是否流畅，形象是否逼真，画面是否美观等成人作品的标准来评价幼儿的作品，更不能对看似凌乱实则思维独特的幼儿作品予以否定，这样会扼杀幼儿的创造力，降低他们画画的热情。教师应该领悟幼儿为什么会用某种画法来表达自己的感受，在评价幼儿作品时应做到以下几点：

1. 以正面评价为主，采用幼儿自评、同伴互评与教师点评相结合的方式

幼儿自评能使幼儿梳理自己创作的过程和想法，培养初步的反思能力，同时也让别的幼儿受到启发。同伴互评可以让幼儿学会关注别人、尊重别人、欣赏别人。教师点评以正面评价为主，应了解幼儿在经验、能力、兴趣等方面的个体差异，看幼儿是否充分表达了自己的思想、情感，评价以鼓励幼儿的独特创意和发现幼儿的进步为主。

2. 评价方法应灵活多样

绘画活动的评价方法不是单一的，有在绘画过程中的个别评价，有在活动后的集体评价，还有在绘画活动开始前对上一次作品的评价。教师可根据活动需要，灵活采用多种评价方法。

3. 创设展示作品的空间，开展后续评价

班级应开辟可展示幼儿绘画作品的区域，让幼儿有充分的时间欣赏同伴的作品，或把自己的绘画作品讲给教师、同伴听，开展讨论，建立良好的互动关系。

课后习题

1. 单项选择题

（1）根据绘画活动内容的特点与需求，采用（　　）导入新的学习内容是一种有效的导入方法，它能增强绘画活动的趣味性，吸引幼儿。

　　　A. 提问导入法　　　　　　　　B. 游戏导入法

　　　C. 故事导入法　　　　　　　　D. 儿歌导入法

（2）幼儿能表现两个及以上物体之间的关系，能表现一定的方向以及前后、远近等简单的空间关系的年龄段是（　　）

　　　A. 0—3岁　　　B. 3—4岁　　　C. 4—5岁　　　D. 5—6岁

2. 材料分析题

以下活动目标设计得是否合理。如果不合理，请提出修改建议。

绘画活动"奇妙的滑梯"制订的活动目标为：（1）欣赏滑梯的美，发挥想象设计各种各样的滑梯，获得愉悦的体验；（2）能表现话题的造型，发展自主绘画能力。请问该活动目标适合的年龄阶段。

3. 活动设计题

请为大班幼儿绘画活动"到海底去旅行"设计活动目标和活动环节。

要求：

（1）绘画工具与材料为水彩笔和图画纸。

（2）活动目标包含认知目标、情感态度目标和能力技能目标。

（3）活动环节包含导入和活动开展以及活动延伸部分，环节不能少于4个。

☞ 参考答案

第七节 手工活动设计与实施

本节主要引导学习者从幼儿本体出发熟悉手工活动的目标，即小中大班幼儿在手工活动中获取的认知、能力、情感经验；在此基础上把握手工活动的基本特征，理解手工活动设计与实施的基本结构，从而更好地设计与实施手工活动。

一、手工活动的概念

手工活动是教师引导幼儿发挥想象力和创造力，用双手或操作简单工具，对具有可塑性的各种形态（点状、线状、面状、块状）的物质材料进行加工、改造，制作出占有一定空间的、可视且可触摸的多种艺术形象的一种教育活动。手工活动深受幼儿的喜爱，是幼儿园美术教育的重要组成部分，可以促进幼儿手部动作的灵活性、精确性，发展手眼协调能力、空间知觉能力及创造力等。

二、手工活动目标

手工活动目标包括总目标和年龄阶段目标。绘画活动目标以《纲要》和《指南》中规定的艺术领域目标为依据，并结合幼儿的实际发展水平、经验和需要来确定。

1. 总目标

手工活动和绘画活动一样属于美术创作活动，其活动总目标是：

（1）能大胆地塑造和制作多种平面的和立体的手工作品，用以美化周围环境和进行游戏。

（2）能积极投入手工活动，体验手工活动的乐趣。

（3）学习多种手工工具和材料的基本使用方法，养成良好的手工活动习惯。

2. 年龄阶段目标

幼儿手工能力随着年龄的增长逐渐提升，教师在熟悉总目标的基础上应掌握幼儿在不同年龄阶段需要达成的目标（表6-6）。

表6-6　手工活动的年龄阶段目标

维度	3—4岁	4—5岁	5—6岁
材料运用	初步学习撕纸、拼贴、折纸,学习搓、团圆、压扁、黏合的方法	初步学习用其他点状、线状、面状和块状的自然物体和废旧材料制作玩具	学习运用多种点状材料拼贴物象,表现简单的情节
造型方法	学会用基本方法塑造简单的立体物象	能用较为丰富、复杂的点状材料等粘贴出简单的立体物象,学习用纸折出、剪出简单的物象,学习用捏的方法塑造出简单的立体物象,并学习用泥塑造平面的物象	综合运用各种工具、材料和技法制作教具、玩具、演出服饰、道具等来布置环境、美化生活,并注意装饰美
兴趣与综合运用	愿意参加手工活动,愿意尝试各种手工工具和材料,体验手工活动的乐趣	喜欢参加各种手工活动,能使用多种手工工具和材料表现自己观察或想象的事物	积极参与各种手工活动,能综合运用多种工具、材料,以不同的表演方法创造性地表达自己的感受和想象
手工活动习惯	初步养成安全、卫生、整洁的手工活动习惯	养成安全、卫生、整洁的手工活动习惯	能主动收拾、整理手工工具和材料

从年龄阶段目标分目标的关系看,3—4岁、4—5岁和5—6岁的手工活动目标体现出与手工能力发展阶段特点相对应的关系,且在不同的年龄阶段各自有所侧重。3—4岁,幼儿处于无目的活动期,侧重发展幼儿对手工的感受力;4—5岁,幼儿的动手能力进一步提高,同时又处在直觉表达期,侧重发展幼儿运用工具材料和基本技能制作出简单造型的能力;5—6岁,幼儿掌握了基本工具和材料的使用方法,侧重发展幼儿通过添加和去除的方式塑造一定形象的能力,以及装饰、美化能力。

三、手工活动的基本特征

在手工活动中,幼儿可以学到很多造型知识,开发智力,还可以养成耐心、细致的习惯。手工活动在幼儿园美术教育中有着不可忽视的地位,其基本特征如下:

（一）造型的基础体验

手工活动和绘画活动有很大区别,它必须依靠物质材料,在进行合理的加工后才能将物质材料变成理想的手工作品。幼儿必须对材料、工具和技术进行体验和了解,才能实现造型。

幼儿在与各种材料接触的过程中,逐渐获得对美的形式如对称、均衡、整齐、变化、多样统一等的认知。例如,折纸要在对称的基础上折叠,泥塑需要稳定，剪纸需要整齐。

（二）由粗糙、稚拙到逐渐细致、生动

例如，在泥工中，小班幼儿最初拿到泥时，只会无目的地用手抓、拍、或者把泥掰成小块，至于制作什么作品则很少考虑。到了大班，幼儿才能表现人物等造型。

总的来说，由于幼儿手的骨骼、肌肉尚未发展成熟，因此难以驾驭难度较大的手工活动，随着年龄的增长，幼儿的手越来越灵巧，手工作品也逐渐细致、生动。

（三）手工活动以游戏为主

幼儿对于能够把他们自己的意图加进去，借助材料实现游戏目的的活动，普遍很喜欢。因此，手工教学要充分考虑手工活动内容的游戏性、趣味性。

四、手工活动设计与实施的基本结构

手工活动设计与实施的基本结构为：多种手段导入，激发手工制作兴趣；熟悉工具与材料，学习手工技能；想象与创造；展示与欣赏。

（一）多种手段导入，激发手工制作兴趣

在手工活动的导入部分，教师借助作品欣赏、故事、谜语、创设游戏情境等手段营造良好的手工活动环境，激发幼儿参与手工活动的兴趣。让幼儿欣赏一些制作好的手工作品，感受作品造型的生动、色彩的美丽、动态的变化，能激发幼儿动手创作的欲望。如在泥塑活动"小猫"的开始部分，教师出示制作好的作品《小猫》，伴随着故事《可爱的小猫》，引导幼儿欣赏感受作品《小猫》的色彩、动作的变化，帮助幼儿了解小猫明显的外形特征，激发幼儿动手泥塑小猫的欲望。

☞ 案例：中班手工活动——贝壳创想

爱玩是幼儿的天性，幼儿喜欢游戏，教师可以将手工活动内容和游戏结合，让幼儿在玩耍中感受作品的趣味性，激发幼儿参与手工活动的兴趣。如折纸活动"小猴"的开始部分，教师让幼儿手持"猴子"，玩"猴子捞月"的游戏，接着鼓励幼儿自己制作，和更多的同伴进行表演，充分调动了幼儿的主动性和积极性。

（二）熟悉工具与材料，学习手工技能

在导入环节之后，教师要为幼儿提供多种材料和工具，支持幼儿手工活动的表现和创意。例如，纸手工制作的工具与材料有各种厚薄、大小、软硬不同的纸张，幼儿可以通过撕、揉、卷、折、剪、贴等方式了解纸的软硬程度及其可折叠、易造型、易破坏等特性，知道使用剪刀、裁纸刀等辅助工具帮助造型。泥手工制作的材料有橡皮泥、黏土、面团等，幼儿可以通过拍

打、压、团、揉、捏等方式了解泥的可塑性。

　　学习手工技能时教师可让幼儿先思考，发现问题所在，然后再用确切、浅显的语言讲解制作技法的原理步骤（着重讲解重点和难点），让幼儿在理解的基础上掌握技能技巧。具体的手工技能需要教师放手让幼儿自主操作，通过不断尝试来习得。

实训任务

　　请为中班手工活动"转动的风车"列出材料准备清单，并设计一个环节引导幼儿探索哪种纸材料最适合做风车。

☞ 实训任务提示

（三）想象与创造

　　在了解了材料和工具的性能与使用方法后，教师要为幼儿营造一个想做、喜欢做、有机会做的手工活动氛围，通过语言、行动的支持与关爱，使幼儿自由自在地投入手工活动，进行多元化表征。在手工活动中，教师要激发幼儿的创造性，引导幼儿在活动中不断尝试探索，并举一反三地运用这些材料，创新各种材料的制作方法。如"跳舞的小人"系列手工活动，教师为幼儿提供了雪糕棍、勺子、纸卷芯、盒子、瓶子、纸杯、毛线、彩色纸、棉花等材料，积极鼓励幼儿去尝试。幼儿发现这些材料可任意选用并可综合运用，仅娃娃的头发就用了毛线、扣子、棉花等不同的材料，运用了折、卷、扎、贴、包等不同的方法，所以最终呈现出丰富多样的作品。在手工过程中，教师要认真观察、发现幼儿的兴趣，捕捉幼儿智慧的火花，为幼儿提供适时、适度的帮助和支持，积极建构有效的师幼互动，这也是支持幼儿创新的有效手段。

（四）展示与欣赏

　　当幼儿完成手工作品时，教师应充分尊重幼儿的创作，对幼儿在独特性、创新性、独立性、坚持性等方面的表现给予赞扬，同时鼓励幼儿大胆向同伴介绍自己作品的独特构思、表现手法和制作过程，共同分享制作的快乐。教师的赏识、同伴的认可是促进幼儿参与手工活动的动力。此外，手工作品不同于平面的绘画作品，大多是立体的，教师要为幼儿准备一个固定、阴凉通风、不易被人碰撞的展示区，如柜子、桌子网格架等，既可展示幼儿制作好的手工作品，还方便幼儿把未完成的作品暂时存放，等有空的时候继续制作。

课后习题

1. 单项选择题

（1）不建议小班幼儿进行的手工活动是（　　　）

A. 撕纸　　　　B. 折纸　　　　C. 纸帖　　　　D. 刻纸

（2）在幼儿园美术教育活动中，相比绘画活动与美术欣赏活动，（　　　）更受制于幼儿手部动作的发展。

A. 手工活动　　B. 临摹活动　　C. 写生活动　　D. 参观活动

2. 材料分析题

你觉得赵老师的想法对吗？为什么？

这两张图都是折纸兔子，赵老师喜欢左边的那幅（图6-1），但是她认为小班幼儿可能更适合右边的那幅（图6-2）。

图6-1　折纸兔子1　　　　　　　　　图6-2　折纸兔子2

3. 活动设计题

请为小班幼儿泥工活动"我来做美食"设计活动目标和活动环节。

要求：

（1）泥工材料选择超轻黏土。

（2）活动目标包含认知目标、情感态度目标和能力技能目标。

（3）活动环节包含导入和活动开展以及活动延伸部分，环节不能少于4个。

☞ 参考答案

第八节　美术欣赏活动设计与实施

本节主要引导学习者从幼儿本体出发熟悉美术欣赏活动的目标，即小中大班幼儿在美术欣赏活动中获取的认知、能力、情感经验；在此基础上把握美术欣赏活动的基本特征，理解美术欣赏活动设计与实施的基本结构，从而更好地设计与实施美术欣赏活动。

一、美术欣赏活动的概念

美术欣赏是培养幼儿艺术素养的一个重要途径，美术欣赏活动是教师引导幼儿接触美术经典作品，开阔眼界，提高美术鉴赏能力的一种教育活动。

二、美术欣赏活动目标

美术欣赏活动目标包括总目标和年龄阶段目标。美术欣赏活动目标以《纲要》和《指南》中规定的艺术领域目标为依据，并结合幼儿的实际发展水平、经验和需要来确定。

1. 总目标

美术欣赏活动总目标是：

（1）对周围美好事物和艺术作品有审美兴趣，在欣赏中获得愉快的体验。

（2）拓展审美视野，通过欣赏多元艺术，了解人类不同文化之间的相似性和独特性，学会尊重和容纳世界多元文化。

（3）丰富审美情感和想象，培养初步的审美感受力、理解力和表现力，能用语言、动作、表情等多种方式表达自己的审美体验。

（4）对艺术作品有较敏锐的感受力，并具有知觉形式审美特征的能力，掌握简单的艺术术语，能叙述和谈论艺术作品。

2. 年龄阶段目标

幼儿美术欣赏能力随着年龄的增长逐步提升，教师在熟悉总目标的基础上应掌握幼儿在不同年龄阶段需要达成的目标（表6-7）。

表6-7 美术欣赏活动的年龄阶段目标

维度	3—4岁	4—5岁	5—6岁
初步欣赏	喜欢参加美术欣赏活动，体验美术欣赏活动的快乐，初步养成集中注意力欣赏的习惯	能关注具有美感的事物，能结合自己的生活经验欣赏美术作品	能欣赏绘画、工艺、雕塑、建筑等艺术作品。感受作品中形象的造型美，色彩的色调及其情感表现性，构图的对称、均衡、韵律与和谐美
深入欣赏与理解	喜欢观察花草树木、日月星空等大自然中美的事物，对不同艺术形式的作品感兴趣，初步感受不同艺术作品的色彩美与造型美	欣赏并初步理解作品形象和作品主题的意义，知道美术作品能反映现实生活和人的思想感情，并产生与作品相一致的情感与联想	了解不同艺术作品简单的背景知识，进一步感受和理解作品的形象和主题意义，知道各类艺术作品如何反映现实生活和人的思想感情

续表

维度	3—4岁	4—5岁	5—6岁
其他欣赏与表达	懂得欣赏同伴的美术作品	初步欣赏并感受不同艺术作品中形象的造型艺术、色彩的变化与统一美、构图的对称与均衡美	积极主动参与美术欣赏活动,能用语言、动作、表情等表达自己对作品的感受与联想,愿意与别人分享、交流自己喜爱的艺术作品和美感体验

从年龄阶段目标分目标的关系看,3—4岁、4—5岁和5—6岁的美术欣赏活动目标体现出与美术欣赏能力发展阶段特点相对应的关系,且在不同的年龄阶段各自有所侧重。3—4岁,幼儿处于美术欣赏的萌芽期,侧重发展幼儿的审美敏感性。4—5岁,幼儿有了明显的审美观念,处于美术欣赏的偏爱期,但他们还没有一般的审美标准,侧重发展幼儿进一步感受、理解美术作品并能进行简单分析的能力。5—6岁,幼儿有了一定的审美标准,但带有明显的个体倾向,侧重发展幼儿多角度地欣赏、分析、评价美术作品和美好事物的能力。

三、美术欣赏活动的基本特征

美术欣赏活动是一种审美活动,美术欣赏是一种积极的心理活动过程,包括感知、想象、理解、情感等多种因素的融合,其基本特征如下:

（一）幼儿的审美知觉具有主动性

幼儿审美知觉的主动性是指幼儿总是主动选择那些对于他们来说富有审美意义的形象作为审美对象。这种选择不受客体的局限,也不受外来律令的强迫,只取决于幼儿自身的审美兴趣、审美理想和生活经历。这种选择完全是自主的、自由的。

（二）幼儿的审美理解具有直觉性

审美直觉是指直接从审美对象的形式猛然地把握它的理性意蕴。幼儿的视角与成人具有差异性,因而我们不能要求幼儿达到与成人同样的理解水平。在幼儿的眼里,他们的理解就是正确的理解。

（三）幼儿的审美理解具有情感性

情感性包括两个方面:一是指幼儿在进行欣赏时那种全身心沉浸在审美对象中的倾向,二是指幼儿常常以自己的情感爱好为标准来进行审美判断。

四、美术欣赏活动设计与实施的基本结构

美术欣赏活动设计与实施的基本结构为:美术作品描述—美术作品分析

☞ 案例:大班美术欣赏活动——大碗岛星期天的下午

与内容解释—创作体验—美术作品评价。

（一）美术作品描述

对美术作品的描述是指幼儿看到美术作品时马上对外在的、可立即指称的视觉对象的简单描述。这种描述不涉及对作品内容和价值的探讨及评价。描述的前提是观察，教师要给幼儿充分观察作品的时间，然后鼓励幼儿用简短的语言大胆地表达自己的感受。当幼儿进行相关描述时，教师要耐心地倾听，让幼儿充分表达。教师可以提问：看看画上有什么？他们在做些什么？有没有看到一棵树？看上去像什么？……给幼儿提供一些观察线索。

实训任务

请为大班美术欣赏活动《星月夜》(《星月夜》是荷兰后印象派画家凡·高于 1889 年创作的一幅油画，是其代表作之一。)，设计几个提问，引导幼儿从整体到局部进行赏析。

☞ 实训任务
提示

（二）美术作品分析与内容解释

对美术作品的分析主要是指形式分析，即分析作品所表现的美的形式，如造型、色彩、构图等形式语言，以及对称、均衡、变化、节奏、统一等构成原理的应用。对作品进行分析，可加深幼儿的审美体验。

内容解释是指探讨一件美术作品所蕴含的内在意义。对作品的理解需要联系一定的社会历史背景来进行，对这类作品的欣赏不必苛求幼儿完全理解画家的原意。教师应鼓励幼儿站在自己的角度重新诠释作品。对于那些幼儿能够理解的作品，教师可根据作品内容适当地介绍作品创作的背景等，以更好地帮助幼儿理解作品。例如，中班幼儿欣赏马蒂斯的《蜗牛》时，教师可结合作品内容介绍马蒂斯创作剪纸作品的背景。

（三）创作体验

在欣赏完作品之后，幼儿常常会有想表现的冲动，教师要为幼儿精心创设与作品有关的环境，并组织幼儿开展相关的创作活动。对于幼儿来说，从观察的方法到表达的方式，从欣赏的技巧到运用艺术媒介的技巧，都是需要解决的问题。强调幼儿审美创造与表现的自发与自由固然重要，但倘若只是鼓励，幼儿可能会陷入审美创造与表现力不从心或眼高手低的困境，最终失去对审美和艺术生活的热情与信心。在这个环节教师需要营造良好的表达情境，支持幼儿的审美创造。

（四）美术作品评价

美术作品评价包含两个层面：一是对幼儿创作的作品进行评价，采用幼儿自评、互评的方式。二是对原美术作品进行总结评价，采用教师评价的方式。因为美术欣赏活动与绘画活动不同，绘画活动重在技艺的表现，而美术欣赏活动重在审美能力的提升。所以在幼儿创作之后，应回到原作的欣赏当中，将幼儿作品与原作进行对比，从作品的创作思路、形式美感、表现手法、情感表达等多个方面进行总结评价，让幼儿将创作中获得的体验与教师的评价相结合，形成对作品多个维度的认知，从而提升审美水平。

课后习题

1. 单项选择题

（1）在教师的引导下，幼儿有意识、有目的地感知和欣赏周围生活、美术作品和大自然中美的人、事、物，并用头脑进行思考和比较的方法是（　　）

　　A. 讲解演示法　　　　　　B. 启发探索法

　　C. 丰富联想法　　　　　　D. 观察欣赏法

（2）能说出自己喜爱或者是不喜爱作品的理由，并对作品进行简单评价的年龄段是（　　）

　　A. 0—3岁　　B. 3—4岁　　C. 4—5岁　　D. 5—6岁

2. 材料分析题

你认为张老师准备的作品图片合适吗？为什么？

张老师准备在小班开展欣赏米勒作品《拾麦穗》的活动，她想让幼儿对作品进行欣赏与评价，图6-3是她为幼儿准备的作品图片。

图6-3　米勒作品《拾麦穗》

3. 活动设计题

请为中班幼儿美术欣赏活动《墨虾》（《墨虾》是齐白石在1942年创作的作品）设计活动目标和活动环节。

要求：

（1）选择清晰的作品图片。

（2）活动目标包含认知目标、情感态度目标和能力技能目标。

（3）活动环节包含导入和活动开展以及活动延伸部分，环节不能少于4个。

☞ 参考答案

主要参考文献

［1］教育部基础教育司.幼儿园教育指导纲要（试行）解读［M］.南京：江苏教育出版社，2002.

［2］李季湄，冯晓霞.《3—6岁儿童学习与发展指南》解读［M］.北京：人民教育出版社，2013.

［3］黄瑾.幼儿园教育活动设计与指导［M］.上海：华东师范大学出版社，2007.

［4］朱家雄.幼儿园教育活动设计与实施［M］.2版.北京：高等教育出版社，2015.

［5］顾荣芳，薛菁华.幼儿园健康教育［M］.北京：人民教育出版社，2004.

［6］王娟.学前儿童健康教育［M］.上海：复旦大学出版社，2012.

［7］周兢，余珍有.幼儿园语言教育［M］.北京：人民教育出版社，2004.

［8］周兢.学前儿童语言学习与发展核心经验［M］.南京：南京师范大学出版社，2014.

［9］余珍有.幼儿园语言领域教育精要：关键经验与活动指导［M］.北京：教育科学出版社，2015.

［10］刘晶波，等.幼儿园社会领域教育精要：关键经验与活动指导［M］.北京：教育科学出版社，2015.

［11］张俊.幼儿园科学领域教育精要：关键经验与活动指导［M］.北京：教育科学出版社，2015.

［12］施燕.幼儿科学教育与活动指导［M］.上海：华东师范大学出版社，2014.

［13］茹荣芳，李萌，张燕.学前儿童科学教育［M］.北京：清华大学出版社，2021.

［14］吴正宪，刘延革.发展儿童数学关键能力［M］.北京：教育科学出版社，2017.

［15］贺梁，周玉梅，黄细英.学前儿童艺术教育与活动指导［M］.长沙：湖南师范大学出版社，2020.

［16］黄瑾.学前儿童音乐教育［M］.上海：华东师范大学出版社，2006.

［17］许卓娅.学前儿童音乐教育［M］.北京：人民教育出版社，2010.

［18］王秀萍.幼儿园音乐领域教育精要：关键经验与活动指导［M］.北京：教育科学出版社，2015.

［19］屠美如.学前儿童美术教育［M］.长春：东北师范大学出版社，2003.

［20］孔起英.幼儿园美术教育［M］.北京：人民教育出版社，2004.

郑重声明

高等教育出版社依法对本书享有专有出版权。任何未经许可的复制、销售行为均违反《中华人民共和国著作权法》，其行为人将承担相应的民事责任和行政责任；构成犯罪的，将被依法追究刑事责任。为了维护市场秩序，保护读者的合法权益，避免读者误用盗版书造成不良后果，我社将配合行政执法部门和司法机关对违法犯罪的单位和个人进行严厉打击。社会各界人士如发现上述侵权行为，希望及时举报，我社将奖励举报有功人员。

反盗版举报电话 （010）58581999 58582371

反盗版举报邮箱 dd@hep.com.cn

通信地址 北京市西城区德外大街 4 号 高等教育出版社法律事务部

邮政编码 100120

读者意见反馈

为收集对教材的意见建议，进一步完善教材编写并做好服务工作，读者可将对本教材的意见建议通过如下渠道反馈至我社。

咨询电话 400-810-0598

反馈邮箱 gjdzfwb@pub.hep.cn

通信地址 北京市朝阳区惠新东街 4 号富盛大厦 1 座
　　　　 高等教育出版社总编辑办公室

邮政编码 100029